Neumanns Landschaftsführer

Der Harz

Horst Eckardt
Albrecht Gerlach
Achim Groß
Bernd Wolff

Neumann
Verlag
Radebeul

Kartenempfehlung

Trotz der in diesem Band enthaltenen Übersichts- und Routenkarten
kann der Gebrauch folgender weiterer Karten
dem Touristen nützlich sein:

- Naturpark Harz (Westharz) 1:50 000;
  zugleich Wanderkarte des Harzklubs e.V.
- Wandern im mittleren Harz 1:50 000;
  zugleich Wanderkarte des Harzklubs e.V.
- KV-Plan Auto- und Wanderkarte 1:50 000,
  umfaßt den größten Teil des Wandergebietes in einer Karte

Im Rahmen der Vereinheitlichung der Wanderwegebeschilderung
können sich leider Änderungen zwischen hier beschriebener und
künftiger Wegemarkierung ergeben.
Die Routenbeschreibung sind jedoch so genau abgefaßt,
daß der Weg auch dann gefunden wird.

Die Deutsche Bibliothek – CIP-Einheitsaufnahme

Der Harz/Horst Eckardt ...
– Radebeul: Neumann, 1992
  ISBN 3-7402-0109-6
NE: Eckardt, Horst

Das Werk einschließlich aller seiner Teile ist urheberrechtlich geschützt. Jede Verwertung
außerhalb der engen Grenzen des Urheberrechtsgesetzes ist ohne Zustimmung des
Verlages unzulässig und strafbar.
Das gilt insbesondere für Vervielfältigungen, Übersetzungen, Mikroverfilmungen und die
Einspeicherung und Verarbeitung in elektronischen Systemen.

© 1992 Neumann Verlag GmbH
Dr.-Schmincke-Allee 19, O–8122 Radebeul 1
Printed in Germany
Lektorat: Dr. Hermann Thomas, Carola Fischer
Einbandentwurf: Matthias Dittmann, Leipzig
Gestaltung: Heide Siegemund
Gesamtherstellung: Verlag und Druckerei Fortschritt Erfurt GmbH

Inhalt

Der Harz 7
  Einführung 8
  Klima 10
  Kulturgeschichte 12
  Erdgeschichte 15
  Pflanzenwelt 18
  Tierleben 22
  Naturschutz 27

Rund um die sieben Oberharzer Bergstädte 28
  Tour 1 Clausthal-Zellerfeld-Rundweg 35
  Tour 2 Granetalsperren-Rundweg 38
  Tour 3 Schulenberg–Erzhalde–Okerstausee 40
● Tour 4 Auf dem Höhenweg Stieglitzecke–Hanskühnenburg 43
  Tour 5 Graben-Rundweg um den Rehberg 46
  Tour 6 Zu den Andreasberger Bergwiesen 49

Durch den Nationalpark Hochharz zum Brocken 52
  Tour 7 Von Bad Harzburg über die Eckertalsperre zum Brocken
       und zurück 57
  Tour 8 Von Torfhaus oder Oderbrück auf dem Goetheweg zum Brocken
       und zurück 60
  Tour 9 Vom Königskrug über den Achtermann zum Wurmberg 62
● Tour 10 Von Elend über Schierke durch das Eckerloch zum Brocken 63
  Tour 11 Von Drei Annen Hohne auf dem Glashüttenweg zum Brocken 67

Auf der Harzhochfläche 72
● Tour 12 Rundweg von Benneckenstein über Hohegeiß, das Wolfsbachtal,
       Zorge und das Bärenbachtal 76
  Tour 13 Rundweg von Benneckenstein über Sorge, Tanne und
       Giepenbach 79
  Tour 14 Von Königshütte über die Trogfurter Sperre nach Rübeland mit
       den Tropfsteinhöhlen 84
  Tour 15 Von Stiege über Allrode nach Treseburg 88
  Tour 16 Rundwanderweg Harzgerode–Silberhütte–Alexisbad zu
       Altbergbauanlagen 91
  Tour 17 Von Alexisbad über die Viktorshöhe und zurück 94
● Tour 18 Von Mägdesprung durch das Selketal zur Burg Falkenstein 98

Vom Mittelharz zum Südharzrand 100
Tour 19 Von Benneckenstein über Sophienhof, Netzkater und den
Poppenberg nach Ilfeld 105
Tour 20 Von Ilfeld bzw. Neustadt über Burg Hohnstein zur Nordhäuser
Talsperre und zurück 108
Tour 21 Wanderung durchs Siebertal 110
Tour 22 Von Scharzfeld zur Steinkirche und der Einhornhöhle 112
● Tour 23 Von Walkenried durch das Himmelreich nach Ellrich 115
Tour 24 Durch den Gipskarst um Hainholz, Bollerkopf und Beierstein 117

Im östlichen Unterharz 120
● Tour 25 Von Uftrungen über die Heimkehle und Stolberg zum Auerberg
und Josephskreuz 124
Tour 26 Von Roßla durch den Bauerngraben nach Questenberg und
Bennungen 129
Tour 27 Von Morungen über den Höhenzug Mooskammer nach Großleinungen 132
Tour 28 Rundwanderung von Wippra über Morungen durchs Horletal zur
Wippertalsperre und durchs Wippertal zurück 134

Am steilen Harznordrand 138
Tour 29 Die alte Kaiserstadt Goslar und ihre Sehenswürdigkeiten 143
Tour 30 Rundwanderweg durchs reizvolle Okertal 148
Tour 31 Rundwanderweg von Ilsenburg durchs Ilsetal zur Plessenburg 150
Tour 32 Rundwanderweg Wernigerode–Steinerne Renne–Plessenburg 155
Tour 33 Wernigerode 157
Tour 34 Auf dem Blankenburg-Rundweg zum Regenstein, Kloster Michael-
stein, dem Volkmarskeller und zum Schloß Blankenburg 162
● Tour 35 Von Thale durchs Bodetal bis Treseburg und über den
Hexentanzplatz zurück nach Thale 165

Burgentour
Tour 36 Mit dem Auto zu Klöstern und Burgen rings um den Harz 168

● **Schmalspurbahnen im Harz** 176
Tour 37 Die Harzquerbahn zwischen Wernigerode und Nordhausen 178
Tour 38 Die Brockenbahn 182
Tour 39 Mit der Selketalbahn in den Ostharz 182

Wandern mit Neumanns Landschaftsführern 186

Das Wanderjahr und seine interessantesten Wandertouren 187

Register 188

● Besonders empfehlenswerte Kennenlern-Tour der jeweiligen Stadt- oder
Naturlandschaft

Der Harz

Schierker Feuerstein

Einführung

Im Harz ist der Teufel los. Auf Schritt und Tritt stößt man auf ihn: **Teufelsmauer, -mühle, -bad, -brücke, -grund, -eck, -loch, -kanzel**. Zwischen schroffen Granitklippen schlängelt sich die **Tannen-Teufelsklaue**, ein Bärlappgewächs. Auf Bergwiesen und Triften blüht lang, ährig, weiß oder aber tiefblau und kugelig die **Teufelskralle**, jungfermarienblau der **Teufelsabbiß**. Das Wetter kann dem Wanderer einen verteufelten Streich spielen, so daß er vor lauter Dunst und Brühe den Weg verliert. Wer hierher kommt, muß gewärtig sein, daß er sich mit dem Teufel einläßt.

Schon die Form des Gebirges auf der Karte sieht aus, als hätte der Teufel seine Schuhsohle verloren. Das ist zugleich auch tröstlich: sollte infolge des Treibhauseffektes der Meeresspiegel steigen, so steht der Harz immer noch wie eine Insel in der Flut – C. D. Friedrichs 'Gestrandete Hoffnung'.

Jahrhundertelang ist dieses Bollwerk von Völkern umbrandet worden, haben sie ihre Hoffnung auch auf diese Steine gegründet.

Harz hat mit **'hart'** zu tun, der **Haardt**, der **Bergwald** auf dem harten felsigen Boden, der zum Siedeln und Bewirtschaften zu hart ist – dennoch eine verteufelte Anziehungskraft ausübt. Dagewesen sein, ihn gesehen, durchwandert haben. Einmal auf dem Brocken gestanden. Mancher mit getäuschten Erwartungen.

Viele aber kommen immer wieder, lassen sich stets wieder verzaubern, erleben beglückt immer aufs neue die Verwandlung vom gehetzten gestreßten Alltagsmenschen in einen seiner selbst bewußten Wanderer mit offenen Sinnen. „Es ist wie ein kaltes Bad, das einen aus einer bürgerlich wollüstigen Abspannung wieder zu einem neuen kräftigen Leben zusammenzieht" – so empfand es Goethe nach tagelangem Umherreisen am Abend vor seinem ersten Brockenaufstieg im Dezember 1777. Gar mancher reist auf Goethes Spuren.

Das heißt nicht, wie ein Spürhund seine Fährte erschnüffeln und dort, wo er das Bein hob, es auch zu tun. Das heißt entdecken, staunen, wahrnehmen können, sich selbst fordern, seine Alltagskruste verlieren und empfindsam verletzlich sein.

Wie kein anderes Gebirge bietet der Harz auf engstem Raum **rasch wechselnde Eindrücke**. Wasser spielt dabei eine Rolle: sanfte oder tief eingeschnittene Bachtäler, sprudelnde Fälle, Klosterteiche, Bergwerkstümpel und Stauseen, Moore, Quellgebiete, **Höhlen mit** zauberhaften **Tropfsteinen**.

Der erste Reichtum des Harzes, auch wenn er schon angegriffen wirkt, ist das **Wasser**. Das kommt, weil sich hier zuerst die von Westen herandrängenden Regenwolken im Gebirgsstau abregnen, Überfluß schaffen. Dieses Wasser tränkt Städte und Ortschaften zwischen Braunschweig und Hannover bis Halle und Leipzig, tränkt Millionen Menschen. Wer im Harz wandert und sich darauf eingerichtet hat, erlebt mit Überraschung, wie schön und belebend Regen sein kann, daß Niederschlag nicht zwangsläufig niedergeschlagen macht, sondern aufrichtet.

Der zweite Reichtum ist der **Boden**. Das wechselnde Grundgestein zwichen Buntsandstein, Muschelkalk, Grauwacke, Tonschiefer, Devonkalk bis zum Granit. Wirtschaftlicher Reichtum, wo es abgebaut und verarbeitet wurde und noch wird einschließlich seiner Einschlüsse, der Erzadern und Drusen. Reichtum an Erlebnissen, wo man seine Erscheinungsformen und Verwitterungsstufen wahrnimmt samt der Vegetation, die sich darauf angesiedelt hat: die Saurierrückenstege der **Teufelsmauer**, die Höhlungen des **Regensteins**, die ganz eigene Artenvielfalt mit Lothringer Lein und Fransenenzian der **Kalkbuckel**, die Erdfälle und darin angesiedelten Pflanzengesellschaften des südlichen **Zechsteingürtels**, die atemberaubenden Felsabstürze des **Bodetals**, die behäbigen Matratzentürme der Klippen im **Blockhaldengebiet des Hochharzes**. Die **Hochebenen** und die **zerklüfteten Ränder**. Die Buchen- und die Fichtenwälder. Die Bergmatten, wo sie noch nicht zerstört sind. Die eingeschnittenen und gewundenen Straßen voller Lärm, Hast, Abgasen und die stillen verkrauteten Wege. Die heiteren Bahnstrecken.

Der dritte Reichtum ist seine **Geschichte**. Eine Chronik auch des Verhältnisses der Menschen zu ihrer Natur. **Sagen** und **Märchen**. Frau Holle und der Wilde Jäger. **Kultplätze** und Stätten schlimmer Tragödien. Erhaltene und verfallene sowie zu Schlössern umbebaute **Burgen**. **Städte**, die wuchsen in langsamen Jahresringen wie das Holz ihrer Fachwerkhäuser, und Städte, die aus dem Boden schossen wie die Abraumhalden ihrer Bergwerke. **Dörfer**, die jahrhundertelang knorrig und zäh ums Überleben kämpften und es auch heute tun. Dabei gab es **Kaiser und Könige** in diesem Gebiet, auch Raubgrafen und Heckenreiter, Mordbuben die Menge.

Die **Bevölkerung** ist bunt gemischt: Thüringer und Sachsen, Nordschwaben und Engern, Franken aus dem Fichtelgebirge, Elbholsaten, Niederländer, Bergleute aus dem Vogtland und Kolonisten aus der Pfalz und noch mancher andere Landsmann, der hier Fuß gefaßt und Wurzeln geschlagen hat. **Die Sprache** ist kantig und manchmal splittrig und doch warm wie Holz und die Heimatverbundenheit rührselig bis zu Tränen. Die Sprachgrenze zwischen Nieder- und Hochdeutsch, die sich diagonal herüberschwingt wie ein verblassender Regenbogen, ist noch die harmloseste; das Land hat ganz andere **Grenzen** ertragen müssen bis hin zu Beton, Stacheldraht, Elektrozäunen und Kolonnenwegen, und die Schlagbäume waren von jeher die übelsten Gewächse, die man hier zog.

Der Bergwald ist noch immer da oder schon wieder, und bange fragt man sich mitunter: Wie lange noch? Er ist manchmal abwechslungsreich und manchmal monoton, dazu voller Trümmer und Schadholz, er ist über weite Strecken krank. Aber es gibt Bereiche, wo er urwüchsig und kernig standhält, wo das Totholz zu seinem natürlichen Lebenszyklus gehört, wo Wildkatze und Schwarzstorch eine Zuflucht gefunden haben. Die soll ihnen bleiben wie die Hoffnung den Menschen: **„Es grüne die Tanne, es wachse das Erz! Gott schenke uns allen ein fröhliches Herz."**
Im 17./18. Jahrhundert begann die **touristische Erschließung**. Elisabeth von Dänemark und Zar Peter waren erste prominente Besucher. Merian und Guericke, Goethe und Humboldt sorgten für die wissenschaftliche Erschließung. Die Dichter entdeckten den Harz für sich und die Maler und in der Gründerzeit dann auch die Reichen. Doch erst in der Automobilzeit wird der Harz zum Fladen, auf dem sich die Käfer drängeln.

Wer in das Gebirge kommt, um abzuhaken, was er an Sehenswürdigkeiten vorfindet, kommt auf seine Kosten. Aber wer kommt, um zu sehen und zu hören, zu riechen, anzufassen, zu schmecken, der wird des Reichtums erst richtig teilhaftig, der hier aufgehäuft liegt zwischen Teufelsmauer und Teufelskanzel.

Klima

Wenn im Harzvorland um die Osterzeit der Schnee schmilzt und in den Gärten Krokus und Schneeglöckchen, in Feld und Wald Huflattich und Buschwindröschen ihre ersten Blüten öffnen, liegen die Höhen des Gebirges noch unter einer Schneedecke. Damit wird deutlich, daß der Harz in klimatischer Hinsicht eine Sonderstellung einnimmt. Grob läßt sich sein Klima als rauh, kühl und feucht beschreiben. Es ist gekennzeichnet durch starke Winde, hohe Niederschläge, sommers viel Nebel, winters mehr Sonnen-Tage, relativ niedrige Temperaturen, hohe Luftfeuchtigkeit und schneereiche Winter.

Aufgrund langläufiger Aufzeichnungen der wichtigsten Klimafaktoren – das sind Lufttemperatur, Windrichtung und -stärke, Sonneneinstrahlung und Niederschläge – wird diese Sonderstellung sichtbar. Als mittlere Jahrestemperatur gilt für Bad Harzburg etwa 9°, für den Brocken dagegen nur 3 °C. Während in Braunschweig 600 mm Jahresniederschlag fällt, ist für Braunlage mit 1240 mm das Doppelte, für den Brocken mit 1600 mm knapp das Dreifache registriert worden. Zwar gilt auch für den Harz, daß die vorherrschende Windrichtung von Südwest über West nach Nordwest reicht. Dafür aber zählt der Brocken mit 79 Sturmtagen im Jahr mehr als das 5fache von Göttingen. Nur die Sonne scheint im Harz ebenso oft wie außerhalb; 1500 bis 1650 Sonnenscheinstunden werden im Jahr gezählt. Damit genug der Zahlen!

Mit Jahresmittelwerten wird man dem tatsächlichen Wettergeschehen nur in sehr grober Weise gerecht. So bedarf z. B. das Prinzip „je höher, desto kühler" wichtiger Ergänzungen. Einmal in dem Sinne, daß zwischen Nord- und Südhang eines Berges erhebliche Temperaturunterschiede herrschen können. Zum anderen gibt es sogenannte Inversionswetterlagen, bei denen das Temperaturgefälle genau umgekehrt verläuft. Besonders im Spätherbst und Winter bleiben bei ruhigem Hochdruckwetter die Täler und das Vorland unterhalb 400 m NN mit Dunst oder Nebel gefüllt und daher kühl, während auf den Höhen bei guter Fernsicht die Sonne wärmt.

Ein ausgesprochenes Ost-West-Gefälle herrscht bei den Niederschlägen. Die häufigen Westwinde sorgen dafür, daß auf der Luvseite, also im Stau des Gebirges, die Wolken dichter werden und aus ihnen häufiger und auch mehr Niederschlag fällt als auf der Leeseite. Der Unterschied ist enorm: Es fallen beispielsweise in Clausthal-Zellerfeld etwa 1400 mm Regen, in gleicher Höhenlage auf dem Ramberg bei Friedrichsbrunn aber nur die Hälfte davon! Als eine Art Wetterscheide fungieren dabei Brocken und Acker-Bruchberg-Zug. – Der Einfluß des Harzes auf die Niederschlagsverteilung setzt sich großräumig fort: Das Westharzvorland ist regenreich. Bei der häufigsten Windrichtung aus Südwest liegt das Nordharzvorland im Regenschatten, bei den nicht ganz so häufigen West- und Nordwestwetterlagen bleibt das Südharzvorland trocken. So erstreckt sich um den Ostteil des Harzes ein als „Mitteldeutsches Trockengebiet" bezeichneter breiter, warm-trockener Bereich. Der Regenschatten des Harzes erfaßt die Börde bis Magdeburg. Hier können selbst Tiere und Pflanzen der südrussischen Steppen ihr Auskommen finden. Eine weitere Folge der meist vom Westen kommenden Niederschläge ist, daß die Wetterseite des Harzes die Hauptlast des sauren Regens empfängt und sich demzufolge zuerst an den Westflanken und in den Hochlagen des Oberharzes Waldschäden bemerkbar machen. – Das Acker-Bruchberg-Gebiet ist auf den Kuppen schon nahezu entwaldet, auch die Westhänge des Wurmberges, des Brockens, des Königsbergs geschädigt.

Typische Inversionswetterlage

Auch in der Sonnenschien-Zeit unterscheidet sich der Harz von seinem Umland. Besonders im Sommer sorgen dichtere und tief hängende Wolken häufiger für Nebelwetter. Während auf dem Brocken an 200 Tagen im Jahr Wolkennebel herrscht, bringt es beispielsweise Nordhausen nur auf etwa 50 Nebeltage. Dem sonnenärmeren Sommer steht aber, bedingt durch Inversionswetterlagen, ein sonnenreicher Winter gegenüber, in dem das 3- bis 4fache der Sonnenscheindauer des Vorlandes verzeichnet wird. Wintergäste wissen das zu schätzen. Entgegen anderslautenden Beteuerungen hat der Harz keine stabile Schneelage; der Winter wird aufgerissen von Tauperioden bis in höchste Lagen. Nur die Nordhänge sind relativ schneesicher, wenn dann erst einmal welcher liegt. Dort hält er sich auch bis Juni/Juli (Schneelöcher). Das Frühjahr bringt oft Spätkälte, die dann dem Maiwuchs erheblich schadet – Schneegestöber um Himmelfahrt und Julinachtfröste sind wiederholt beobachtet worden.

Viele Harzbesucher fühlen sich im Höhenklima des Gebirges wohl. Zwar hat es nicht die starke Reizwirkung des Seeklimas, doch gilt insbesondere das Waldwandern als gesundheitsfördernd. Dabei geht die Wirkung nicht nur von der Bewegung aus. Die ausgeglichenen Temperaturen, eine reine und feuchtere Luft im Waldesinneren ebenso wie die Geräuschdämpfung werden angenehm empfunden und gelten als heilkräftig.

Der Nordrand des Gebirges und die besiedelten Talmulden sind smoggefährdet durch Heizungs-, Kraftfahrzeug- und Industrieabgase, die Böden um Oker, Ilsenburg bis Wernigerode schwermetallbelastet. Dem kann nur begegnet werden durch eine drastische Senkung der Schadstoffemission – im Interesse eines gesunden Tourismus, der eine gesunde Infrastruktur voraussetzt. Reisende in den Harz sollten deshalb auch die traditionellen öffentlichen Verkehrsmittel bevorzugen: Eisenbahn, Bus, Pferdefuhrwerk und vor allem Schusters Rappen, gut beschlagen.

Kulturgeschichte

Funde an **steinzeitlichen Rastplätzen** – Rübeländer Höhlen, Petersberg bei Elbingerode, Steinkirche bei Scharzfeld – belegen, daß der Harz schon während seiner nacheiszeitlichen Tundraperiode von Menschen aus dem Vorland aufgesucht wurde. War es zunächst das Beuteinteresse des Jägers und Sammlers, so führte im weiteren Verlauf die Entdeckung von kupfer- und zinnhaltigem Erz – vielleicht durch zufälliges Ausschmelzen am Feuerplatz – zur Produktion von Bronzegeräten. Damit setzt das bergmännische Erkunden dieses Gebirges nach jüngsten Erkenntnissen früher ein, als für gewöhnlich angenommen wird. Erze aus dem Rammelsberg, vom Oberharz und dem Elbingeröder Sattel wurden bereits um 300 unserer Zeitrechnung gebrochen, heruntergeschafft und verhüttet.

In **germanischer Zeit** gab es zahlreiche **Stammesbewegungen**, vor allem zwischen den thüringischen Hermunduren am Unterharz und den sächsischen Cheruskern, zu denen Engern und Ostfalen stießen. Ortsnamen auf -ingen, -ungen sind thüringischen, auf -ede oder ithi sächsischen und auf -leben und -stedt engerischen Ursprungs. Es gab eine Vielzahl von kleinen Siedlungsflecken am und im Harz. Herausragende Höhen wurden zur Ausübung von **Kultfesten** und jahreszeitlichen Feiern benutzt – Hexentanzplatz und Roßtrappe, Bocksberge, Hübichenstein, Holdenstein. Osterfeuer wurden auf dem Bockshorn gebrannt. Burgen waren zu dieser Zeit schwer zugängliche, durch Schanzen und Palisaden befestigte Bergestätten – Fluchtburgen für die gesamte Dorfgemeinschaft.

Mit der Zerschlagung des Thüringerreiches 531 drangen Franken, Sachsen und Nordschwaben bis an Helme und Unstrut vor. Die von den fränkischen Klöstern Hersfeld, Fulda und Hildesheim ausgehende **Christianisierung** leitete eine wirtschaftliche Erschließung des Raumes ein, nachdem mit dem Sachsenherzog Widukind die dem Franken Karl dem Großen unterlegenen sächsischen Fürsten dem neuen Glauben beigetreten waren – nicht ohne Gewalt! – und seine Verbreitung beförderten. Statt Naturgöttern nun der Herrschaftsgott der Menschen. Widukinds Urenkelin Mathilde wurde die zweite Gattin des Sachsenherzogs Heinrich, den seine Anhänger zum König kürten. Am Vogelherd, heißt es, überraschten sie ihn mit den Reichsinsignien. Unter ihm, dem energischen Mann, der Ungarn, Slawen, Wikinger bekämpfte, begann die **Befestigung von Siedlungsplätzen zu Städten** – Quedlinburg, Goslar, Nordhausen. Ausschlaggebend dafür waren einerseits die handels- und heerespolitisch wichtige Lage, andererseits das Vorhandensein von Bodenschätzen. Das Gebirge selbst blieb wie schon in karolingischer Zeit **Königsgut = Reichsbannforst** –, der Erze und der Jagd wegen, mit einzelnen Königshöfen Siptenfelde, Selkenfeld, Hasselfelde, Bodfeld, Pöhlde. An den Verbindungswegen längs und quer richteten die Klöster Klausen und Zellen als Wegehäuser ein, die die Grundlage für spätere reiche Schenkungen bildeten, etwa an Gandersheim, Walkenried, Quedlinburg.

Territorialfürsten, wie die Welfen und die Askanier, trieben ihren Besitz immer weiter in das Banngebiet vor, wovor sich Kaiser Heinrich IV. durch das Errichten eines **Ringes von Reichsburgen** schützen wollte. Mit dem Sachsenaufstand gegen die Harzburg wurde dieser Plan zunichte gemacht, so daß in Folge am gesamten Harzrand und auch im Inneren eine **Vielzahl von Herrenburgen** entstanden, deren besterhaltene zweifellos Burg Falkenstein im Selketal ist.

Burgen brauchen zur Erhaltung und Versorgung mindestens ein Dorf. Im 10. Jahrhundert setzt die **Rodeperiode** ein, auch durch Feuerschwendung, der viele Harzorte ihren Ursprung verdanken. Der **Bergbau**, vor allem am Goslarschen Rammelsberg, doch auch schon weiter ins Gebirge hinauf, wurde befördert, nicht zuletzt durch **Ansiedlung** von Franken aus dem Fichtelgebirge, das Straßennetz ausgebaut. Am südlichen Harzrand wurde die Helmeniederung von Kolonisten aus den Niederlanden urbar gemacht – die Goldene Aue entwickelte sich aus dem Sumpfgebiet. Unzulängliche technische Möglichkeiten und die Pest des Jahres 1348/49 brachten den frühen Bergbau, den Alten Mann, zum Erliegen. In den abgelegenen Bergdörfern herrschte bittere Not.

Die **Reformation** hat ihren Ursprung auch in der Lage der Südharzer Bergknappen, aus deren Kreis **Martin Luther** hervorgegangen ist; der Bauernkrieg mit seinem Anführer **Thomas Müntzer** aus Stolberg fand im Umkreis des Harzes besonderen Zulauf unter Bauern und Bürgern, die entscheidende Schlacht wurde am dem Südharz vorgelagerten Kyffhäusergebirge geschlagen.

Während am nördlichen Harzrand zwischen Aschersleben und Goslar Klöster zerstört wurden, lockte andererseits das vom Welfenherzog Heinrich dem Jüngeren, dem Befehlshaber in der Schlacht bei Frankenhausen, erlassene ‚**Berggeschrey**' Knappen aus dem Vogtland in den Harz. Reiche Silberfunde führten dazu, daß in rascher Folge **die sieben Bergstädte des Oberharzes** gegründet wurden.

Dem wirtschaftlichen Boom stand finsteres

Krypta in der Stiftskirche Quedlinburg

Mittelalter im Denken gegenüber: in der Zeit wurden zahlreiche Hexenprozesse im und am Harze geführt. Der **Brocken** erhielt seinen zweifelhaften Ruf als Hexenberg, noch verstärkt durch in diesen Jahren auftauchende oberitalienische Alchimisten auf der Suche nach Mineralien zum Glasfärben, die als **'Venediger'** oder **'Walen'** Aufsehen erregten und Stoff für Sagen boten.

Der 'tolle Christian', Herzog von Braunschweig und Bischof von Halberstadt, zog den **Dreißigjährigen Krieg** in den Harz. Tilly überquerte das Gebirge, belagerte von Clausthal aus Zellerfeld, schlug den Halberstädter bei Lutter am Barenberg und rückte gegen Magdeburg vor, das er bis auf den Stumpf zerstörte. Die spontane Widerstandsbewegung der Bergbevölkerung, der **Harzschützen**, wurde 1627 durch einen Wallensteinschen Oberst niedergeschlagen. Der Krieg brachte den Bergbau fast völlig zum Erliegen.

In dieser Zeit erfuhr das Harzgebirge durch Reisebeschreibungen von Touristen zunehmend sich verbreitende Aufmerksamkeit – **Harzreisen** wurden Mode. Goethe, Eichendorff, Novalis, Heine, Andersen, die Maler Friedrich, Blechen, Richter – eine zunehmend romantische und romantisierende Sicht, verstärkt durch eine Zuwendung zum Nationalen nach den Befreiungskriegen. „Der Brocken ist ein Deutscher" stellte schon Heine fest, diese kritisch-ironische Wertung wich bald einem bierernsten So-ist-es. Nicht von ungefähr begegnete der Wanderer gerade auf der Hochfläche des Gebirges der „pudeldeutschen Natur", dem „Gefühl der Untertanstreue", das sich bis heute erhalten hat.

Die einheimische Bevölkerung lebte nach wie vor dürftig von **Waldarbeit, Bergbau, Köhlerei, Steinhauerei, etwas Viehzucht und Wiesenwirtschaft**. Ein Zubrot verdiente sie sich durch Heimarbeit und Vogelzucht – die **„Harzer Roller"-Kanarienvögel** gingen bis nach Übersee – sowie durch Kleinhandel.

Der Bergbau führte nicht nur durch das Abholzen von Wäldern, sondern auch durch das Vordringen in immer größere Tiefen zu **landschaftsverändernden Maßnahmen**. **Abraumhalden** und wasserwirtschaftliche Anlagen – Stauteiche für Aufschlagwasser, Dammgräben, Entwässerungsstollen – prägten das Bild. Bereits im 19. Jahrhundert untersuchte man „Oberharzer Hüttenrauchschäden" und erkannte Ursachen vor allem in SO_2-Ausstoß. Durch **Entdeckungen und Erfindungen** – z. B. des gedrehten Stahlseils auf der Clausthaler Bergakademie oder die Entdeckung des Urans durch den Wernigeröder Chemiker Klaproth – wurde die Ausbeute auf ein mehrfaches erhöht.

Ein sich rasch entwickelndes Eisenbahnsystem förderte die gesamte wirtschaftliche Entwicklung des Harzes und machte den Transport von Bodenschätzen und anderen Erzeugnissen möglich.

Die 1989 eingeleitete Wende eröffnete die Chance zu einer zukunftsorientierten Entwicklung des Gebirges, die in Beförderung eines **sanften Tourismus** die Harznatur als Quelle und Refugium bewußt macht, als Grundlage für eine gesunde Lebensführung, in der der Mensch sich endlich als Bestandteil einer Schöpfung begreift, in der Jedes seinen Platz und seine Aufgabe hat. Das schließt ein, daß der Tourismus auf manche Plätze, die innerhalb des in Sachsen-Anhalt (und hoffentlich bald im angrenzenden Niedersachsen) geschaffenen **Nationalparks Hochharz** als Totalreservate ausgewiesen sind, verzichtet. Der seit einem Jahrhundert rege tätige **Harzklub** weist eine Fülle erlebnisreicher Wanderwege aus, fördert Heimatforschung und Brauchtum und eine gesunde Geselligkeit, bietet touristische und verbietet nicht sportliche Veranstaltungen, so daß der Harz die Möglichkeit eines neuartigen Miteinander von Mensch und

Natur eröffnet, an dessen Anfang das Kennenlernen steht. Goethes Erinnerung und Ergriffenheit am 10. Dezember 1777 gipfelte in den Worten des Psalms: „Was ist der Mensch!" Möge er in positivem Sinne Recht behalten.

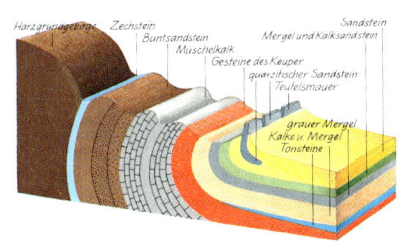

Erdgeschichte

In der Reihe der deutschen Mittelgebirge ist der Harz eines der kompliziertesten geologischen Gebilde und dadurch auf dem hier zur Verfügung stehenden Raum nur schwerlich wissenschaftlich exakt vorzustellen. Die Blockbilder geben dem Touristen eine erste Vorstellung, während der Experte sicherlich auf die Fachliteratur zurückgreifen wird.

Zunächst ist der Harz ein Teilstück des alten **Variszischen Faltengebirges,** das sich im Erdaltertum über ganz Mitteleuropa vom Atlantik bis Südrußland erstreckte. Dieses in sich geschlossene Teilstück sehr alter Gesteine erhebt sich allseitig über sein Vorland, das aus jüngeren Gesteinen des Erdmittelalters und der Erdneuzeit aufgebaut ist.

Auch die Mittelgebirgsschollen waren von jüngeren Deckgebirgsgesteinen überdeckt, die inmitten mancher Mittelgebirge noch als Reste erhalten sind. Im Harz läßt sich das am südlichen Gebirgsrand erkennen, wo häufig isoliert **Zechsteinschollen** (sie gehören bereits zum Deckgebirge) unterschiedlich alten (paläozoischen) Gesteinen direkt auflagern. Sie sind der ständig wirkenden Abtragung entgangen, die im gesamten übrigen Harzschollenbereich flächenhaft wirkte und sowohl das Deckgebirge wie auch einen Teil der alten Harzgesteine entfernte.

Die Abtragung stetzte schon ein, nachdem sich der Harz als Scholle über seine Umgebung erhob.

Aufrichtungszone am Nordharz mit der Teufelsmauer

Der weitere Verlauf seiner geologischen Geschichte ist im umseitigen Blockbildschema dargestellt.

Besser als durch Worte läßt sich auch der strukturelle Bau, der Verlauf der Faltenzüge und regionalgeologischen Einheiten des Harzes, durch eine Übersichtskarte verdeutlichen. Sie zeigt einen Ausschnitt aus dem äußeren variszischen Faltungsgürtel.

In der **Wippraer Zone** treten die ältesten bestimmbaren Ablagerungen aus dem Unteren Ordovizium auf. Demgegenüber sind im Nordwesten des Gebirges in der **Clausthaler Kulmfaltenzone** die jüngsten Harzgesteine aus dem Oberkarbon zu finden. An geologische Sonderbedingungen geknüpft, liegt im **Eckergneis** und den Xenolithen (= Fremdgesteinseinschlüsse) der Gewitterklippen älteres, noch **vorvariszisches Grundgebirge** vor.

Die **Sedimentgesteine** des Harzes bildeten sich in unterschiedlichen Zeiträumen. Von Silur bis Devon sind es Tonschiefer neben Kalksteinen, aber auch Sandsteine, Grauwacken, Quarzite, Konglomerate. Im mittleren Devon war der Höhepunkt der Absenkung des Sedimentationsraumes erreicht, bei der sich durch die starke Dehnung der Kruste Spalten für den Aufstieg von Diabasen und verwandten Magmengesteinen bildeten. So treten in weiter Verbreitung die mächtigen diabasreichen Wis-

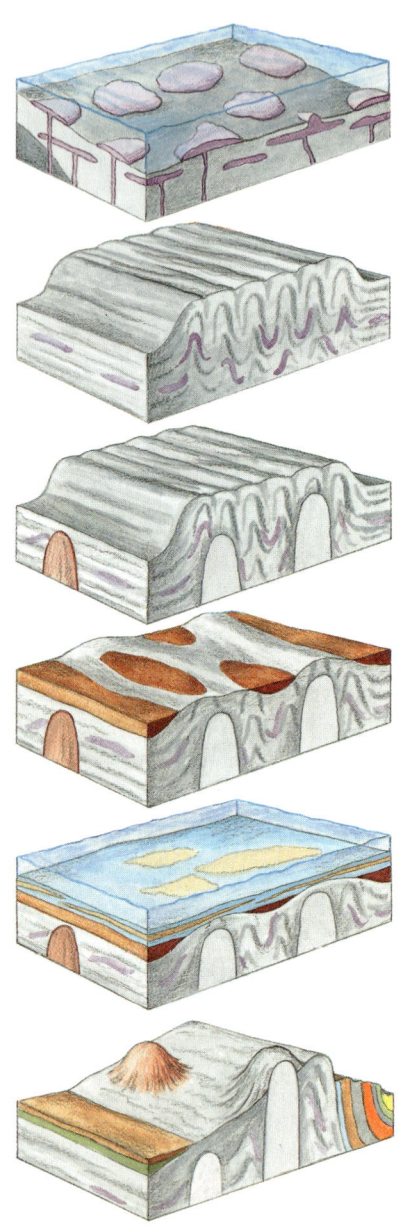

Mitteldevon vor 385 Millionen Jahren
Das Gebiet des heutigen Harzes sinkt immer weiter unter den Meeresgrund. Es werden mehrere 1000 m tonige, sandige und kalkige Sedimente abgelagert. Durch Risse in der gedehnten Erdkruste tritt untermeerischer Vulkanismus auf und durch Rutschung werden Sedimente umgelagert

Oberkarbon vor 305 Millionen Jahren
Die Gesteinslagen werden in der variszischen Gebirgsbildung aufgefaltet. Zur gleichen Zeit entstehen auch die anderen deutschen Mittelgebirge in weitem Bogen geologischer Aktivität, der von Frankreich bis weit nach Osten reicht

Ende Oberkarbon vor 300 Millionen Jahren
Ein- und Aufdringen von silikatischer Magma im Brocken- und Rambergmassiv sowie von Quarzporphyr ebenfalls als Pluton im Gebiet des Auerberges. Die Sedimente der Kontaktzonen ergeben schwarzen Hornfels, Erzgänge Anlaß zum späteren Bergbau

Perm und Rotliegendes vor 280 Mio. Jahren
Das variszische Gebirge wird wieder abgetragen und der Verwitterungsschutt in vorhandene Senken (im Harz z. B. schon im Ilfelder und Meinsdorfer Becken) sowie im Vorland abgesetzt

Oberes Perm und Trias vor 250 Mio. Jahren
Nach fast völliger Einebnung des Urharzes sinkt das Gebiet wieder unter den Meeresspiegel, die Sedimente des Zechstein sowie der Trias lagern sich ab und bilden das Deckgebirge

Obere Kreide vor 80 Millionen Jahren
Erneutes Heraushaben des Harzes jetzt als Pultscholle. Im nördlichen Harzvorland werden die Gesteinsschichten mit aufgerichtet. Die Teufelsmauer entsteht und der Einblick in die senkrecht stehenden Formationen läßt Erdgeschichte wie in einem offenen Buch sichtbar werden. Am Südrand taucht der Harz dagegen in die Vorlandschichten ein. Verwitterung legt die Granitmassive frei und bereinigt den Harz von Sedimenten des Perm und Trias

senbacher Schiefer auf. An zwei Stellen, bei Elbingerode-Rübeland und am Iberg bie Bad Grund, kam es nach einem mächtigen untermeerischen **Diabasvulkanismus** sogar zu einer **Riffkalksteinbildung** von hoher Reinheit und bedeutenden Vorratsmengen.

Die Förderung magmatischer Gesteine wiederholte sich weit schwächer zu Beginn des Unterkarbons, während bereits Bodenunruhen als Vorläufer der Hauptfaltung einsetzten. Es bildeten sich als typische Begleitgesteine des Faltungsprozesses Kieselschiefer, Tonschiefer und mächtige Grauwacken.

In bedeutendem Maße kam es namentlich in der Harzgeröder und der Blankenburger Zone in Verbindung mit einem Aufsteigen der Mitteldeutschen Kristallinschwelle zur **Wildflyschbildung**. Eben erst gebildete Sedimente und Sedimentgesteine, aber auch ältere, beginnen untermeerisch bei Schichtverstellungen im Faltungsprozeß abzugleiten, werden mit Schlammströmen im Sedimentationsraum weiterverfrachtet und fernab wieder sedimentiert. Trübe- und vor allem Schlammströme führen erst feinste, dann im zunehmenden Maße gröbere Partikel und Komponenten von Gleit- und Rutschkörpern bis -schollen (Gleitkörper = Olistholith) und bauen unsortierte, äußerst heterogene Sedimente bzw. Sedimentgesteine (Olisthostrome) auf.

Nach der Faltung, aber noch im Oberkarbon, drangen die **Granite** als magmatische Tiefenkörper in ihre Hüllgesteine ein. So entstand der **Rambergpluton** bei Thale-Friedrichsbrunn, das **Brockenmassiv**

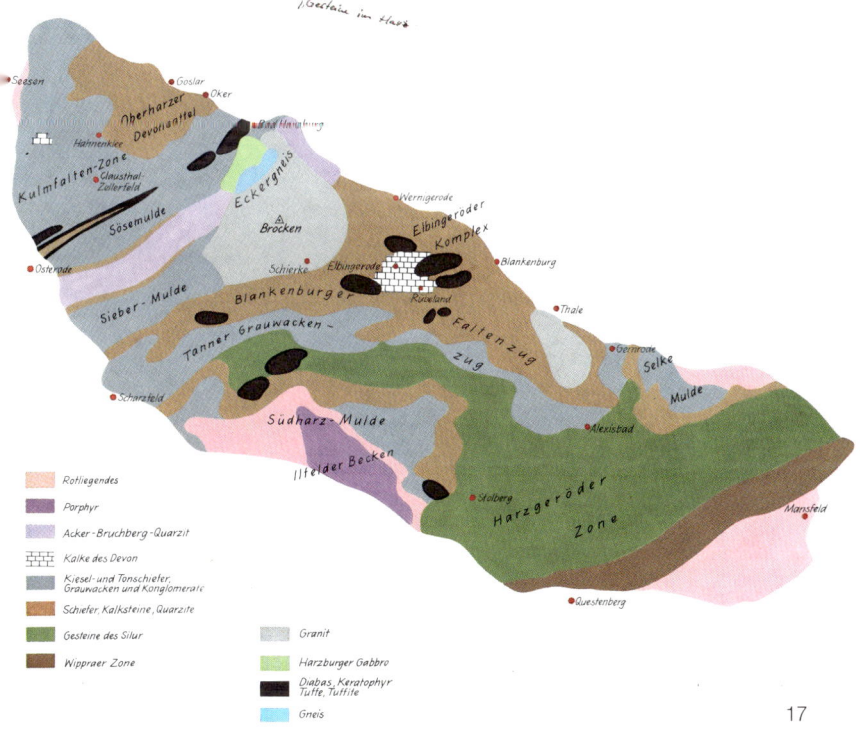

und als dessen kleiner Teilpluton der **Okergranit** südlich Oker. Ein ähnlich kieselsäurereicher Magmatismus speiste in der folgenden Rotliegendzeit den Auersberg, die Vulkane des Ilfelder Rotliegendbeckens und die Mittelharzer Eruptivgesteinsgänge. Auf Verwerfungsspalten im Umfeld der Granitplutone kam es zu **Erzmineralausscheidungen**, deren Stoffzufuhr aus der Tiefe in mehreren Phasen vom Oberkarbon bis in mesozoische Zeit erfolgte (Harzer Gangerzlagerstätten), und seit dem Mittelalter ausgebeutet wurden.

Pflanzenwelt

Der Vielfalt der Berge und Täler, der Gesteine, der Gewässer und der lokalklimatischen Einflüsse entspricht die Vielfalt der Pflanzenwelt des Harzes.

Die Harzhochfläche und die Randberge waren ursprünglich mit **Laubmischwald** bedeckt, in dem die Rotbuche vorherrschte. Je nach Standort waren Bergahorn, Traubeneiche, Hainbuche eingemischt. In Bachtälern wuchsen **Auwälder** mit Erlen, Eschen, Bergulmen, Stieleichen, Espen

Silberblatt-Buchenwald im Harz

und viele Weidenarten. Der **Fichtenwald** war auf die Hochlagen beschränkt. Die Fichtenstufe des Harzes begann in Höhen von 700 bis 800 Metern, verzahnte sich mit dem Laubwald, der an wärmebegünstigten Hängen und bei besseren Bodenverhältnissen höher stieg, während die Fichte an ungünstigen Standorten auch in mittleren Lagen Fuß fassen konnte.

Vom Mittelalter bis in das 19. Jahrhundert benötigten der **Bergbau** und das **Hüttenwesen** ungeheure Holzmengen. Der Ausbau der Strecken im Bergbau, vor allem aber die **Holzkohleerzeugung** verbrauchten den Wald. Bis in die Kammlagen wurde Holz geschlagen und verkohlt.

Laubwälder wurden in großen Bereichen als Niederwald genutzt. Dabei förderte man die ausschlagfreudige Eiche. Nach dem Fällen eines solchen Waldes nutzte man den Stockausschlag, der in 12–15 Jahren arm- bis schenkelstarke Stämme austrieb, erneut zur Holzkohlegewinnung. Ab dem 18. Jahrhundert erfolgte langsam die **Umwandlung** des ursprünglichen Laubmischwaldes **in Nadelwald**. Nur der östliche Harz und die Gebirgsränder blieben mit der Buche bestockt. Die Fichte läßt sich verhältnismäßig leicht aufforsten. Im 80- bis 100jährigen Umtrieb sollte ihre Nutzung erfolgen. Nach Erreichen der Schlagreife wird der Bestand abgeholzt, es entsteht ein Kahlschlag, der beräumt und danach erneut mit Fichten aufgeforstet wird. Leider achtete niemand auf Herkunft und Rasse des Pflanzmaterials. So wurden z. B. in Hochlagen Fichten gepflanzt, die aus milderen Klimalagen, manchmal aus ganz anderen Wuchsgebieten stammten. Diese Bestände weisen eine geringere Widerstandsfähigkeit gegen die extremen Witterungsverhältnisse und andere Schadfaktoren des sogenannten **Waldsterbens** auf.

Im Bereich des Brockenmassivs, vor allem am Brocken-Osthang, leben noch **ursprüngliche Fichten,** die ein Alter von 200

Wollgras im großen Brockenmoor

bis 300 Jahren erreicht haben, Waldriesen, die zur Zeit der Abholzung des Urwaldes als kleine Bäumchen überlebten. Sie sind heute wertvolle Samenträger. Durch Zapfenpflücker, die sie ersteigen, werden die Fichtenzapfen geerntet, die Samen sorgsam ausgesät und die Fichtensämlinge als kräftiges Pflanzmaterial auf den oft durch Waldsterben entblößten Flächen aufgeforstet. Die Forstleute erwarten, daß damit ein widerstandsfähiger Wald aufgebaut wird, der sowohl dem rauhen Klima der Höhe widersteht, als auch die Zeit überdauert, in der die von weither eingetragenen Schadstoffe noch auf die Natur einwirken.

Das Granitgebiet um den Brocken enthält eine für Mitteleuropa einzigartige Naturausstattung. Die Kernzone ist geprägt durch Wälder, Moore und waldfreie Flächen mit weitgehender Naturnähe. In Sachsen-Anhalt wurden am 12. September 1990 fast 6000 ha zum **Nationalpark „Hochharz"** erklärt. Die Kernzone umfaßt 1367 ha, in denen keine forstliche Bewirtschaftung erfolgt, um eine natürliche Entwicklung ohne menschliche Beeinflussung zu gewährleisten. Es ist nicht gestattet, diese Zone außerhalb von beschilderten Wegen zu betreten.

Die sich anschließende Ruhezone soll durch bodenständiges Fichtenmaterial in naturnahe Waldbestockung übergeleitet werden. Durch Einbringung von **autochthonen (ursprünglichen) Buchen** aus dem Bereich des Elendstals bis in Höhen von 800 m soll eine Annäherung an die ehemaligen natürlichen Verhältnisse wieder erreicht werden. In der Entwicklungs- und der Sanierungszone wird eine nachhaltige Nutzung der Ökosysteme erfolgen.

Das bedeutet, es wird eine forstliche Bewirtschaftung betrieben, die Wirtschafts-, Schutz- und Wohlfahrtsfunktionen des Waldes gewährleistet. Es muß dabei **zwischen Naturschutz und Nutzung des Waldes ein Kompromiß** gefunden werden. Im westlichen Teil des Harzes, im Land Niedersachsen, befindet sich ein weiteres Teilgebiet in der Vorbereitung zum Nationalpark. Es zeichnet sich vor allem aus durch großflächige und baumfreie Kamm- und Sattelmoore.

Torfmoose sind am meisten an der Entstehung von **Hochmooren** beteiligt. Sie vermögen große Mengen Wasser aufzusaugen und zu speichern.

Besonders Zwergsträucher sind im Moor heimisch. Heidel- und Preiselbeeren sind in vielen Wäldern zuhause. Krähenbeere, Moosbeere und Trunkelbeere finden sich nur auf sauren Torfböden, dazu die Rosmarinheide, Bärlappgewächse wie die Tannen-Teufelsklaue und der Alpenbärlapp. Wollgräser bringen viele weiße Tupfen ins Grün. Als Eiszeitrelikt gilt die Zwergbirke. Der Rundblättrige Sonnentau bedeckt offene Stellen oder überzieht Torfmoospolster mit seinen rötlichen Blättern, die mit vielen „Fangarmen" bedeckt sind, langgestielte Drüsen, die mit klebrigem Schleim Insekten festhalten. Durch Pepsin werden die Fleischteile aufgelöst, zurück bleibt nur die Chitinhülle, die vom Wind verweht wird. Eine kleine Moororchidee, das Herz-Zweiblatt, ist eine seltene Kostbarkeit des Moorwaldes.

Moore sind verletzlich. Durch Betreten und Durchwaten entstehen Schäden, die zu offenen Stellen und Erosion führen.

Die **Moorbildungen des Hochharzes** sind wegen ihrer Vielfalt in **Mitteleuropa einmalig** und besonders schutzwürdig. Sie sind Quellgebiete für Oker und Oder, Kalte und Warme Bode, Ilse, Ecker und andere Bäche und Kleingewässer.

Ein Tal ist besonders wertvoll, das **Tal der Kalten Bode** zwischen Schierke und Elend, das Elendstal. Es besitzt den **höchstgelegenen** in Teilen noch **naturnahen Laubmischwald** im Harz. Im Uferbereich wachsen Weiden, Erlen, der Bergholunder, die Alpenjohannisbeere, sogar Seidelbast findet sich. Im zeitigen Frühjahr fallen die hellen, blattlosen Blütenstände der Weißen Pestwurz ins Auge, gelb blühen Huflattich und Milzkraut. Dann folgen Buschwindröschen, das Scharbockskraut, Farne schieben ihre zusammengerollten Triebe aus dem Boden. Bachbegleitend ist der Behaarte Kälberkropf, dazwischen der Platanen-Hahnenfuß. Als besonders giftig gilt der gelbblühende Wolfs-Eisenhut, der in früheren Zeiten zur Wolfsbekämpfung gedient haben soll. Ein besonderer Schatz ist der Alpen-Milchlattich, den man als Relikt betrachten kann. Er kommt im Harz nur in wenigen kühlen Tälern vor. Der Name sagt es, daß er im Hochgebirge beheimatet ist. Der botanisch interessierte Wanderer wird noch viele Arten finden können, auch interessante wie die Vogel-Nestwurz, eine bleiche Orchidee, ein Fäulnisbewohner ohne Blattgrün.

Von besonderer Bedeutung war die Viehhaltung. Die **braune Harzkuh** war anspruchslos und erfüllte alle Ansprüche der Harzer. Sie gab Milch und damit Butter und Käse, Fleisch und Dünger für die Äcker. Von Mai bis Oktober zogen die Kuhherde, aber auch die Ziegen des gesamten Ortes unter einem oder mehreren Hirten zur **Waldweide**. Die Tiere wei-

Bergwiese

deten an Wegen und Waldrändern, in vergrasten Waldteilen. Die **Wiesen** dienten der Heuerzeugung für die Winterfütterung. Sie wurden ein- oder zweischürig genutzt. Durch Boden, Klima und Nutzung entstanden die halbnatürlichen Gebirgswiesen, die vielfach noch heute mit Blütenvielfalt begeistern. Schon im zeitigen Frühjahr werden die Täler und Hänge bunt. Die Trollblumen mit goldgelben, geschlossenen Blüten leuchten, zu gleicher Zeit blühen Orchideen, das Breitblättrige Knabenkraut, die Händelwurz und andere. In Talwiesen bewegen sich Tausende von rosa ährenähnlichen Blüten des Wiesenknöterichs im Winde. Mitte Juni ist die Zeit der Vollblüte. Margeriten, Glockenblumen bringen neuen Farben, der Waldstorchschnabel blüht blauviolett. Besondere Kostbarkeiten sind die **leuchtendblaue Wiesenschwertlilie** und die **rosarote Türkenbundlilie**. **Trockenere Hänge** werden geprägt vom kräftigen Gelb der **Arnika**, des Bergwohlverleihs, wie der deutsche Name heißt. Sie ist eine alte Arzneipflanze, leider so stark zurückgegangen, daß sie nicht mehr wie früher gesammelt werden darf. Es besteht die Gefahr der endgültigen Ausrottung. Wenn der Sommer fortschreitet, kommen Witwenblumen und Skabiosen, die stattliche Perücken-Flockenblume öffnet purpurrote geschlitzte Korbblüten. Die Fülle der Blüten des Harzes sprengt den Rahmen dieses Bandes. Es lohnt, sich ein Pflanzenbestimmungsbuch anzuschaffen, vielleicht mit farbigen Abbildungen, das dem interessierten Wanderer die Namen der Pflanzen nennt.

Der **Fichtenwald** ist blütenarm. Oft ist der Waldboden völlig kahl, oder wenige Gräser, die Drahtschmiele, das Wald-Reitgras oder in höheren Lagen das Wollige Reitgras, bedecken mehr oder weniger das Braun der abgefallenen Fichtennadeln. An lichten Stellen blüht der prächtige Rote Fingerhut, eine Charakterpflanze vor allem des westlichen Harzes, während nach Osten, im trockeneren Klima, der gelbblühende Großblütige Fingerhut öfter auftritt. Mit Blütenmassen in purpur-rosa überzieht das Waldweidenröschen Lichtungen und Kahlschläge, verschwindet aber wieder, wenn neuer Wald aufwächst und den Boden beschattet.

Reicher an Pflanzen ist der **Laubwald**. Bevor im Frühling das Laub austreibt, bedeckt sich sein Boden mit Frühjahrsblühern. Das Buschwindröschen erscheint in Massen mit weißen, oft rötlich angehauchten Blüten, an feuchten, nährstoffreicheren Stellen die gelben Anemonen, das blaue Leberblümchen mit dreilappigen Blättern, Lerchensporn und Lungenkraut, das Blühen läßt erst nach, wenn sich das Laubdach schließt. Im Oktober enden Wachsen und Blühen, aber die leuchtenden Farben des herbstlichen Waldes locken zur Wanderung durch die vor dem Laubfall noch prachtvollen Wälder.

Die Brockenkuppe war 30 Jahre lang Besuchern verschlossen. Das unkontrollierte Schalten und Walten der Grenztruppen der ehemaligen DDR ließ Befürchtungen aufkommen, daß die ursprüngliche, im Mittelgebirgsraum einmalige Pflanzen- und Tierwelt schweren Schaden erleiden würde. Tatsächlich sind große Bereiche der Kuppe durch Baumaßnahmen, Kalkbeschotterung, Eintrag von Kalkstäuben und rücksichtsloses Handeln schwer geschädigt. Der Osthang unterhalb der Wetterwarte und der **Brockengarten** blieben erfreulicherweise wenig berührt. An diesen Stellen konnten sich die **heimischen Brockenpflanzen** stellenweise sogar ausbreiten und vermehren. Die berühmte **Brockenanemone**, eigentlich ist sie eine Weiße Kuhschelle, blüht wieder reich, auch das Alpen- und das **Brockenhabichtskraut**. Aus dem Brockengarten haben sich Enziane ausgebreitet. Der Brockengarten wurde 1890 durch Professor Peter von der Universität Göttingen begründet. Vor allem Kriegs- und Nachkriegszeiten schädigten ihn sehr. Nach der Brockenschließung verwilderte der Garten, die meisten eingebrachten Pflanzenarten wurden von den heimischen Gräsern erstickt. Unter Anleitung des Botanischen Gartens Halle wird der Brockengarten wieder hergerichtet und dann den Besuchern offenstehen.

Urwüchsige Natur um den Brocken, tiefeingeschnittene Täler mit rauschenden Bächen und dazwischen die Hochflächen mit weiten Wäldern, bunten Wiesen, freundlichen Harzorten – der Harz bietet alles, was der Gast, der Wanderer, sucht. Und erwandern sollte man ihn, nur so erschließt er seine Vielfalt und Schönheit.

Tierleben

Der Harz zählt zu den großen **Rotwild**revieren. Im September/Oktober ist das weit durch die Wälder dröhnende Röhren der Hirsche zu hören. „Die Hirsche brüllen", sagt der Harzer. Der Rotwildbestand ist jedoch überall noch zu hoch und muß vermindert werden, um Schälen und Verbeißen zu verhindern.

An Großwild ist noch das **Schwarzwild** (Wildschweine) zu nennen, dessen Wühlspuren man an vielen Stellen in sumpfigem Gelände oder in Wiesenflächen sehen kann. Es richtet im Walde keine Schäden an, ist eher förderlich. In Feldfluren kann es aber, vor allem in Kartoffeläckern, schwere Schäden anrichten.

Rehwild ist vorwiegend in abwechslungsreichen Wald-Wiesen-Landschaften heimisch, wo es Gräser und vor allem Kräuter vorfindet. Es gilt als naschhaft, äst mit Vorliebe die Knospen der Türkenbundlilie und andere vielfältige Wiesenblumen.

Bereits um die Jahrhundertwende bürgerte man **Mufflons**, die aus Korsika stammenden Wildschafe, im Harz ein. Im Ballenstedter Revier ist seither ein stabiler Bestand an Muffelwild, aber in den Jahren 1950–1980 wurde auch in anderen Revieren Muffelwild ausgesetzt, das sich stark vermehrte und z.T. schon zu hohe Bestände erreichte.

Hasen gibt es auch im Harz. Als Tierart der freien Landschaft ist der Hase aber ein Feldtier und im Walde nur in geringer Zahl lebend. Während der **Fuchs**, als ein Tier das sich hervorragend anzupassen vermag, bis in hohe Lagen überall verbreitet ist, sind **Dachs und Edelmarder** nicht häufig. Der Wanderer wird sie kaum zu Gesicht bekommen. Die **Wildkatze**, eine vom Aussterben bedrohte Art, hat sich im Harzgebiet erhalten können und zeigt infolge strengen Schutzes ausbreitende Tendenz.

Garten- und Siebenschläfer leben vorwiegend in den Laubwäldern der unteren

Bergstufe, wurden aber selbst bis 940 m im Bereich der oberen Fichtenstufe beobachtet.

Ein unwillkommener Neuansiedler ist der aus Nordamerika stammende **Waschbär**, der aus Pelztierfarmen entwich und sich immer stärker ausbreitet. Er ist ein Allesfresser, der Kleintiere, auch Vögel, erbeutet und Fische nicht verschmäht. Sein Erscheinen bedeutet eine Störung des ökologischen Gleichgewichts durch einen zusätzlichen Freßfeind unserer heimischen Kleintierwelt.

Säugetiere, die sich im Sommer bei beginnender Dämmerung beobachten lassen, sind die **Fledermäuse**. In Baumhöhlen, Nistkästen, vor allem aber in Höhlen und ehemaligen Bergwerksstollen sind ihre Tagquartiere sowie Wochenstuben und, in der kalten Jahreszeit, Winterquartiere. In den Schauhöhlen kann man hin und wieder Fledermäuse an der Höhlendecke hängen sehen, den Kopf nach unten, in ihre Flughäute eingeschlagen.

Alte Laubbäume, die in der Lage sind, Wohnraum für viele Vögel zu sein, sind selten geworden. Grün-, Grau- und Buntspecht zimmern noch in Laubwäldern ihre Bruthöhlen, während der stattliche Schwarzspecht seinen Verbreitungsschwerpunkt im Nadelwald hat. Kleiber und Haubenmeise nutzen leerstehende Höhlen oder ausgefaulte Astlöcher. Auch andere Meisenarten und Fliegenschnäpper suchen Höhlen oder Spalten für den Bau ihrer Nester.

Die Kleinsten sind der Zaunkönig, der in Unterholz und Gestrüpp herumhüpft und seine weithinschallende Stimme ertönen läßt, noch kleiner aber sind die Goldhähnchen, nur bis 9 cm lang und 5 g schwer, die man, oft zusammen mit Meisen und Baumläufern, im winterlichen Wald wispern hört, wenn sie behende von Zweig zu Zweig fliegen, um versteckte Insekten und Puppen zu suchen. **Wintergäste** sind Seidenschwänze und Bergfinken, die aus dem hohen Norden zu uns kommen. Bergfinken suchen vor allem Buchenbestände auf, um sich an den abgefallenen Bucheckern gütlich zu tun. Seidenschwänze, starengroße Vögel mit rötlichbraunem Häubchen, das Federkleid rötlichbraun bis ins Grau gehend, und auffallend weiß-gelb-roten Farben an den Armschwingen, sind merkwürdig vertraut, sitzen wenig scheu auf Ebereschen und verzehren die roten Vogelbeeren.

Bereits im Herbst plündern, neben heimischen Amseln, die in großen Zügen schweifenden Rotdrosseln die roten Früchte der Ebereschen. Singdrosseln und Wacholderdrosseln sind zu dieser Zeit schon meist nach Süden gezogen.

Die Waldschäden, die oft zum Waldsterben führen, veranlassen die Waldbäume zu verstärkter Fruchtbildung. Alle 5–7 Jahre gibt es normalerweise eine Buchen- oder Eichenmast. Dann fallen Bucheckern und Eicheln, daß der Boden bedeckt ist. Hirsche und Wildschweine mästen sich, aber auch der Eichelhäher und andere Vögel, das Eichhörnchen, Mäuse und Bilche laben sich an der Fülle. In den letzten Jahren bildeten die Bäume fast Jahr für Jahr reiche Früchte. Auch die Fichte war

Rotwild

behangen mit Zapfen, daß die Äste oft tief herabhingen. Bei solchem Angebot taucht stets der Zigeunervogel auf. So wird der **Kreuzschnabel** im Volksmund genannt. Er ist ein Nahrungsspezialist. Der Fichtenkreuzschnabel lebt vorwiegend von den Samen der Fichte, die er geschickt mit seinem gekreuzten Schnabel aus den Zapfen herauslöst, indem er die Schuppen spaltet, und mit der Schnabelspitze erfaßt.

Der Kreuzschnabel brütet zu allen Jahreszeiten, vor allem im Winter, weil dann das größte Nahrungsangebot herrscht. Die Jungen im verschneiten Wald werden mit Fichtensamen gefüttert, bis sie selbst in der Lage sind, die Zapfen zu öffnen.

Fichtenkreuzschnabel

Lange Zeit fehlend, ist der **Kolkrabe**, auffallend durch seinen greifvogelartigen Flug und glockentiefe Stimme, seit einigen Jahren wieder im Harz Brutvogel.

Seit der Jahrhundertwende schon verschwunden, ist seit den 50er Jahren ein Großvogel zurückgekehrt. Der **Schwarzstorch** hat den Harz wieder mit wenigen Paaren besiedelt. Auf alten Buchen baut er seinen riesigen Horst und beginnt bereits im April zu brüten. Es ist ein besonderes Erlebnis, das kreuzförmige Flugbild eines Schwarzstorches zu sehen, wenn er in geringer Höhe über ein Tal schwebt und fast ohne Flügelschlag den anschließenden Wald überquert.

Mit dem Bau vieler Talsperren zog in verstärktem Maße der **Graureiher** in den Harz ein. Im Flachwasser von Teichen oder Talsperren wartet er regungslos auf Fische. Angler und Fischer sehen in ihm einen Konkurrenten. Er nimmt aber meist Kleinfische, doch auch Frösche, Schwanzlurche, Mäuse, Insekten, so daß behauptete Schäden fast stets übertrieben sind. Neben einer Reiherkolonien gibt es im Harz zahlreiche Einzelhorste.

Ausgestorben war auch der **Wanderfalke**, dessen Eier durch Umweltgifte (DDT) zu dünnschalig wurden. Bruterfolge waren kaum noch möglich und die Nachwuchsrate dadurch zu gering. Durch Aufzucht und Auswilderung entstand eine neue Population, die die alten Brutfelsen besiedelte und in den letzten Jahren gute Bruterfolge aufwies. Die Horste des Wanderfalken werden während der Brutzeit bewacht. Noch heute ist er, vor allem im Orient, ein begehrter Beizvogel, und professionelle Eierräuber versuchen die Horste zu plündern.

Fast verschwunden ist der **Uhu**, der nur gelegentlich auftritt. Waldohreule und Waldkauz lassen im Dunklen ihre Stimme erklingen, und auch der Rauhfußkauz ist auf der Harzhochfläche festgestellt worden.

Begehrtes Jagdwild war einst der **Auerhahn**. Er zählte zur „Hohen Jagd". Starke Bejagung, vor allem aber Veränderung der Wälder und damit Entzug seines Lebensraumes, ließen diese stattliche Vogelart verschwinden. In Lonau im Südharz befindet sich eine Station, die Auerwild erbrütet, aufzieht und auswildert. Seitdem sind Begegnungen mit Auerwild möglich → Tour 4.

Beim Erwandern des Harzwaldes sieht man hier und da schwarze Kästen hängen. Es sind **Borkenkäfer**fallen, die mit

Lockstoffen die Schadinsekten anziehen und der Verminderung der Borkenkäfergefahr dienen.

Fichtenmonokulturen sind anfälliger gegen Schädlinge als natürliche Mischwälder. Eine Vielfalt von Pflanzen bringt auch eine Vielzahl von Tierarten. Besonders die „Kleinen", speziell die Insekten, spielen eine bedeutsame Rolle in der Natur. Viele sind unbekannt und unbeachtet infolge ihrer geringen Größe oder Unscheinbarkeit. Selbst große Käfer bleiben oft unbeachtet. Bei einem Aufruf des Harzmuseums Wernigerode, Hirschkäferbeobachtungen zu melden, suchten viele Naturfreunde und meldeten allein aus dem Kreise Wernigerode 222 Funde von Hirschkäfern.

In den Hochlagen des Harzes leben **Insektenarten**, die echte Eiszeitrelikte sind, wie die Alpen-Smaragdlibelle und die Alpen-Mosaikjungfer. Moorschmetterlinge flattern über die Hochmoore, und verwandte Arten leben in den Tälern der Harzbäche.

Andererseits sind wärmeliebende **Schmetterlinge** im Kalkgebiet und in südlichen Tälern zu beobachten. Der prächtige Schwalbenschwanz und seine Raupe wurde in Höhenlagen von 500 m entdeckt. Selten, vielleicht inzwischen ausgestorben, war noch vor wenigen Jahren der Schwarze Apollo-Falter in einigen Tälern des Südharzes zu finden. Sein Verlust ist vor allem egoistischen Fängern zuzuschreiben, die um des Geldes willen die letzten Apollo im Harz fingen.

Mit den Farben der blühenden Wiesen wetteifern die ungezählten Tagschmetterlinge. Fast jede Pflanzenart oder zumindest Gattung hat ihre besondere Schmetterlingsart, deren Raupen sich von ihren Blättern ernähren.

Die Zahl der Insektenfresser ist groß. Von Igel und Spitzmaus über bis zum Maulwurf unter der Erde reicht sie bis zu den **Kriechtieren**. Nur eine Eidechsenart weist der Harz auf, die Waldeidechse, auch als Bergeidechse bekannt, bis zu 16 cm lang, meist brauner Rücken mit dunklem Seitenband und dunklem Mittelstreifen. Beim Männchen ist der Bauch orangerot mit dunklen Flecken, beim Weibchen trübgelb. Man kann sie manchmal auf Steinen oder Stämmen beim Sonnen antreffen. In tieferen, wärmeren Lagen tritt ab und zu die größere und farbigere Zauneidechse auf.

Schlangen gibt es im Harz selten. Zwar gilt er als Vorkommensgebiet der Kreuzotter, die aber in Jahrzehnten nur wenigemale gefunden werden konnte. Ihre Giftigkeit wird übertrieben. Todesfälle nach Kreuzotterbiß sind kaum bekannt.

Die Ringelnatter benötigt Gewässernähe und Wärme. In höheren Lagen wurde sie kaum beobachtet, während sie im Bodetal bei Altenbrak und ähnlichen Orten, in Talsperrennähe und an Fischteichen in mittleren Lagen angetroffen wurde.

Die Glattnatter ist nur am Harzrand zu finden, wo sie in der Deckung von Sträuchern und Hecken an Wald- und Wegrändern nicht häufig auftritt. Sie kann bissig sein, ist aber nicht giftig und völlig unschädlich.

Noch harmloser ist die Blindschleiche, die zwar einen schlangenähnlichen Körper besitzt, aber keine Schlange ist. Sie kann

Balzender Auerhahn

bis in die Kammlage des Gebirges vordringen, wird aber nur selten gesehen. Leider wird sie, wie auch die Schlangen, oft Opfer einer sinnlosen und unnötigen Schlangenfurcht.
Alle Kriechtiere stehen heute unter Naturschutz!
Stehende Gewässer sind im Harz fast ausschließlich künstlich angelegt. Sie dienten meist dem Bergbau oder waren Forellenteiche. Im zeitigen Frühjahr sind sie Sammelpunkt vieler Lurche. Grasfrosch und Erdkröte sind am häufigsten. Laichablagen des Grasfrosches konnten bis in Höhen von 1000 m beobachtet werden. Die Geburtshelferkröte war bei Benneckenstein (500 m) heimisch. Grünfrösche leben nicht im Harz. Sie sind erst in tieferen Lagen zu finden.
Von den Schwanzlurchen ist der Feuersalamander am meisten bekannt. Bei feuchtem Wetter kann man ihn im Buchenwald finden, wenn er auf Nahrungssuche geht. Auf der Hochfläche ist der Bergmolch am häufigsten. In jeder größeren Pfütze kann man ihn aufstöbern, sogar in Wagengleisen auf Waldwegen. Teichmolche und Fadenmolch gehören ebenfalls zu den im Harz vorkommenden Lurchen. An vielen Stellen wurden Kleingewässer geschaffen, um den Lurchen Laichmöglichkeiten zu bieten. Krötenzäune verhindern ein Überqueren und damit Überfahrenwerden der Tiere auf vielbefahrenen Straßen zur Laichzeit.
Dem Gebirge eigen sind schnellfließende Bäche und Flüsse. Oker und Ilse, Bode und Selke sind solche Fließgewässer, die ihren Tälern besonderen Charakter verleihen. Steil und steinig sind manche Bachabschnitte. Rauschend und schäumend stürzt das Wasser hinab, manchmal kleinere oder größere Wasserfälle bildend. Sie sind noch klar und sauber und damit Lebensraum für eine Welt unter Wasser. Larven von Köcherfliegen und anderen Wasserinsekten leben auf dem Bachgrund, **Kleinfische** tummeln sich an ruhigeren Stellen, wie die Ellritze, und am Boden gründeln die Westgroppe oder Schmerlen. In ruhigen Bächen findet sich noch das Bachneunauge. Der Charakterfisch der schnellfließenden Gewässer ist aber die Bachforelle. Der schlanke Körper, bräunlich mit einer Schattierung ins Grüne oder Blaue, weist auf einen guten Schwimmer hin.
Stromaufwärts gerichtet stehen die Fische in der starken Strömung. Nur leichte Pendelbewegungen zeigen an, wie sie sich gegen das fließende Wasser halten. Jeder Käfer, jeder Bissen, den das Wasser mitträgt, wird mit einer eleganten Bewegung geschnappt.
Klare und schnellfließende Gewässer bewohnt die **Wasseramsel**, der einzige Singvogel, der zu tauchen und zu schwimmen vermag. Oft sitzt der Vogel, schwarzbraun mit weißer Brust, knicksend auf einem Felsen im Bachbett. Bei Annäherung fliegt er pfeilschnell knapp über der Wasseroberfläche ein Stück, den Störer auf einem anderen Stein knicksend beobachtend. Das kann sich mehrmals wiederholen, bis sie schließlich mit schwirrendem Flug zurückkehrt an den Ausgangspunkt.
Stockenten gründeln an ruhigeren Stellen. Solange das Wasser offen ist, bleiben sie auch im Winter im Gebirge.
Dem Lebensraum gehört auch die **Berg-Bachstelze** oder Gebirgstelze an. Der gelbe Bauch kennzeichnet sie, durch die dunkle Kehle, den graublauen Rücken und den langen wippenden Schwanz ist sie ein hübscher Vogel. Auch die weiße Bachstelze kann man im Tal finden, der **Zaunkönig** schlüpft durch das Gebüsch, und viele Kleinvögel finden Nahrung und Deckung im auwaldähnlichen Ufergestrüpp. Alle diese Tiere benötigen und verdienen Schutz. Was wäre der Wald ohne Wild, ohne Vögel, ohne Lurche und die bunte Welt der Schmetterlinge?

Beobachtung von Tieren

Urwüchsige Landschaft, hohe Bäume, tiefe Wälder, rauschende Bäche – das stellt man sich vor, das will man erleben, wenn man in den Harz fährt. Und das alles soll voller Leben sein!

Und der Harz ist voller Tiere, es ist nur nicht einfach, sie zu finden und zu sehen.

Der folgende Abschnitt will die ungeheure Vielfalt tierischen Lebens in der Natur aufzeigen. Dabei ist sich der Autor bewußt, das dies nur ein Anklopfen sein kann. Der aufmerksame Wanderer wird manches sehen, aber vieles wird er vermissen. Will er Tiere sehen, muß er behutsam sein, oftmals sehr früh aufstehen, um z. B. Wild beobachten zu können. Wer laut und rücksichtslos ist, wird kaum Tiere entdecken.

Naturschutzhelfer verschließen den Entwässerungsgraben eines Moores

Naturschutz

Der Harz hebt sich von den umgebenden meist stark landwirtschaftlich genutzten Landschaften durch größeren Naturreichtum hervor. Der **westliche Teil**, dem Land Niedersachsen zugehörig, ist **Naturpark**. Die **östlichen Anteile** der Länder Sachsen-Anhalt und Thüringen sind **Landschaftsschutzgebiete**. Besonders wertvolle und an Naturausstattung reiche Gebiete wurden zu Naturschutzgebieten erklärt. Dazu kommen viele Naturdenkmale und flächenhafte Naturdenkmale, die einzelnen Bäumen, Gesteinen oder Biotopen den notwendigen Schutz geben sollen.

Der **Brocken** mit den ihn umgebenden Wäldern und Mooren erhielt den Status als **Nationalpark**.

Erholungsgebiete befinden sich stets in Landschaften, die sich durch reiche Natur und Ursprünglichkeit auszeichnen. Um sie zu erhalten, bedarf es des Schutzes und der Rücksichtnahme durch alle Besucher. Bitte beachten Sie:

„Der Nationalpark und die Naturschutzgebiete dürfen nur auf den beschilderten Wegen begangen werden.

Das Entnehmen von Pflanzenteilen ist nicht statthaft.

- Tiere nicht jagen oder sonstwie beunruhigen. Ruhe halten, keine laute Musik machen.
- Keinen Unrat, Papier, Flaschen usw. liegen lassen.
- Im Wald ist Rauchen verboten.
- Üben Sie praktischen Naturschutz durch sorgsamen Umgang mit der Natur.
- Jungtiere nicht berühren.
- Tierfotografie ist nur etwas für Spezialisten!
- Parken und Zelten sind in den Wäldern nicht gestattet."

Rund um die sieben Oberharzer Bergstädte

Oberharzer Bergstädte

Einführung

Nicht nur den westlichsten, sondern zugleich einen recht eigenständigen Bereich des Gesamtharzes bildet die Region um die sieben Bergstädte, meist vereinfachend **„Der Oberharz"** genannt. Dazu tragen schon die naturräumlichen Voraussetzungen kräftig bei. Das Gebirge erreicht hier durchschnittlich 600 m NN, ragt hoch über das Vorland heraus und empfängt daher unverhältnismäßig hohe Niederschläge. Es herrschen basenarme, vorwiegend aus Grauwacke bestehende Silikatgesteine vor, die zu sauren Braunerden verwittern. Alle Flüsse entwässern zur Weser hin. Bekannt und berühmt wurde der Oberharz durch seine reichen Bodenschätze, die aus Eisen-, vor allem aber aus Buntmetallerzen bestanden. Der Erzreichtum hatte eine fast nur auf Bergbau und Hüttenwesen ausgerichtete Wirtschaft zur Folge. Nirgendwo sonst im Harz hat eine ununterbrochene, fast 1000jährige Bergbauvergangenheit nicht nur die Landschaft, sondern auch ihre Bewohner gleichermaßen geprägt.

Außer den **sieben alten Bergstädten** Grund, Wildemann, Lautenthal, Zellerfeld, Clausthal, Altenau und St. Andreasberg gehören mehrere kleinere Ortschaften wie Hahnenklee-Bockswiese, Lerbach, Lonau, Sieber, Riefensbeek-Kamschlacken und Schulenberg dazu. Das sind jene Orte, die von den Nachkommen einer vorwiegend im 16. Jahrhundert aus dem Erzgebirge zugewanderten Bergbaubevölkerung bewohnt werden, in denen auch heute noch ein erzgebirgischer Dialekt gesprochen wird. „Die Oberharzer" bilden so eine winzige obersächsische Insel in einem sonst niedersächsischen Sprachgebiet.

Der westliche Harz wurde später besiedelt als der Ostharz, doch geschah das früher, als Urkunden es uns überliefern. Wo heute nahe Zellerfeld von Archäologen eine auf das **11. Jahrhundert** zurückgehende **Hüttensiedlung** freigelegt wird, berichten Urkunden erst seit 1205 von einer nahe dem Kloster Zella gelegenen Bergbausiedlung. Wie später die Köhlerei, so werden wohl auch die ersten Gruben und Hütten wegen der rauhen Winter nur im Sommer betrieben worden sein. Einen florierenden Bergbau auf Kupfer, Silber und Blei hat es schon von 1200 bis 1360 gegeben.
– Die bis in die Gegenwart andauernde **Besiedlung** begann ziemlich spät, nämlich im ersten Drittel des 15. Jahrhunderts. Anders als im Vorharz bestimmten nicht ackerfähige Böden, sondern Erzvorkommen den Ort der Niederlassung. Da der Wald Holz und Holzkohle für Gruben und Hütten liefern mußte, gab es keine großflächigen Rodungen; Wald wurde nur um die Siedlungen in Wiese umgewandelt. Seit 1510 leiteten welfische Landesherren jene **Bergbauperiode** ein, welche innerhalb von 300 Jahren mit wechselndem Erfolg einen geschlossenen Bergbaubezirk entstehen ließ. Bergfreiheiten, Markt-, Brau- und Stadtrechte förderten diese Entwicklung. Zwischen 1520 (St. Andreasberg) und 1617 (Altenau) entstanden die sieben Bergstädte. Als sichtbares Zeichen landesherrlicher Fürsorge steht in Osterode das Harz-Kornmagazin mit der Widmung „Utilitate Hercynia" (dem Wohle des Harzes), das bis ins 20. Jahrhundert als Getreidespeicher diente. Die Harzer sahen sich aber nicht als Almosen-Empfänger. Ihr Spruch dazu hieß:

Im Harz der Taler klingt,
das Land die Früchte bringt.

Zu Beginn des 19. Jahrhunderts war der Oberharz das **größte Industriegebiet Norddeutschlands**, in dem bedeutsame Erfindungen gemacht wurden, wie Fahrkunst und Drahtseil. Schwierigkeiten mit zufließendem Grubenwasser, die sich bei Vordringen des Bergbaues in immer größere

Die Marktkirche in Clausthal

Tiefen steigerten, wurden durch den Bau tiefer Wasserlösungsstollen bewältigt. Um 1930 brachte die **Erschöpfung der Erzvorräte** das Ende, nachdem schon 1763 in Altenau, 1910 in St. Andreasberg die Gruben still gelegt worden waren. Als letzte stellte die Grube „Hülfe Gottes" in Bad Grund im März 1992 die Förderung ein.

Ist also die Bergbauzeit des Oberharzes so gut wie beendet, so bleibt doch die Erinnerung auf Schritt und Tritt lebendig. Noch immer spielen Bergkapellen, werden Bergbaumuseen liebevoll und sachverständig gestaltet, feiert man das Bergdankfest. Lebendig sind noch die Sagen vom wohltätigen Zwergenkönig Hübich oder vom helfenden Bergmönch. Die Oberharzer Farben Schwarz-Grün-Gold stehen immer noch für die dunkle Tiefe, die grünen Wälder und reiche Erze. Gern wird auch noch der alte, schöne Harzspruch zitiert:

Es grüne die Tanne, es wachse das Erz.
Gott schenke uns allen ein fröhliches Herz.

In der Landschaft sind die Spuren unübersehbar, nicht nur in Gestalt von **Halden**, **Stollen** und **Pingen**. Schwermetallfluren mit charakteristischen Erzblumen gehören ebenso dazu wie die Teiche und Gräben der alten Oberharzer Wasserwirtschaft (→ Tour 1, 5). Die **Stauteiche**, vorwiegend aus dem 16. und 17. Jahrhundert stammend, liefern längst nicht mehr wie früher Betriebswasser für Gruben und Hütten. Einige speichern Trinkwasser, schützen vor Hochwasser, manche sind beliebte Badeteiche. Als Kulturdenkmale erhalten und gepflegt werden z. Zt. 65 Teiche, 70 km offene Gräben und etwa 20 km in Stollen verlaufende Wasserläufe.

Auch die großflächigen **Fichtenwälder** verdankt der Westharz seiner Bergbauvergangenheit. Schon während der allerersten Bergbauperiode im 13. und 14. Jahrhundert dezimierte die Holzkohlewirtschaft am stärksten die Buchenwälder. Ein planloser Raubbau, aber auch Windwürfe und Borkenkäferkalamitäten erzeugten zeitweise riesige Kahlflächen. Erst die vor etwa 200 Jahren einsetzende planmäßige Forstkultur sorgte dafür, daß der Westharz sein heute so charakteristisches Fichtenkleid erhielt. (→ Pflanzenwelt)

Landwirte, die jetzt in einigen Orten von Viehwirtschaft leben, brauchen Weideflächen und müssen intensiv wirtschaften. So sind Wiesen heute selten geworden. Einige noch intakte **Bergwiesen** stehen unter Naturschutz und müssen mit hohem Aufwand „gepflegt", d. h. wie früher einmal im Jahr gemäht werden.

Kulturgeschichte

Der dem Krongut deutscher Kaiser zugeschlagene Oberharz wurde von nur **wenigen Wegen** durchquert: dem „**Heidenstieg**" (nach der Flucht Heinrichs IV. „Kaiserstraße") von Goslar und Harzburg durch das Okertal, Königskopf, Braunlage, Kapellenfleck, Zorge über Ellrich nach Nordhausen, dem „**Housterweg**" von Goslar nach Osterode über Zellerfeld (im wesentlichen B 241), geschnitten von der **Harzhoch- oder Klausstraße** zwischen Seesen und Walbeck, die heute als B 242 in Richtung Mansfeld führt.

Neben dem Königshof an der Sieber und dem Hof Kapellenfleck gab es an den Wegen Klausen, Zellen und **Wegeburgen** als Schutz und Einkehr für Wanderer (Burg bei Zellerfeld, Kloster Mathiaszell, Wolfswarte auf dem Bruchberg) und als frühchristliche Standorte gegenüber den altgermanischen Kultstätten (Wurmberg, Hanskühnenburg, Hübichenstein). Von dort ging die bergmännische Erschließung in diesem Gebiet aus (Goslar, Mathiaszell), wobei der Kaiser das Bergregal besaß (das Erstrecht auf alle Bodenschätze unter 30 cm Tiefe). Franken wurden als Berg-

Oberharzer Bergstädte

leute ins Land geholt; unter Heinrich IV. kam es jedoch zum Auszug der Harzer Bergknappen ins Erzgebirge. Durch mangelnde Technik und eine verheerende Pest 1348/49 kam der frühe Bergbau des Alten Mannes völlig zum Erliegen, lediglich die Gestalt des Bergmönchs erhielt sich in Sagen.

Der Braunschweiger Herzog Heinrich der Jüngere lockte durch die **Verkündung des Großen Berggeschreys** obersächsische Bergleute aus Erzgebirge und Vogtland in den Harz. Es kam zur Gründung der sieben freien Bergstädte: begonnen mit dem hohnsteinschen St. Andreasberg 1520, 1525 Zellerfeld und Wildemann, 1532 Grund und Lautenthal, 1550 Clausthal, 1580 Altenau. Bergbau und Verhüttung veränderten den Oberharz einschneidend: die Wälder wurden abgeholzt für Grubenhölzer und Holzkohle, Stauteiche angelegt, Gräben gezogen. Den **Bergleuten**

Altes Stollenmundloch

wurde Kornanbau auf ihrer ohnehin kargen Hochfläche nicht gestattet – versorgt wurden sie vom Kornmagazin in Osterode. Vielfach buckelten Bergmannswitwen die Lasten hinauf, ebenso die Butter von den Molkenhäusern um Braunlage. Ein wenig Kleinvieh bis hin zur braunen Harzkuh, Singvögelfang und -zucht, Klöppelei und Fertigung von Holzgeräten brachten einen schmalen Nebenverdienst. Verkauf von Bergheu und Brennholz. Kleinhandel.

Kriege bedeuteten Rückschläge im Gewerbe: von Clausthal aus belagerte und beschoß Tilly das grubenhagensche Zellerfeld. Die Harzschützen hatten ihre Stützpunkte auch in den Bergstädten, vor allem in St. Andreasberg. Die **Zollverordnung** Friedrichs II. belebte ungewollt den Warenverkehr über den Harz, doch der Siebenjährige Krieg bedeutete mit Rekrutierungen, französischer Einquartierung und Kontributionen einen erneuten Rückschlag.

Im 19. Jahrhundert wurde die Zuordnung zum Königreich Westfalen mehr als Bedrückung denn als Befreiung empfunden.

Clausthal wurde mit der **Gründung der Bergakademie** 1776 zum bedeutenden Zentrum der Forschung (Mineralogie, Bergchemie, Bergtechnik); von hier verbreitete sich beispielsweise die Erfindung der Drahtverseilung. Die Akademie ist heute gefragte Technische Universität.

Der **Tourismus** eroberte die Oberharzhöhe nicht so rasch wie die abwechslungsreichen Randzonen; jedoch besteht heute ein vielseitiges und jedem Geschmack und Geldbeutel gerecht werdendes Sommer- und Winterangebot, zuweilen auf Kosten der Natur.

Ein Gang durch die Oberharzer Bergstädte läßt auch in der **Bauweise der Häuser** viel Eigenständigkeit erkennen. Zum Bergmannshaus gehört ein über den Erdboden hinausragendes Kellergeschoß, das über eine Freitreppe erreichbare Erd-, sowie meist noch ein Obergeschoß. Die Eingangstür in der Mitte des traufständigen

Alte Halde bei Oberschulenberg

Hauses ist mit farbig abgesetztem Schmuck ausgestattet. Zur Fassade gehören mehrfach gegliederte Fenster sowie ein waagerechter Hausbeschlag aus breiten Fichtenbrettern. Der von Stube und Küche flankierte geräumige Hausflur führt hinter dem Haus auf einen Hof, der durch ein Stallgebäude für Kuh oder Ziege nach hinten abgeschlossen wird. Oft findet sich dahinter noch ein Garten. Das ursprünglich übliche Holzschindeldach ist wegen seiner Brandanfälligkeit längst durch Pfannen ersetzt worden. Auch die typischen Vertikal-Schiebefenster sieht man nur noch selten.

Erdgeschichte

Das **paläozoische Grundgebirge** erreicht im Westharz eine mittlere Höhe von 600 m NN. Seine Oberfläche wurde zu Beginn der Tertiärzeit durch **Verwitterung** und **Abtragung** von allen jüngeren Sedimenten befreit. Seitdem treten die **devonischen und karbonischen Gesteine** zutage. Als Folge gewaltiger Pressungen sind sie seit Ende der Karbonzeit stark in sich gefaltet, zerklüftet und gegeneinander verschoben. Die Spuren der Abtragung werden dort deutlich, wo sich aus der inzwischen durch Täler zerschnittenen Fastebene des alten Gebirgsrumpfes die widerstandsfähigen Gesteine als Härtlinge herausheben. Das ist besonders deutlich im Oberharzer Devonsattel sowie im Acker-Bruchbergzug zu erkennen. Die leicht verwitternde **Grauwacke** der Kulmfaltenzone bildet dagegen um Clausthal-Zellerfeld eine ausgedehnte Hochfläche. Ähnlich wie heute auf Hawaii traten im Bereich des Oberharzer Diabaszuges sowie im Devonsattel untermeerisch **Diabas-Laven** aus, die zur Ablagerung von Roteisenstein führten. Er wurde z. B. bei Lerbach abgebaut. – Die Blei-Zink-Gangerze des Oberharzes verdanken ihre Ent-

Oberharzer Bergstädte

stehung dem Aufsteigen des Brockengranits am Ende der Karbonzeit vor 290 Millionen Jahren. Mit dem **Brockenmagma** stiegen aus der Tiefe heiße wäßrige Lösungen auf. Sie drangen in Spalten und Gänge des gefalteten Gebirges, wo sie die silberhaltigen Buntmetallerze absetzten, die später die Grundlage des Oberharzer Gangerzbergbaues bildeten.

Die **Erzgänge** verlaufen in der Regel in Ost-West- bis Südost-Nordwest-Richtung. Mehrere erreichen in ihrer Längserstreckung fast 20 km (Gegentaler und Silbernaaler Gangzug) und sind stellenweise bis in Tiefen von 1000 m abgebaut worden (Burgstätter Gangzug). Das Ziel bergmännischer Gewinnungsarbeiten auf diesen Gangerzlagerstätten waren **Blei-, Zink-, Silber-, Kupfer-** und **Eisenerze**. Als Gangarten (Gangmineralien, die nicht Gegenstand des Bergbaus waren) sind vor allem Quarz, Kalkspat, Schwerspat, Braunspäte und Pyrit zu nennen.

Pflanzenwelt

Die großflächigen **Fichtenwälder** des Westharzes mögen noch so eindrucksvoll sein, auf Dauer wirken sie monoton. Nur wenigen, aber charakteristischen Pflanzen begegnet man hier, z. B. Hallimasch, Maronenröhrling oder Heidelbeeren.

In höheren Lagen bedeckt hochgewachsener Wollreitgras-Rasen den Waldboden, in den unteren Lagen sind es Teppiche der Drahtschmiele. Außer dem Harzer Labkraut und der Schattenblume gibt es nicht viel Blühendes im Fichtenwald. Anders die Wegränder und Säume, wo Roter Fingerhut und falterumschwärmtes Fuchs-Kreuzkraut ins Auge fallen. Naturnah sind die **offenen Felsstandorte, Blockhalden** und viele **Bergbäche**. In ihren Uferrändern blühen Berg-Kälberkropf und Bitterschaumkraut.

Die dunklen Fichtenwälder, die das Landschaftsbild des Oberharzes so unverwechselbar prägen, lassen leicht annehmen, der Harz sei stets von Fichten beherrscht gewesen, doch das ist ein Irrtum. Ursprünglich waren reine Fichtenwälder auf die höchsten Lagen über 750 m beschränkt. Darunter bildete ein breiter **Mischwaldgürtel** aus Buchen, Bergahorn und Fichten den Übergang zu einer reinen Buchenwaldzone, die am Harzrand in lichtere Eichenmischwälder überging. Schon in der ersten Bergbauperiode dezimierte die Holzkohlewirtschaft am stärksten die Buchenwälder. Die riesigen Mengen an Holzkohle, die die Hütten verschlangen, gewannen die Köhler später vor allem aus den Stockausschlägen von Niederwald. Alte Meilerplätze sind leicht an kreisrunden Verebnungsflächen von 10–16 m Ø und einer Schwarzfärbung des Bodens zu erkennen. Auch die kaum eingeschränkte Waldweide verursachte Schäden vor allem am Laubholz. Das alles trug zu einer Begünstigung der Fichte bei.

Raubbau, Windwürfe und Borkenkäferkalamitäten erzeugten zeitweise riesige Kahlflächen. Erst eine vor etwa 200 Jahren einsetzende planmäßige **Forstkultur** sorgte dafür, daß der Westharz sein heute so charakteristisches Fichtenkleid erhielt: Die Fichte wurde zum Brotbaum der Forstleute. Doch bedingte diese Fichtenmonokultur immer wieder schmerzliche Verluste durch Schnee- und Eisbrüche, Schälschäden des Rotwildes, Borkenkäferbefall und nicht zuletzt riesige Windwürfe. Etwa seit 1982 kam eine neue große Sorge hinzu. Die meisten den Harz besuchenden Touristen bemerken wenig von dem, was die Förster als „Neuartige Waldschäden" beschreiben: Auflichtung der Baumkronen bis zum völligen Verkahlen und Nadelvergilbungen sind die Folge von Schadstoffemissionen aus Auspuff und Schornstein.

Angesichts dieser Situation orientiert sich die niedersächsische Forstverwaltung seit 1987 völlig neu. Die Notwendigkeit, auf geschädigten Flächen neu aufforsten zu müssen, wird dazu genutzt, unter dem Schutz und Schirm der geschädigten Altfichten Buchen, Bergahorn u. a. standortgemäße Laubhölzer einzubringen. Langfristiges **Ziel** ist, stabile, **naturnahe Mischwälder** zu begründen. So könnte es sein, daß auch der Harz in 100 Jahren nicht mehr von dunklen, sondern von bunten Wäldern geprägt sein wird.

Steilhänge und Ungunst des Klimas ließen im Oberharz Ackerbau nicht zu. **Landwirtschaft** begann hier mit Waldweide, die seit dem Mittelalter von Harzrandgemeinden betrieben wurde und sich auf Rinderställe im Gebirge stützte. Die Berg- und Hüttenleute im Oberharz konnten nur durch Viehwirtschaft zu ihrer Ernährung beitragen. Im Normalfall besaß jede Familie eine Kuh, die im Sommer von Gemeindehirten auf Waldweide getrieben wurde. Jeder Viehbesitzer hatte dazu eine Wiesenparzelle, auf der er sich das Winterheu warb. So war fast jeder Einwohner Nebenerwerbslandwirt. Diese extensive Bewirtschaftung ließ um die Harzorte jene blumenreichen Bergwiesen entstehen, die heute die Attraktion für Besucher sind (→ Tour 6). Seit dem zweiten Weltkrieg verschwanden die einst riesigen Viehherden. Die Wiesen fielen brach oder wurden aufgeforstet.

Grasnelken-Frühlingsnieren-Erzflur

Wo heute noch Viehwirtschaft betrieben wird, wurden sie zu Dauerweiden. Einige noch intakte Bergwiesen stehen unter Naturschutz und müssen mit hohem Aufwand „gepflegt", d. h. jährlich einmal wie früher gemäht werden.

Die **Bergwiesen** des Westharzes sind dadurch ausgezeichnet, daß im humiden Klima der Bärwurz und der Wiesenknöterich üppiger gedeihen als anderswo, während die Trollblume fehlt.

Die Bergbauvergangenheit wird in der fast überall gegenwärtigen Galmeiflora sichtbar: Kaum ein Ort, in dem nicht **Haldenreste mit Schwermetallvegetation** zu finden wären. Selbst abseits in Tälern wachsen auf ältesten Schlackenhalden die Frühlingsmiere und das Taubenkropf-Leimkraut als typische Galmeipflanzen. Ungewöhnlich erscheinen auch die Heideflächen im oberen Oker- und Innerstetal. Sie bedecken die Talhänge dort, wo einst der schwefeldioxidhaltige Hüttenrauch den Wald zum Absterben brachte.

Tierleben

Die schnellfließenden Bäche beherbergen eine artenarme, aber charakteristische **Fischfauna**, die vorwiegend aus Schmerle, Groppe, Bach- und Regenbogenforelle besteht. In den Teichen um Clausthal-Zellerfeld sind durch Aussetzen viele weitere Fischarten hinzugekommen: Karpfen und Schleie, Hecht und Barsch. Auch Elritze und dreistachliger Stichling vergrößern den Artenreichtum. In wenigen Teichen leben noch Teichmuschel und Flußkrebs.

In jüngster Zeit sind durch die Forstverwaltung in abgelegenen Tälern zahlreiche kleine Stauteiche angelegt worden mit dem erklärten Ziel, die Vielfalt der Lebensräume zu vergrößern. Sie werden nicht nur von

Oberharzer Bergstädte

Wasserinsekten und ihren Larven angenommen, sondern auch gern von **Amphibien**, vor allem Berg- und Fadenmolch, als Laichgewässer genutzt.

Außerdem begegnet man Buchfink und Eichhörnchen, in zapfenreichen Jahren auch Massen von Fichtenkreuzschnäbeln. Roßameisen wohnen in alten Fichtenstämmen, vom Schwarzspecht gezehntet.

Wasseramseln und bei Regenwetter auch Feuersalamander sind zu beobachten.

Tour 1

Clausthal-Zellerfeld-Rundweg

Ausgangspunkt Zellerfeld, Oberharzer Bergwerksmuseum am Thomas-Merten-Platz

Anfahrt
Bus Haltestelle Thomas-Merten-Platz der Linie 2434 Goslar–Bad Grund
PKW Bundesstraße 241
Wanderstrecke 7 km / 2 Stunden
Orientierung → Tourenkarte S. 37
Wegemarkierung
Rast Am Wasserläufer Teich, am Oberen Spiegeltaler Teich, am Stadtweger Teich.
Einkehr Hotel und Pension Untermühle im Spiegeltal
Ringer Zechenhaus westl. Zellerfeld

Der Rundweg zeigt die in starkem Maße vom Bergbau geprägte Landschaft um **Clausthal-Zellerfeld** in einem typischen Ausschnitt. Man geht am Bergwerksmuseum in westlicher Richtung über Bornhardstraße – Schützenstraße – Zellerfelder Talstraße. Diese führt nach 200 m zum Ortsausgang. Dort liegt rechts der Carler Teich mit einer kleinen Museumslandschaft. Ein alter Alleeweg führt zum **Ringer Zechenhaus**, weiter an einem Sportplatz vorbei auf den **Mittleren Zechenteich** zu. Der unterhalb des Weges verlaufende, in Trockenmauerwerk ausgebaute Ringer Graben ist zu beachten. Ein weiterer, ähnlich angelegter Graben verläuft am SW-Rand des Zechenteiches entlang auf ein als „Radstube" gekennzeichnetes Haus zu. (→ Kulturgeschichte)

Zwischen dem Sportplatz und den Zechenteichen liegen alte, längst **mit Hochwald bewachsene Halden**, denen nur an ihrer charakteristischen Form ihre Herkunft anzusehen ist. Sie setzen sich über mehrere Kilometer nach Westen fort und markieren den Verlauf des Zellerfelder Gangzuges (→ Erdgeschichte). – Zwischen Mittlerem und Oberen Zechenteich führt ein kurzer Fahrweg auf den **Wasserläufer Teich**. Man kreuzt die Johanneser Straße (links Eingang zum Campingplatz Waldweben) und stößt unmittelbar neben dem Überlauf des Wasserläufer Teiches auf einen vergitterten **Stollen**. Das ist das Mundloch des Winterwieser Wasserlaufes. (Wasserläufe nennt man die unterirdischen Fortsetzungen der Gräben.) Er führt das Wasser des Zellerfelder Kunstgrabens heran, einst Schlagader der Wasserwirtschaft im Zellerfelder Revier. Über einen Sattel gelangt man auf die Gegenseite. In einem kleinen „Teilerhaus" ist zwar das andere Mundloch nicht zu erkennen, doch liegt jetzt der Zellerfelder Kunstgraben deutlich vor einem. Linker Hand das bewaldete Spiegeltal, rechter Hand die von Grünland bedeckte Bockswieser Höhe, geht es jetzt 1,2 km auf der Grabenbrust bis zu einem Wanderweg (Roter Punkt), der ins vielbegangene **Spiegeltal** führt. Vor uns der klare, auf Überlauf eingestellte Obere Spiegeltaler Teich. An einem Graben entlang (er endet am Teichdamm mit einem Wasserfall!) geht es aufwärts zur **Untermühle**. Ein schmaler Fußpfad führt unmittelbar an der Ostseite des Hauses kurz hangaufwärts und weiter durch eine reizvolle Wie-

35

senlandschaft mit mehreren kleinen Teichen. Die Wanderung wird auf einer Allee fortgesetzt, die den schon bekannten **Zellerfelder Kunstgraben** kreuzt, dessen weiterer Verlauf oberhalb des Stadtweger Teiches gut zu erkennen ist. Am Ortseingang Zellerfeld stößt man auf die B 241, die nach 500 m zum **Ausgangspunkt** zurückführt.

Kulturgeschichte In der Kulturlandschaft Oberharz sind die meisten Zeugnisse des historischen Bergbaues heute kaum noch als solche zu erkennen. Das gilt sowohl für die Stauteiche als auch für die meisten nicht mehr benutzten Gräben, vor allem aber für die inzwischen mit Wald überzogenen Halden. – In der **Bergbaulandschaft** westlich Zellerfeld ist die linienhafte Anordnung der Gruben entlang des **Zellerfelder Hauptzuges** bemerkenswert. Sie zeigt, daß es sich um alten Bergbau handelt. Die Technik des 16. Jahrhunderts erlaubte ein Arbeiten nur im oberen Bereich der Erzgänge. Das Vordringen in größere Tiefen fand seine Grenze dort, wo man die zufließenden Grubenwasser durch Pumpen oder der Anlage sogenannter Wasserlösungsstollen nicht mehr abführen konnte. – War so das Grubenwasser ein Fluch, so bedeutete das Aufschlagwasser Segen: Ohne Wasserkraft drehte sich kein Rad, bewegte sich keine Pumpe. Wie diese Wasser erschlossen und ohne große Verluste herangeführt wurden, zeigt der Rundweg. In optimaler Weise wurden sie dadurch genutzt, daß stets mehrere Wasserräder nacheinander das vorhandene Gefälle ausnutzten. Davon ist heute kaum noch etwas zu erkennen.

Am **Carler Teich** ist Technik zu besichtigen: Ein Striegelhaus (Striegel = Ablaßvorrichtung am Grunde des Teichdammes) sowie das Modell eines Wasserrades mit anschließendem Feldgestänge. Diese dienten der Kraftübertragung über kurze Entfernungen bis zu einigen 100 m.

Nachfolgend das Wichtigste über die Bergstadt **Clausthal-Zellerfeld**: Die beiden Bergstädte sind erst 1924 vereinigt worden. Jahrhundertelang hatten sie unter der Herrschaft verschiedener welfischer Landesherren gestanden. Das schachbrettartige Stadtbild von Zellerfeld geht auf einen großen Brand von 1737 zurück. Die imposante Kirche St. Salvatoris ebenso wie das von Bergmeister Daniel Flach erbaute Dietzelhaus, die „Fratzen-Apotheke" und weitere Bürgerhäuser am Thomas-Merten-Platz zeugen von einem gewissen Wohlstand ihrer Erbauer.

Während **Zellerfeld** heute mehr auf **Fremdenverkehr** eingestellt ist, wird das Leben in Clausthal wesentlich bestimmt von der **Technischen Universität**, 1775 als Bergschule gegründet. Zentrum ist der Marktplatz mit Universitätshauptgebäude, der Marktkirche, dem Rathaus und dem Oberbergamt (Früher Sitz des Berghauptmanns, der zugleich Stellvertreter des Hannoverschen Königs war). Im Universitätshauptgebäude ist eine berühmte, umfangreiche Mineraliensammlung zu besichtigen. Beim Rundgang durch die Altbereiche der Stadt fallen die mit Holz beschlagenen Häuser auf. Eine weitere Besonderheit sind die noch heute hinter vielen Wohnhäusern stehenden „Ställe", die durch einen Hof vom Wohnbereich getrennt, früher die Bergmannskühe mitsamt ihrem Heu beherbergten.

Erdgeschichte Die **Blei-Zink-Erze** des Westharzes entstammen etwa 300 °C heißen, wäßrigen Lösungen, die vom Brocken her beim Aufdringen des Granitmagmas in die sich bildenden Spalten des Gebirges eindrangen. Auch andere Mineralien wie Kalkspat und Quarz setzten sich ab und verwandelten die Spalten in Erzgänge. Typisch ist ihr hercynisches Streichen von WNW nach OSO. Ihr Verlauf ist über Tage an der linienhaften Anordnung der alten Schachtanlagen, Zechenhäuser und Halden zu erkennen: Die Treuer Halde in Zellerfeld, das Ringer Zechenhaus, die Ringer Halde, der frühere Johanneser Schacht und die Halden nördlich davon bilden eine solche Linie: Sie markieren den sogenannten „Zellerfelder Hauptgang".

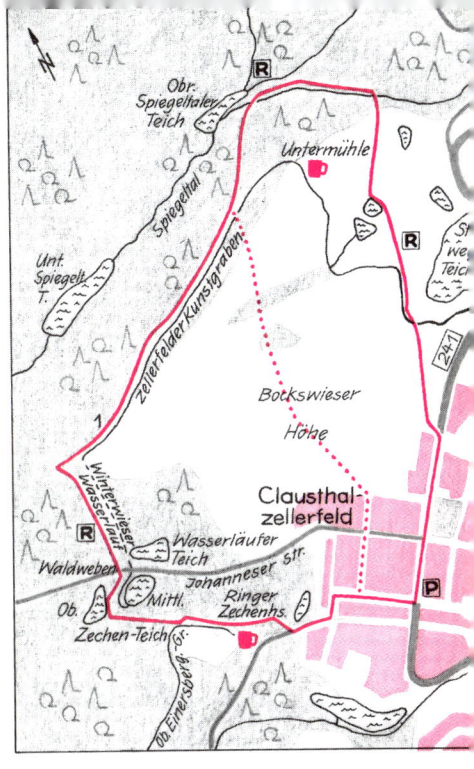

Pflanzenwelt Auf dem Weg begegnet man zwischen Untermühle und Stadtweger Teich recht typischen, meist mageren und daher einschürigen **Bergwiesen**. Der kurze Weg zwischen Spiegeltaler Teich und Untermühle führt am schattig-kühlen Nordhang des Spiegeltales entlang. Seit langem halten sich hier **Hochstaudenfluren** mit Platanenblättrigem Hahnenfuß und Alpen-Milchlattich. Die Oberharzer Teiche sind durch nährstoff- und basenarmes Wasser ausgezeichnet. Deshalb haben sich auch dort, wo heute gleichbleibender Wasserstand vorherrscht, keine Röhrichte und kaum Unterwasser- und Schwimmblattpflanzen eingefunden. In den Einlaufbereichen herrschen Binsen- und Seggenrieder vor. Bemerkenswert sind jene **Teiche**, in denen noch wie früher der Wasserstand wechselt. Einer von ihnen ist der Stadtweger Teich. In der Teichbodenvegetation, die sich meist im Herbst einstellt, ist Hirschsprung und Knorpelkraut zu finden. Am Boden einiger Teiche bei Buntenbock wachsen Unterwasserrasen vom Strandling.

Tierleben Die Teiche beherbergen eine reichhaltige **Wasserfauna**. Nicht nur Kleinkrebse, sondern auch Insekten und ihre Larven sind zahlreich. In den Angelteichen kommen Forellen, aber auch Karpfen, Schleie, Hecht und Flußbarsch vor. In wenigen Teichen bei Buntenbock leben die wegen ihrer Seltenheit geschützten Teichmuscheln und Flußkrebse. Große Populationen von Grasfröschen laichen nach der Schneeschmelze an sonnigen, flachen Uferbereichen. Erd- und Geburtshelferkröte sind seltener. Typische **Was-** servögel wie z. B. Enten sind eigentlich nur als Durchzügler zu beobachten. Das geringe Nahrungsangebot und das Fehlen schützender Röhrichte mögen dafür verantwortlich sein.

Erweiterungstour

Das **Bergwerksmuseum** veranschaulicht mit seinen Modellen und einem originalen Schaubergwerk die Entwicklung des Oberharzer Bergbaus vom Mittelalter bis zum Ende des 19. Jahrhunderts. Ebenfalls zum Oberharzer Bergwerksmuseum gehört der unter Denkmalschutz stehende Ottiliae-Schacht mit einem Schachtgerüst aus dem Jahre 1876. Die hier bis 1930 betriebene Zentral-Erzaufbereitung hat auf kleinen Flächen nördlich sowie auch nordwestlich unterhalb des Schachtes interessante Schwermetallfluren mit Frühlingsmiere, Taubenkropf-Leimkraut und Hallers Grasnelke hinterlassen. Der **Ottiliae-Schacht** ist zu Fuß oder mit PKW vom westlichen Ortsausgang Clausthal der B 242 zu erreichen. In wenigen Jahren wird auch eine Fahrt mit einer alten Grubenbahn am Hang des Zellerfelder Tales möglich sein.

Tour 2

Granetalsperren-Rundweg

Anfahrt

kein Bahn- und Busanschluß

PKW von der B 82 in Astfeld abzweigen, Hinweisschild „Granetalsperre" beachten. Ausgangspunkt der Wanderung ist die Granetalsperre

Wanderstrecke 17 km / 4 Stunden
Orientierung → Tourenkarte S. 39
Wegemarkierung Wird nicht benötigt
Rast Mehrere gute, aussichtsreiche Rastplätze bieten sich am Wege
Einkehr Unterwegs nicht möglich, sonst in Herzog-Julius-Hütte oder im Hotel Café Granetalsperre

Eine Wanderung um die Granetalsperre ist „rundum" zu empfehlen: Kein Autoverkehr stört, die Orientierung ist ein Kinderspiel, und kein steiler Anstieg ist zu befürchten! Ein als **Forststraße** ausgebauter Weg führt etwa 10–40 m oberhalb der Wasserlinie um die gesamte Talsperre herum. Die Böschungen des Weges enthalten interessante geologische Aufschlüsse: Devonische Schiefer, ab und zu auch Diabaseinlagen begleiten den Weg. Die Wanderung beginnt am Westende des Staudammes, geht am Todberg, Dittmarsberg, Frankenberg und Krähenberg entlang. Nach gut 3 km überschreitet man den Varleybach. Weiter geht es am Nordhang des Wethberges entlang, über den Wienbach und dann in nördlicher Richtung, an gefalteten Schiefern vorbei bis zu einer Schutzhütte. Nachdem der Lütjenberg passiert wurde, ist etwa die halbe Strecke zurückgelegt. Nach einem weiten Schlenker ins Schwarzetal hat man endlich das eigentliche **Granetal** erreicht. Oberhalb der Granebrücke liegen langgestreckt Haldenreste der ehemaligen Ochsenhütte mit charakteristischer Schwermetallvegetation. Die Forststraße führt jetzt mit vielen kleinen Windungen auf die Ostseite des Staudammes zurück. Im ersten, zu passierenden Seitental mündet der **Oker-Grane-Stollen**. Er führt der Talsperre bei Bedarf zusätzlich Wasser aus der Okertalsperre zu. Am Königsberg stehen Diabase an, auf ihnen stockt einer der wenigen Buchenhochwälder. Gegenüber einer geologischen Lehrtafel am Westrand des Schafkopf sind Dia-

Der Granestausee

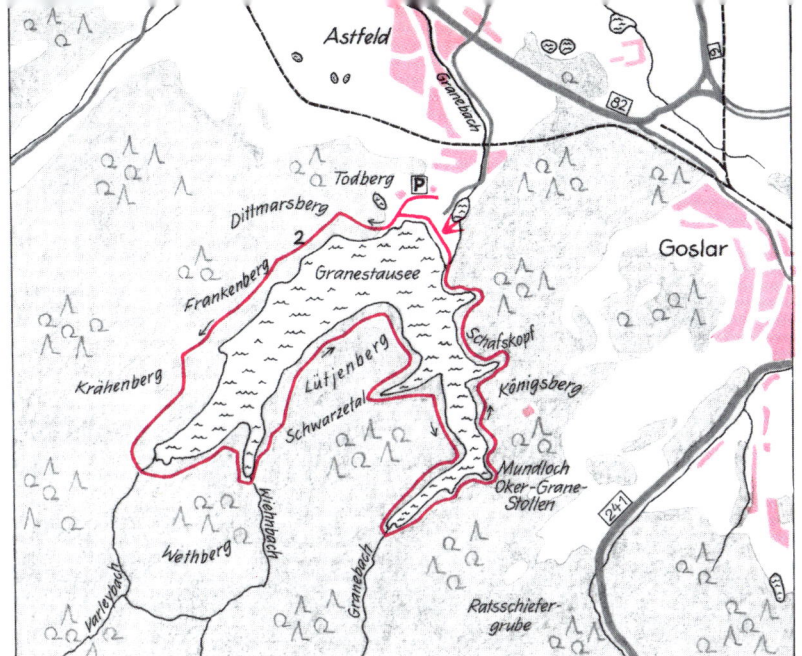

baskissen im Schiefer aufgeschlossen. Daneben kann man Ausläufer eines mit Quarz gefüllten Erzganges erkennen.

Kulturgeschichte Einen krassen Gegensatz zu den in die Landschaft integrierten alten wasserwirtschaftlichen Bauten des Oberharzes (siehe Clausthal-Zellerfeld-Rundweg) bildet die moderne **Granetalsperre**, die seit 1972 mit 2 Fernwasserleitungen weiches, sauberes Harzwasser weit ins Harzvorland liefert. Sie wurde ausschließlich zu diesem Zweck gebaut. Frühere Pläne zur weiteren Erschließung von Harzwasser, z. B. im Siebertal, werden heute auch aus ökologischen Gründen nicht mehr verfolgt: Gibt es doch kaum noch ein großes Tal im Harz, dessen Naturhaushalt nicht von einer Talsperre beeinträchtigt würde.

Erdgeschichte Fast auf dem gesamten Rundweg begleiten Schiefer aus dem Mitteldevon (**Wissenbacher Schiefer**) den Weg. Schon seit Beginn des 14. Jahrhunderts hat man sie in der Goslarer Ratsschiefergrube, später noch am Glockenberg bis 1969 abgebaut. – Zwischen den mächtigen Schieferschichten stiegen vor etwa 390 Mio Jahren an Schwächezonen der Erdkruste **Diabasmagmen** auf. Wo sie untermeerisch austraten, wie es heute noch auf Hawaii geschieht, erstarrten sie zu „Kissenlava". Mächtige Diabaslager werden bei Wolfshagen abgebaut. – Erst später, vor etwa 290 Mio Jahren, entstanden im Zusammenhang mit dem Aufsteigen des Brockengranits in diesen Schiefern jene Spalten, die sich mit Erz und Mineralien füllten und heute als Erzgänge bezeichnet werden. In einigen Aufschlüssen werden diese Zusammenhänge sichtbar.

Pflanzenwelt Der Vegetation, die den Stausee umsäumt, ist anzumerken, daß sie sich erst vor kurzem dort ansiedeln konnte. Unterhalb des Talsperren-Rundweges steht nur an wenigen Stellen alter Wald, meist Fichten. Sonst überwiegen **Vorwaldstadien**, junge Laubholzbestände aus Pionierarten: Birken, Erlen, Salweiden, Espen und Ebereschen sind etwa in dieser Rangfolge beteiligt. – Die Böschungen oberhalb des Weges sind noch längst nicht zugewachsen. Auf den kalk- und nährstoffarmen Schiefer-Verwitterungsböden fallen Salbei-Gamander, Besenginster und Besenheide auf. Im Sommer leuchten die roten Blütenähren vom Roten Fingerhut, der Herbst läßt an sonnigen Plätzen Brombeeren reifen.

Tierleben Im Wasser der Talsperre leben Forellen. Andere Fische sind nicht eingesetzt worden. Kleinkrebse und Insektenlarven könnten eine gute Nahrungsgrundlage für Enten und andere Wasservögel sein, doch verhindert das offene, vegetationslose Ufer, das keinerlei Deckung bietet, deren Ansiedlung. Im Winter kann man, allerdings nicht regelmäßig, Durchzügler und andere Wintergäste beobachten, z. B. Enten und Gänse. Manchmal halten sich auch Graureiher hier auf.

Tour 3

Schulenberg–Erzhalde–Okerstausee

Ausgangspunkt Parkplatz Oberschulenberg bzw. Brückenschänke
Anfahrt
  Bus Linie 2432 Goslar–Schulenberg–Altenau–St. Andreasberg bzw. 2435 Schulenberg–Clausthal-Zellerfeld.
  PKW Straße Oker–Altenau bzw. Clausthal-Zellerfeld–Schulenberg.
Wanderstrecke 12 km / 4 Stunden

Profil Zwischen 420 m NN (Okertalsperren-Rundweg) und Oberschulenberg mit 465 m NN verläuft der vorgeschlagene Weg fast eben.
Orientierung → Tourenkarte S. 42
Wegemarkierung wird kaum benötigt
Rast Am Grabenweg zwischen Ober- und Mittelschulenberg, an den Ravensklippen.
Einkehr Brückenschänke und Schulenberg. In Mittel- und Oberschulenberg keine Einkehr!

Es handelt sich um einen Rundweg um den reizvollen Weißwasser-Arm der Okertalsperre, verbunden mit einem Abstecher zu den Erzhalden bei Oberschulenberg. Die Wanderung beginnt an der **Brückenschänke**. Von dort führt der Weg nach Süden über die Straßenbrücke. Er verläßt anschließend die Straße nach rechts, bleibt zunächst auf einer Forststraße, die an den steilen **Ravensklippen** in einen schmalen Pfad übergeht und bleibt dann auf dem **Talsperrenrundweg**. Nach knapp 4 km ist der Talsperrenanfang erreicht. Hier stößt man auf die Straße Clausthal-Zellerfeld–Schulenberg, umrundet den Einlaufbereich in Richtung Mittelschulenberg und trifft nach 400 m neben einer Halde auf den am Hang aufwärts führenden Weg nach Oberschulenberg. Er verläuft weitgehend auf einem alten Hanggraben, der z. T. in den anstehenden Fels gehauen wurde. Nach 1,5 km geht es bei den bewaldeten Halden kurz aufwärts, dann fast eben an der Straße entlang. Unmittelbar rechts am Weg ist ein mit Fichten bewachsener alter Schacht zu erkennen; oberhalb des Weges erstrecken sich am Hang offene Halden. In ihnen lassen sich noch schöne Erzbrocken, vor allem Zinkblende, aber auch Kupferkies und Bleiglanz, sowie Quarzkristalle auflesen. In **Oberschulenberg** macht eine Hinweistafel darauf aufmerksam, daß oberhalb im Schalkebachtal berühmte, fossilienführende Aufschlüsse

Oberharzer Bergstädte

Ausbiß eines Erzganges

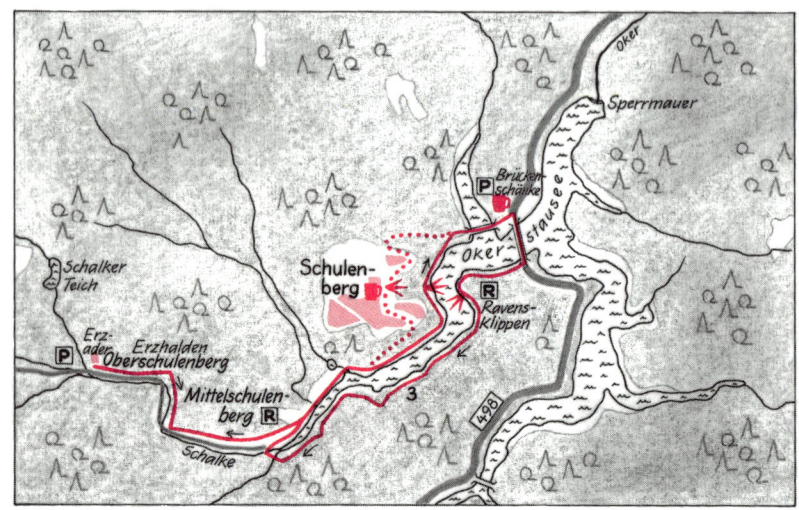

aus dem Unter- bzw. Mitteldevon liegen. Keinesfalls sollte man versäumen, den etwa 200 m oberhalb der Häuser gelegenen Ausbiß einer Erzader anzusehen.

Zurück nach **Mittelschulenberg** folgt man wieder dem schon bekannten Grabenweg. Bis zur Brückenschänke steht der neben der Straße verlaufende Fußweg zur Verfügung, doch lohnt sich ein Abstecher nach **Schulenberg**. Schon neben der Süd-Anfahrt macht eine geologische Hinweistafel auf einen Aufschluß aufmerksam, der einen Einblick in den Gebirgsbau im Bereich der Clausthaler Kulmfaltenzone gestattet. In Schulenberg eröffnet sich ein Ausblick auf die Okertalsperre.

Kulturgeschichte Um 1532 wurden die ersten Gruben in Schulenberg in Betrieb genommen. Schon 1812 kam hier der Bergbau zum Erliegen. Der Ort bestand ursprünglich aus den drei Ortsteilen **Ober-, Mittel- und Unterschulenberg**, alle im Tal gelegen. Mit der Fertigstellung der Okertalsperre 1954 mußten die Bewohner von Unter- und Mittelschulenberg ihre Häuser verlassen und auf den Hang des Großen Wiesenberges umziehen. So schmerzlich das auch für viele sein mochte, es hat wesentlich dazu beigetragen, aus der alten Bergbau- und Waldarbeitersiedlung einen modernen Fremdenverkehrsort zu machen.

Erdgeschichte Gleich oberhalb von Oberschulenberg führt dort, wo die Forststraße nach Festenburg den Wald erreicht, neben einer Schranke ein steiler, schmaler Fußpfad auf den **Ausbiß des Bockswiese–Festenburg–Schulenberger Ganges**, unmittelbar neben der ehemaligen Grube Glücksrad.

Dies ist eine der wenigen Stellen im Harz, wo der Ausbiß einer Erzader erhalten geblieben ist. Zwar sind die Erzmittel längst ausgeräumt, doch ist gerade deshalb der steil einfallende Gang deutlich zu erkennen. Weiter oberhalb an der Straße nach Festenburg sind die fossilreichen Festenburger Schichten, Calceola-Schiefer und Wissenbacher Schiefer aufgeschlossen.

Oberharzer Bergstädte

Pflanzenwelt Seit die Okertalsperre indirekt über die Granetalsperre auch für Trinkwasserzwecke genutzt wird, schwankt ihr Wasserspiegel stärker als ursprünglich geplant. In Trockenzeiten überzieht sich der Talsperrenboden an flachen Stellen mit grünen Rasen kurzlebiger Gräser und Kräuter, welche die Zeit der Überflutung als Samen zu überdauern vermögen. Steile Bereiche bleiben aber kahl und bieten dann einen wenig schönen Anblick. – Die Erzhalden bei Oberschulenberg enthalten auch einige der typischen Galmeipflanzen; es fehlt hier jedoch die Hallersche Grasnelke. Glücklicherweise sind die meisten der Halden inzwischen bewaldet. Seit unvernünftige Mineraliensammler nicht davor zurückschrecken, auch solche bewaldete Halden anzugraben, duldet die Forstverwaltung das Aufsammeln von Erzbrocken nur noch auf den offenen Flächen.

Tierleben Außerhalb der Brutzeit durchstreifen kleine Gruppen von Meisen gar nicht so selten die Busch- und Laubholzreichen Talsperrenränder. Meist setzen sich die Trupps aus mehreren Arten zusammen. Kohlmeisen sind häufig, Schwanzmeisen selten beteiligt. Fast immer aber sind Blau-, Tannen- und Haubenmeisen dabei. Fast ununterbrochen sind sie in Bewegung, nach Insekten zu suchen. – Ähnlich verhalten sich die Goldhähnchen. Meist hört man nur ihr zartes Gewisper, ehe es gelingt, das eine oder andere Tierchen anzusprechen. Sie bevorzugen Fichtendickungen. Erstaunlich ist, daß Wintergoldhähnchen in den wenigen Tagesstunden soviel Nahrung sammeln können, daß sie die lange Winternacht bei Frost und Schnee überleben.

Tour 4

Auf dem Höhenweg Stieglitzecke–Hanskühnenburg

Ausgangspunkt Stieglitzeck an der Harzhochstraße (B 242).
Anfahrt
   Bus Linie 2445 Clausthal-Zellerfeld–St. Andreasberg bzw. 2432 Goslar–St. Andreasberg, Haltepunkt Stieglietz.
   PKW B 242
Wanderstrecke 15 km / 5 Stunden (Hin und zurück)
Profil Der Weg verläuft weitgehend eben zwischen 740 und 810 m NN.
Orientierung → Tourenkarte S. 45
Wegemarkierung Blaues Dreieck, Blauer Punkt.
Rast/Einkehr Hanskühnenburg (Donnerstag Ruhetag!)

Vom Brocken und Großen Knollen abgesehen liegt kaum ein Wanderziel im Harz so weit von Orten oder öffentlichen Straßen entfernt wie die Hanskühnenburg. Ähnlich wie der Brocken ist sie von zahlreichen Ausgangspunkten auf meist recht beschwerlichen Touren zugänglich. Hier wird der kürzeste und einfachste Weg beschrieben. – **Stieglitzecke** als Ausgangspunkt der Wanderung ist durch 3 große Windräder neben dem Parkplatz an der Harzhochstraße weithin sichtbar. Man geht 100 m an der Straße aufwärts bis zu einer Schutzhütte. Von hier ab verläuft der Weg fast auf der ganzen Strecke über eine **Forststraße**, die hier nach Süden abzweigt und den Namen „Ackerstraße" trägt. Sie führt nach 1 km auf die Firsthöhe des langgezogenen Bergzuges „Auf dem Acker". Linker Hand begleitet ein von breiten Rillen entwässertes, mit Fichten bestandenes Moor den Wanderer. Auf der rechten Seite dagegen stehen heute die

Die Hanskühnenburg

Reste eines vor 50 Jahren noch grünen Fichtenwaldes, nicht auf Moor, sondern auf mineralischem Untergrund. Seine toten Reste zeigen, daß hier das vielbeschworene Waldsterben Wirklichkeit geworden ist.
Die Forststraße führt jetzt abwärts. Rechts überblickt man einen bis 1970 betriebenen Moor-Abbau, der sich regenerieren soll. Nach 1,5 km öffnet sich der Blick nach Osten und Süden über den gesamten Ostharz. Weitere 5 km Ackerstraße, meist durch Fichtenhochwald, dann ist rechts die **Hanskühnenburg** zu sehen. Ein kurzer Anstieg, und das Ziel ist erreicht.
Für den Rückweg gibt es kaum eine andere Alternative, als den gleichen Weg andersherum zu begehen. Über das im Naturschutzgebiet liegende, nasse Ackermoor führt kein Wanderweg, und auf der Nordseite des Ackers gehen alle Forststraßen und Wege erst ins Sösetal hinunter, ehe sie zur Stieglitzecke zurückführen.

Besonderer Hinweis Von den Orten im Sieber- und Sösetal sowie vom Harzrand führen weitere, gut markierte Wanderwege zur Hanskühnenburg. Sie ist auch mit Fahrrad erreichbar. Besonders zu empfehlen ist eine Skiwanderung: Die Hanskühnenburg ist auch im Winter bewirtschaftet.

Kulturgeschichte Zwei Irrtümern sollte vorgebeugt werden: Zum einen ist hier oben „auf dem Acker" nie Ackerbau betrieben worden; der Name kommt von mittelhochdeutsch „agger" = Kamm, Wall. Und zweitens hat nie eine Burg diese Höhen geziert. Den Namen **„Hanskühnenburg"** erklärt vielleicht die folgende Sage:
Am westlichen Abhange des Bruchberges ragt wie eine Ruine eine Klippe, die Hanskühnenburg. Da hat sich in der Vorzeit einmal ein Ritter vor seinen Feinden verborgen gehalten. Nach und nach haben sich auch andere von seinen Freunden dort eingefunden. Mit ihnen hat er erst seine

Feinde überfallen und bestraft. Dann aber ist er selbst ein Raubritter geworden. Da hat er die ganze Gegend geängstigt und viel zusammengeraubt. Weil er so verwegen gewesen ist, hat man ihn „Hans den Kühnen" genannt oder „den kühnen Hans". Seine Burg ist nun verwünscht in eine Klippe.

Es kam einmal des Nachts ein Köhlerjunge in die Nähe der Hanskühnenburg. Da sieht er unten am Fuße der Klippe ein Mädchen, das trägt ein weißes Kleid und einen Bund Schlüssel in der Hand. Sie winkt ihm dreimal stillschweigend. Aber die Furcht hält ihn zurück. Wie sie ihm zum dritten Male gewinkt hat, und er kommt nicht, da tut sie einen tiefen Seufzer, und eine Tür öffnet sich, darin verschwindet sie.

Wie das der Köhlerjunge des Morgens seinem Vater erzählt, schilt ihn dieser aus und sagt: „Du hättest ihr sollen nachgehen, das ist eine verwünschte Schloßjungfer gewesen! Dir war der Schatz zugedacht, der in der alten Burg liegt."

Die andre Nacht geht der Köhlerjunge wieder nach der Hanskühnenburg. Aber wer nicht kommt, ist die Schloßjungfer.

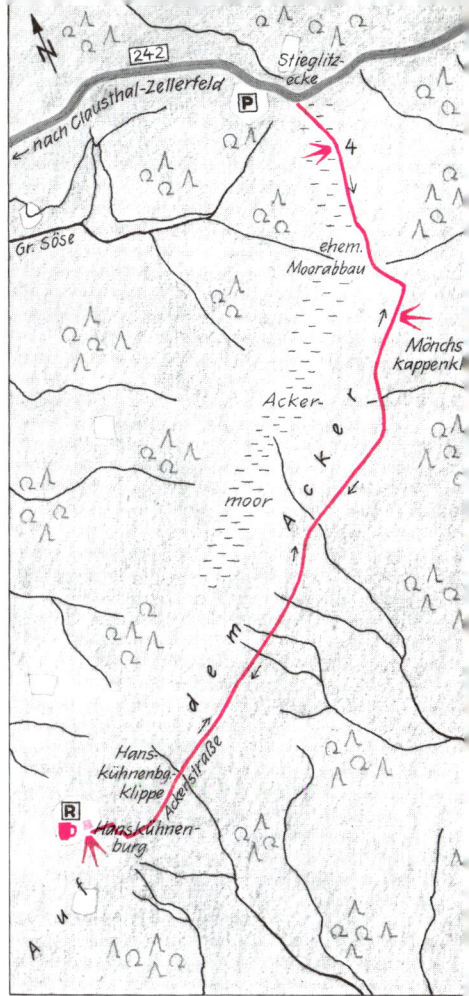

Erdgeschichte Der **Acker-Bruchberg-Zug**, der als Härtling mehr als 200 m über seine Umgebung herausragt, verläuft von Osterode bis Bad Harzburg quer durch den Harz. Er besteht aus unterkarbonischen Quarziten, die nicht nur an der Hanskühnenburg Klippen oder auch Blockhalden bilden. – Nicht nur durch ihre Verwitterungsbeständigkeit, sondern auch durch Basenarmut sind die anstehenden Kammquarzite ausgezeichnet. Bei einer Höhenlage bis zu 860 m und (als Folge davon) sehr hohen Niederschlägen waren beste Vorbedingungen für die **Bildung von Mooren** gegeben. Die den höchsten Teil des Ackers bedeckenden Kammoore gehören zu den ältesten des Harzes; ihre Bildung läßt sich auf das Ende der letzten Eiszeit vor mehr als 10 000 Jahren zurückführen. Als besonders schutzwürdig wurden sie deshalb in das Naturschutzgebiet Oberharz einbezogen und werden sicher auch Bestandteil eines künftigen Nationalparks sein.

Pflanzenwelt Wer gesehen hat, wie an der Nordwestseite des Ackers statt „grünender Tannen" nur noch Baumleichen den Boden bedecken, ist auch für Informationen über die Ursachen des **Waldsterbens** aufgeschlossen. Das Staatliche

Forstamt in Riefensbeek ist zuständig für Öffentlichkeitsarbeit im Niedersächsischen Harz. Der Forstmann, der hier führt, weist darauf hin, daß der Saure Regen an der nebelreichen Luvseite des Bergkamms schon über viele Kilometer die Wälder zum Absterben gebracht hat. Der basenarme Quarzitboden ist nicht imstande, den hohen Säureeintrag aus der Luft abzupuffern, wie es die benachbarten Moorflächen noch können. So gehen die Bäume an Kalk- und Magnesiummangel ein. Auch durch Kalkung ist ein solcher Bestand auf Dauer nicht zu retten, wenn nicht die Schadstoffbelastung aus Auspuff und Schlot drastisch gesenkt wird.

Tierleben Viele Namen erinnern im Harz an ausgestorbene Tiere: Von Wolfsklippen reicht das über Bärengarten bis Hahnenklee: Dort ist auf dem Ortswappen der Auerhahn abgebildet. Weder Wolf noch Bär werden wiederkehren, doch dem **Auerwild** winkt seit Ende der 70er Jahre eine Chance. In Lonau werden die Tiere aus Eiern aufgezogen, um später droben „auf dem Acker" ausgewildert zu werden. Erste Erfolge liegen vor, doch benötigen die Hennen zur Aufzucht ihrer Brut ausgedehnte Ruhezonen. Andererseits haben die frisch ausgesetzten Tiere kaum Scheu vor dem Menschen. Bei einer Begegnung mit einem balzenden Auerhahn sollte man sich über das seltene Erlebnis freuen, ohne dem Tier zu folgen.

Tour 5

Graben-Rundweg um den Rehberg

Anfahrt

Bus Die Buslinien 2432 Goslar–St. Andreasberg und 2445 Clausthal-Zellerfeld–St. Andreasberg halten beim Internationalen Haus Sonnenberg, hier Zugang zum Rundweg.
PKW B 242
Wanderstrecke 14,5 km / etwa 5 Stunden; Abkürzungen und Erweiterungen möglich (s. u.)
Profil ohne große Höhenunterschiede oder steilen Anstieg, auf dem ganzen Weg zwischen 700 und 800 m NN.
Orientierung → Tourenkarte S. 49
Wegemarkierung blaues Dreieck, gelbes Dreieck
Rast Aussichtspunkte am Rehberger Planweg oberhalb Grabenhaus bzw. Hohe Klippen.
Einkehr Rehberger Grabenhaus

Die Wegbeschreibung beginnt am **Parkplatz Oderteich** neben der B 242. Ein blaues Dreieck im weißen Feld leitet uns etwa 250 m abwärts in südlicher Richtung bis zu einer Brücke, die sowohl über den noch jungen **Rehberger Graben** als auch über einen Bach führt, der braunes Wasser aus dem Sonnenberger Moor zuleitet. Wer den Ehrgeiz hat, die vollen 6,6 km Graben abgegangen zu sein, muß von hier 250 m aufwärts bis zu seinem Ursprung am Fuße des Oderteich-Staudammes gehen. Von der Brücke an verschwindet der Graben kurzfristig unter bewachsenen, mächtigen Granitplatten. Die Abdeckung schützt nicht nur vor Abrutschmassen, sondern soll auch das winterliche Zufrieren verhindern.

Je weiter man dann am munter nebenher fließenden Grabenwasser entlang wandert, desto steiler wird der Hang. Am Fuß der **„Hohen Klippen"** weist eine Tafel darauf hin, daß hier ein Goethe-Platz ist (→ Erdgeschichte). Etwa 1 km nach den Hohen Klippen wendet sich der Graben nach Westen und führt am Rehberger Grabenhaus (früher Wohnhaus des Grabenwärters) vorbei auf das Internationale Haus Sonnenberg zu. Kurz davor; dort, wo der

Oberharzer Bergstädte

Am Rehberger Graben

Sonnenberger Graben zufließt, knickt er nach Süden, um nach 800 m zu enden. Man geht, dem gelben Dreieck folgend, am **Sonnenberger Graben** aufwärts. Oberhalb des Hauses Sonnenberg wird der **Rehberger Planweg** erreicht, eine Forststraße, die (ohne Wegezeichen) am Südhang des Rehberges auf 800 m Höhe führt. Unterwegs eröffnen sich Aussichten auf Südharz und Jordanshöhe. Die Straße führt, in der Höhe bleibend, am Osthang des Rehberges entlang mit weiter Aussicht auf den Hochharz und das tief unten liegende Odertal. Nach 4 km Forststraße kommt man wieder auf das gelbe Dreieck, das nach 1,6 km zum Rehberger Graben und damit zum Ausgangspunkt der Wanderung zurück führt.

Besondere Hinweise Der Rehberger-Graben-Rundweg eignet sich auch für **Radfahrer** und **Skiläufer**. Er macht eines der markantesten Denkmale der alten Oberharzer Wasserwirtschaft erlebbar und eröffnet Einblicke in geologisches Geschehen der Vorzeit.

Kulturgeschichte Weit zurück in eine Blütezeit des Andreasberger Bergbaus führt die Entstehungsgeschichte des **Rehberger Grabens**. Ende des 17. Jahrhunderts mangelte es dort den silberreichsten Gruben des Harzes an Aufschlagwasser für die Wasserräder. Wasserkraft bewegte damals die Pumpen, trieb die Pochwerke an und ließ die Förderräder laufen (Dazu wäre ein Besuch des **Heimatmuseums** und der **Grube Samson** in Andreasberg zu empfehlen). Zwar standen seit 1590 die Wasser des Sonnenbergs (über den Sonnenberger Graben) und seit 1605 die des Rehberges zur Verfügung. Doch die ganz große Energiequelle, die Oder nämlich, floß damals 100 m tief unterhalb ungenutzt vorbei. – 1703 fertiggestellt, war dann der Rehberger Graben für mehr als 200 Jahre die Lebensader des Andreasberger Bergbaus. Seit dieser eingestellt wurde, nutzt man das Wasser als billige und auc heutiger Sicht umweltfreundliche Energiequelle bis auf den heutigen Tag.

In den ersten Betriebsjahren mußten die Andreasberger zu ihrem größten Leidwesen mit ansehen, wie die Frühjahrshochwasser der Oder ungenutzt zu Tal flossen. Daher entstand etwa 20 Jahre nach dem Rehberger Graben als weiteres großartiges Bauwerk der **Oderteich**. Er war bis 1891 die größte Talsperre Deutschlands.

Beide, Oderteich und Rehberger Graben, erforderten eine damals für den Harz neuartige Bautechnik. Alle früheren Teich- und Grabenbauten hatte man mit „Rasenhaupt" (Grassoden) als Dichtungsmittel aufgeführt. Das aber stand im geschlossenen Waldgebiet des oberen Odertales nicht zur Verfügung. So baute man den Damm des Oderteiches aus mächtigen Granitblöcken, die zur Wasser- und Luftseite hin zu einem Zyklopen-Mauerwerk gefügt wurden. Zwischen diese Mauern stampfte man tonigen Granitgrus; Fugen wurden mit Moos verstopft.

Oderteich und Rehberger Graben sind heute als Kulturdenkmale geschützt. Sie werden von den Harzwasserwerken des Landes Niedersachsen in der alten Bau- und Betriebsweise erhalten.

Erdgeschichte Der Rehberg bildet zusammen mit dem Großen und Kleinen Sonnenberg eine **Grauwacken-Insel** inmitten von darunter liegendem Brocken-Granit. Das aus der Tiefe aufsteigende flüssig-heiße Granitmagma erreichte zwar nicht die Oberfläche, doch hat es im Kontaktbereich die Grauwacke zu hartem Hornfels verfestigt. Das erkannte schon Goethe, der 1783 zusammen mit dem befreundeten Vize-Berghauptmann von Trebra jenen Bereich der Hohen Klippen 40 m über dem Graben erklomm, um die Kontaktzone zwischen dem rötlichen Granit und dem dunklen Hornfels in Augenschein zu nehmen.

Während der **weichselzeitlichen Vergletscherung** des Hochharzes reichte ein Talgletscher im Odertal bis etwa 500 m NN herab. Zu erkennen ist das an mehreren Moränenstaffeln, aber auch Toteislöchern, Sanderflächen sowie Schluffablagerungen in kleinen Staubecken.

Pflanzenwelt Die Wanderung führt durch unterschiedliche Wald-Formationen. Die Hochlagen des Rehberges tragen **naturnahe Fichtenwälder**, gekennzeichnet durch die hohen Grasteppiche des Woll-Reitgrases oder auch umfangreichen Heidelbeer-Unterwuchs. Recht naturnah sind auch die Mischwälder im Bereich der Hohen Klippen. Mächtige Buchen und Bergahorne zeigen, daß in dieser Höhenlage um 700 m die Buche voll mit der Fichte konkurrieren kann. Neben Frauenfarn und Dornfarn wachsen als besonders harztypisch auch **Berg- und Buchenfarn**. Eine Besonderheit stellt das Vorkommen von Spreuschuppigem Wurmfarn südlich des Goetheplatzes dar. Dieser schattige und luftfeuchte Wegabschnitt erhält durch den weiß blühenden Platanenblättrigen Hahnenfuß und blauen Alpenmilchlattich den Charakter eines Schluchtwaldes.

Tierleben Weithin ist seit kurzem im Odertal wieder der tiefe „Korr"-Ruf des **Kolkraben** zu hören. Der Wanderfalke, der früher in den Hahnenklee-Klippen horstete, hat sich noch nicht wieder eingefunden. Im Bereich des Rehberges ist der besonders wetterharte **Rauhfußkauz** Brutvogel. In mehr als 800 m Höhe sind hier sogar junge **Bergeidechsen** beobachtet worden.

Unter den zahlreichen **Tagfaltern** fallen neben Kleinem Fuchs und Tagpfauenauge im Mai der Aurorafalter und im Hochsommer Dukatenfalter und Feuerfalter auf. Sie bevorzugen die gelben Blüten vom Fuchs-Kreuzkraut, das mit schöner Regelmäßigkeit die meisten Forststraßen säumt.

Erweiterungs- und Abkürzungstouren

Erweiterung Rückweg durch das Odertal. Er bringt zusätzlich 5 km Weg und 200 m Höhenunterschied. Vom Internationalen Haus Sonnenberg führt die „Lochchaussee" ins Odertal. Hier im „Andreasberger Rinderstall" Einkehrmöglichkeit. Auf der mit grünem Dreieck markierten Forststraße oder aufwärts an den Moränen des Odertalgletschers vorbei zum Oderteich.

Abkürzung a) Vom Goetheplatz aufwärts auf schmalem, steilen Weg auf den Rehberger Planweg. Für Fahrrad und Ski nicht geeignet. 6 km Wegersparnis.

b) Vom Internationalen Haus Sonnenberg auf dem mit gelbem Dreieck markierten Weg nach Norden über Skikreuz zum Oderteich. Für Fahrrad ungeeignet. 2 km Wegersparnis.

Oberharzer Bergstädte

Tour 6

Zu den Andreasberger Bergwiesen

Anfahrt

Bus Linie 2432 Goslar–St. Andreasberg, 2445 Clausthal-Zellerfeld–St. Andreasberg. Haltepunkt Jordanshöhe
PKW Parkplatz 1 km N St. Andreasberg auf der Jordanshöhe

Wanderstrecke 5 km / 2 Stunden
Profil Der Weg verläuft weitgehend eben zwischen 680 und 730 m NN.
Orientierung → Tourenkarte S. 49
Wegemarkierung keine
Rast Zahlreiche Möglichkeiten, z. B. am Wasserhochbehälter zwischen Jordanshöhe und Kleinem Oderberg
Einkehr Die Herbergen und Heime auf der Jordanshöhe bieten keine Einkehrmöglichkeit. Leicht zu erreichen ist das Bergcafé „Roter Bär" an der Straße St. Andreasberg–Braunlage (vom Wasserhochbehälter 600 m in westlicher Richtung bergab.)

Die Wanderung beginnt dort, wo die Straße St. Andreasberg–Sonnenberg an der **Jordanshöhe** ihren höchsten Punkt erreicht. Von hier bietet sich, wie auf dem gesamten Rundweg, ein umfassender Rundblick sowohl auf Rehberg und Hochharz im Norden als auch auf die Bergstadt St. Andreasberg, den Südharz und sein Vorland. Zunächst geht es auf einen Komplex von Schullandheimen und Herbergen zu, wo man auf einen Querweg trifft, der von St. Andreasberg nach Norden in Richtung Gesehr–Rehberger Graben führt. Hier wird links abgebogen. Nach 200 m stößt man auf einen asphaltierten Platz. Zwischen Schullandheim und einem Wochenendhaus verläuft an seinem unteren Rand ein schmaler Horizontalweg in östlicher Richtung auf die freien Wiesenflächen hinaus, die den N-Hang der Jordanshöhe bedecken. Kaum zu erkennen ist, daß dieser Weg auf einem der Hanggräben der alten Oberharzer Wasserwirtschaft verläuft. Die Wiesenflächen, die rechts und links den Weg von hier ab auf mehreren Kilometern begleiten, gehören zu den höchst gelegenen, aber auch artenreichsten des ganzen Harzes (→ Pflanzenwelt). Man wandert 1,5 km bis zu einem **Wasserhochbehälter**, überquert hier den

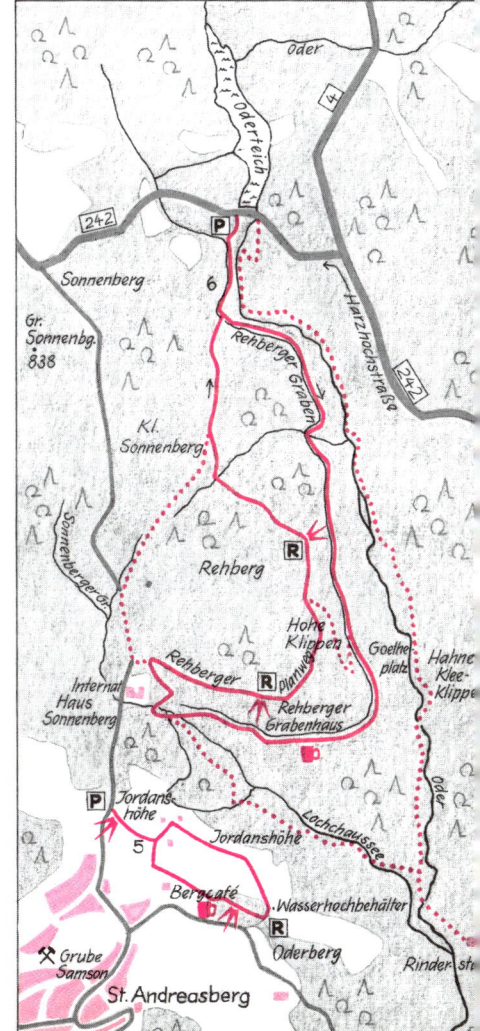

Bergrücken und wendet sich wieder nach Westen. Am Südrand eines schmalen Waldstreifens entlang wird der von Andreasberg kommende Querweg erreicht, der zur bekannten Ferien-Siedlung und damit wieder zurück führt.

Besondere Hinweise Ein Gang durch blühende **Bergwiesen** gehört zu den eindrucksvollsten Erlebnissen, die sich dem Harzwanderer bieten. Die Blütezeit beginnt Ende Mai und hält bei normalem Wettergeschehen bis Anfang Juli an. Doch ist der vorgeschlagene Rundweg wegen seiner landschaftlichen Reize auch zu allen anderen Jahreszeiten, incl. Winter mit **Ski**, attraktiv.

Kulturgeschichte Wer über die Jordanshöhe wandert, ahnt nicht, daß tief unter ihm in einem Stollen die frühere Lebensader St. Andreasbergs verläuft. Gemeint ist der **Geseher Wasserlauf**, ein Stollen, der die Wasser des Rehberger Grabens der Bergstadt zuleitet (→ Rehberger-Graben-Rundweg). Sein Mundloch befindet sich unmittelbar an einem Wanderweg, am N-Hang der Jordanshöhe. – Der **Andreasberger Erzbergbau** ist seit 1520 belegt. Mansfeldische und erzgebirgische Bergleute stießen hier sehr bald auf silberreiche, oberflächennahe und daher leicht gewinnbare Erzvorräte. Nach deren Erschöpfung dauerte der Bergbau mit stark wechselnden Erfolgen bis 1910. Im **Bergwerksmuseum Grube Samson** ist neben einem riesigen Kehrrad auch die einzige noch in Betrieb befindliche Fahrkunst des Harzes zu besichtigen.

Erdgeschichte Es ist schon interessant, wenn im paläozoischen Harz junge Ablagerungen der Eiszeit einen Berg bedecken. Genau das ist nämlich auf der Jordanshöhe der Fall. Es handelt sich um **Grauwackenhornfels**, der mit groben Schuttbrocken über einer Schicht aus Granitgrus lagert. Darunter steht der Granit an, der bei seinem Aufsteigen als Magma die Umwandlung von Grauwacke in Hornfels bewirkt hat. Zur Erklärung muß man wissen, daß die flachen Kuppen der Jordanshöhe noch ihre Hornfelsbedeckung tragen. Während der Eiszeit müssen sich die abgewitterten Brocken von diesen Kuppen her auf die umgebenden Hänge verlagert haben.

Pflanzenwelt St. Andreasberg ist berühmt wegen der Vielfalt seiner **Bergwiesen**. Während das Grünland um die Jordanshöhe westlich der Straße von dem dort gelegenen Bauernhof z. T. als Dauerweide genutzt wird, trägt der Ostteil weitgehend Mähwiesen. Der Nordhang der Jordanshöhe ist mager und lag lange brach. Heute wird er mit großem Aufwand wieder gemäht, um bemerkenswerte und gefährdete Wiesengesellschaften zu erhalten. Mit dem Wiesen-Leinblatt, dem Nordischen Labkraut und der Arnika sind die wichtigsten gefährdeten Arten genannt. Hinzu kommt die vom Aussterben bedrohte Feuerlilie sowie der Französische Knollenkümmel, der wohl mit französischen Besatzungssoldaten Anfang des 19. Jahrhunderts hierher kam. – In den produktiveren Goldhaferwiesen fällt die Schwarze Teufelskralle auf, die sonst im Harz selten ist. Als Charakterart montaner Hochstaudenfluren wächst an steilen Nordhängen der Jordanshöhe sogar der Platanenblättrige Hahnenfuß.

Tierleben Ein bezeichnender Vogel offener Flächen ist die **Feldlerche**, die hier in den Wiesen brütet. Nicht selten sind Baum- und Wiesenpieper. Zum Bild sommerlicher Wiesen gehören auch zahlreiche Tagfalter, z. B. der Aurorafalter, das Tagpfauenauge und der Kleine Fuchs.

Erweiterungstour

Sowohl nach Westen über die Kuppe als auch nach Osten zum Kleinen Oderberg läßt sich der Weg um jeweils etwa 1 km ohne Schwierigkeiten erweitern.

Oberharzer Bergstädte

Bergwiese bei St. Andreasberg

Durch den Nationalpark Hochharz zum Brocken

Nationalpark Hochharz

Einführung

Weithin sichtbar über der Rumpfscholle der Harzhochfläche erhebt sich, von fünfhundert auf 1142 m ansteigend, das kleine Gebirge des Hochharzmassivs. Der sanft gerundete **Brocken** überragt die umliegenden Kuppen von Heinrichshöhe, Wurmberg, Königsberg, Achtermann, Renneckenberg und Hohnekamm und grenzt sich mit Bruchberg und Auf dem Acker gegen den Oberharz ab. Das nun ist der wildeste und interessanteste Teil des Harzes mit **Blockböden, Klippen, urwaldähnlichen Bereichen, Mooren, Quellen, subalpinen Matten**. Hier werden die Flüsse Radau, Ecker, Ilse, Holtemme, Kalte und Warme Bode, Oder geboren. An Orten gibt es lediglich Schierke, Elend, Braunlage hinterm Wurmberg sowie die Torfhaussiedlung und einige Gast-, Wege- und Forsthäuser in diesem Bereich. Der vorherrschende Baum ist die **Fichte**.

Kulturgeschichte

Auf dem Wurmberg, an den Sonnenklippen, möglicherweise auf dem Brocken wird es germanische Kultplätze gegeben haben. Im frühen Mittelalter führte eine **Verbindungsstraße zwischen Harzburg und Bodfeld** entlang der Kalten Bode; die Reste der **„Elendsburg"** künden von einer Wegeschutzburg im Elendstal. Das Gebiet war **Reichsbannforst** und Jagdgebiet deutscher Kaiser und Könige. Aber bereits im 16. Jahrhundert berichtet man von einer Jagd Graf Bothos zu Stolberg-Wernigerode im Raum Braunlage.
Die **Erschließung des Gebietes** geschah

Schierke unterm Brocken

unter rein wirtschaftlichen Gesichtspunkten. Suche nach Erzen und Mineralien, auch durch ausländische Alchimisten (Venezianer und Walen), Eisengewinnung und Verhüttung, Köhlerei, Torfstecherei, Holzabfuhr, Steinhauerei, Viehhöfe. Eine Glashütte. Schierke – vielleicht der Ort, wo man scharrte, ins Geschirre ging, scharachte. Im Schiriken.
Der **Brocken** erweckte eher das Interesse der Topographen und Physiker als das der Touristen, doch forderte der Braunschweiger Herzog Heinrich Julius 1590 einen Knüppeldamm auf die Höhe, um seiner Braut Elisabeth von Dänemark seinen Herrschaftsbereich zeigen zu können.
Hundert Jahre später stand **Zar Peter I.** auf dem Gipfel, ein dreiviertel Jahrhundert später **Goethe**. Da hatte der Graf von Wernigerode bereits das Wolkenhäuschen als Schutzhütte errichten lassen (1736) und baute am Brockenwirtshaus auf der Heinrichshöhe. Die Romantik machte den Brocken zum beliebten deutschen Wanderziel: Eichendorff, Heine, C. D. Friedrich, Andersen: „Der Brocken ist ein Deutscher" (Heine). Das 20. Jahrhundert fügte **Eisenbahnstrecke** und Brockenbahnhof, Flugzeuglandungen, den **1. Fernsehsender der Welt**, Bombardement, Wiederaufbau und Versiegelung als „militärisches Objekt" mit Mauer und Stacheldraht hinzu, aber auch die Wiedereröffnung am 3. 12. 1989. Von da an endlose Touristenströme mit dem bisherigen Höhepunkt Pfingstmontag 1991: 60 000 Besucher.
Um die Natur mit ihrer einmaligen Ausstattung vor solchem Andrang zu erhalten, wurde das bisherige Naturschutzgebiet im September 1990 im Land Sachsen-Anhalt zum **„Nationalpark Hochharz"** erklärt. Einbezogen ist der bereits hundert Jahre alte und in seiner Grundstruktur noch erhaltene, mittlerweile wieder rekonstruierte **Brockengarten – ein subalpiner Pflege- und Schaugarten**, der von mehreren Universitäten betreut wird.

Erdgeschichte

Das Gebiet des Nationalparks Hochharz beschränkt sich ganz auf den Bereich des Brockenplutons (Pluton = Tiefengesteinskörper, der nach dem Aufdringen von Magma unterhalb der Deckgesteine erstarrt, zunächst also nicht an die Oberfläche gelangt). Durch seine exponierte Lage stand der Besuch des Brockengipfels vielfach auch für den Geologen im Vordergrund des Interesses, und seine Erforschung führte zu einer ersten Grundvorstellung eines magmatischen Tiefengesteinskörpers.

Die Entwicklung des Brockenmassivs setzte mit dem Empordringen stark basischen Magmas ein, und es entstand die 6 km lange und bis zu 3 km breite Harzburger Gabbrozone (Gabbro ist ein meist grobkörniges Tiefengestein von brauner bis grünlichschwarzer Färbung. Es hat viele Varietäten, während der im Brockengebiet ebenfalls aufgedrungene Granit hellgrau gefärbt ist). Ihr Nordende reicht bis an den südlichen Ortsausgang Bad Harzburg an der B 4 heran (Einmündung Kaltes Tal), und bis auf den Bereich des Schmalenbergs südlich der Schmalenbergsklippe sind deren Gesteine ausschließlich östlich der B 4 verbreitet (bis Radaubruch).

Vom eingedrungenen Magma ging eine Kontaktmetamorphose auf die Hüllgesteine aus, die im direkten Kontakt stellenweise bis zu deren Aufschmelzung führte. Oftmals sind interessante Auflösungserscheinungen und Durchdringungsstrukturen an Nebengesteinsschollen zu beobachten.

Die Gabbrozone grenzt im Osten an den Eckergneis. Von der Tiefen Kohlstelle im Nordnordosten bis zum Radaubruch im Südsüdwesten begleitet dieser in einer 0,5 bis 2 km breiten Scholle die gesamte Zone.

Granit drang erst nach Abschluß der Hauptfaltung ein. Absolute Altersbestimmungen ergaben für ihn einen Wert von 290 Millionen Jahren (oberstes Karbon). Dieses verbreitetste Gestein des Brockenmassivs ist ein normaler mittelkörniger Biotitgranit hellgrauer Färbung. Wegen zahlreicher sedimentärer Nebengesteinseinschlüsse wird der im Zentrum auftretende Kerngranit heute als Dachgranit bezeichnet. Am Ost- und am Nordrand der Granitverbreitung treten Diorite auf, die offensichtlich die ältesten Glieder der Granitintrusion darstellen. Sie sind dunkelgrau bis grüngrau gefärbt. An der ehemaligen Werksbahntrasse am Osthang des Hippeln und am linken Ufer der Steinernen Renne oberhalb der Einmündung Großes Sandtal sieht man, wie Granit den Diorit durchdringt, ihn in unterschiedlich große Schollen und Teilstücke zerlegt und mehr oder weniger vollständig umfließt und durchtrümert.

Die Randgranite sind in der Regel dichter und nehmen oft porphyrische Struktur an (auffallend größere Feldspäte in einer kleinkristallinen Gesteinshauptmasse). Als Relikte ehemaliger Gasblasen enthalten sie gelegentlich kleine Hohlräume mit stellenweise idealen Drusenmineralen!

Der Ilsesteingranit mit deutlichem Nordwest–Südost-Verlauf verdankt seine Entstehung einer späteren magmatischen Zufuhr, mit der die magmatische Entwicklung des Massivs abschließt. Die gasreiche Schmelze ließ besonders reichhaltige Miarolen (ehemals gasgefüllte kleine Gesteinshohlräume) entstehen. Gegenüber dem Kerngranit ist er durch die Anwesenheit von Orthoklas, eines Feldspats, deutlich rot gefärbt. Aber auch Biotit hat sich stellenweise zu den Mineralen Chlorit und Eisenglanz zersetzt und trägt zum Farbeffekt bei.

Nationalpark Hochharz

Urwald am Brocken

Pflanzenwelt

Die Wanderungen von Bad Harzburg aus (→ Tour 7), vom Torfhaus (→ Tour 8), von Elend über Schierke (→ Tour 10) und ab Drei-Annen-Hohne (→ Tour 11) führen in das Gebiet des Nationalparks „Harz" mit seinen urwüchsigen Wäldern und Mooren und auf den „Berg der Deutschen", wie ihn Heine nennt, den Brocken. Auf allen diesen Wegen durchwandert man den Bereich des **Bergfichtenwaldes**, der sich vor allem als Reitgras-Fichtenwald darstellt, in höheren Lagen, wie am Wege von Eckernsprung zur Brockenstraße oder an der Heinrichshöhe zum Bärlapp-Block-Fichtenwald übergeht. Wollgras-Fichtenwälder entstehen an Feuchtstellen in Verbindung mit Hang- oder Waldmooren, wo manchmal kleine Bäche als Schichtquellen zwischen dem Granitgestein und dem aufliegenden torfigen Humusboden austreten. Als bedeutendes Wasserüberschußgebiet im nördlichen Mitteldeutschland entstanden zahlreiche **Moore**. Im westlichen Oberharz sind es vor allem großflächige,

baumfreie Kamm- und Sattelmoore. Bemerkenswert ist dort das noch reichliche Vorkommen der Zwergbirke als Eiszeitrelikt. Im östlichen Teil, dem „Nationalpark Hochharz", sind ebenfalls Kamm- und Sattelmoore anzutreffen, vor allem aber kleinflächige Hangmoore.
Sie bilden oft offene Stellen im Wollgras-Fichtenwald mit Scheiden-Wollgras, Rasensimse und Zwergsträuchern. Heidel- und Preiselbeere sind im ganzen Harz zu finden, in den Hochmooren treten die Rauschbeere, die Moosbeere, Rosmarinheide und Krähenbeere hinzu. An offenen, feuchten Stellen tritt der Rundblättrige Sonnentau mit seinen insektenfangenden Blättern auf. Über 20 Torfmoosarten bilden die Hochmoore, trocknen in Trockenperioden aus und wachsen bei ausreichender Feuchtigkeit kräftig weiter. Vor allem die hohe Luftfeuchtigkeit ist dabei von großer Bedeutung. Der Fichtenwald wird immer niedriger, je höher man kommt, und bildet am Brocken eine **Knieholzzone,** die über Granitblockhalden in eine **subalpine Matte** übergeht. In historischen Berichten über Brockenbesteigungen werden Brockenpflanzen erwähnt, die gepflückt und zum Beweis der Ersteigung an den Hut gesteckt wurden. So berichtet Joseph von Eichendorff am 14. 9. 1805: „... jeder einen Brockenstrauß auf dem Hute, welchen die Aufwärterin jedem Reisenden präsentierte und der aus dreierlei Waldblumen, den einzigen Blocksbergprodukten besteht". Es waren dies die Brockenanemone, das Alpen-Habichtskraut und vermutlich Glockenblumen. Es ist erstaunlich, daß sich trotz der Plünderungen über Jahrhunderte diese Arten bis heute erhalten haben. Wenn auch die rücksichtslose militärische Nutzung der Brockenkuppe von 1961 bis 1989 zur großflächigen Zerstörung führte – der Bereich um Sender, Militärunterkünfte, Radar- und Abhöreinrichtungen wurde durch Beton, Schutt, Schotter und Müllablagerungen zur floristischen Einöde – so konnten sich vor allem am südlichen Abhang, um den Brockengarten, die **brockeneigenen Pflanzen**, vor allem Brockenanemone, Brocken- und Alpen-Habichtskraut halten und sogar ausbreiten. Dort ist die Keimzelle für die Wiederbesiedlung der subalpinen Matten, die vor dem Tritt der vielen Besucher geschützt werden und bald wieder ein richtiges Stück Brockennatur zeigen sollen. Eine gewisse Bereicherung bringen Enziane, die sich um den **Brockengarten** ausbreiteten und durch Kreuzung zwischen Tüpfel-, Purpur- und Ungarn-Enzian eine Brockenhybride bildeten, die an Boden und Klima angepaßt und wie eine heimische Art eingewachsen ist. Der Brockengarten wird nach der Wiederherstellung Gebirgspflanzen zeigen, vor allem aber für die Erhaltung und wissenschaftliche Betreuung der heimischen Pflanzenarten sorgen. Eine Führung durch den Brockengarten ist zukünftig vorgesehen, ebenso ein **botanischer Lehrpfad**.

Tierleben

Pflanzen und Tiere bilden eine Lebensgemeinschaft, deren Grundlage Boden und Klima sind. Der Hochharz mit dem Brocken weist ein auffallend rauhes Klima auf, bedingt durch die Eckpfeilerlage des Harzes. 900 m beträgt der Höhenunterschied zwischen Harzvorland und Gipfel. Die Jahresdurchschnittstemperatur beträgt oben nur 2,4° bei 1600 bis 1700 mm Niederschlägen im Jahr. Nur widerstandsfähige Arten vermögen hier zu überleben. Ruhige Waldgebiete, reichstrukturiert durch alte Baumbestände, mit Lücken, die durch Naturverjüngung geschlossen werden, baumfreie Moore mit Zwergsträuchern, wasserreich und wenig begangen, diese

Nationalpark Hochharz

Naturvielfalt bietet Tieren hier günstige Lebensbedingungen. **Rotwild** weist überhöhte Bestände auf und richtet Schäden durch Schälen und Verbeißen an, vor allem an den wenigen Laubgehölzen. Oft tritt es auf die Brockenkuppe zum Äsen aus und schädigt die Pflanzen auch im Brockengarten. **Rehwild** kommt weniger vor, es bevorzugt krautreiche Flächen. Auf dem Brocken ist als Art der Tundra und der höheren Gebirge die Ringdrossel heimisch, ebenso die Alpenspitzmaus. Insekten und Spinnen, die sich im Norden oder in Hochgebirgen wiederfinden, weist der Hochharz auf. Baumpieper und Heidelerche finden sich auf Kahlflächen ein, im offenen, felsreichen Gelände auch der Steinschmätzer. Tannenhäher und Rauhfußkauz sind weniger häufige **Brutvögel**.

Birkhuhn und Auerhuhn starben im Laufe dieses Jahrhunderts aus. Auerwild wurde aus einer Aufzucht- und Auswilderungsstation in Lonau im Südharz wieder eingebürgert und versucht in den naturnahen Wäldern eine neue Heimat zu finden. Sonst leben in den Hochlagen Tiere, die auch sonst in den Wäldern, auf Freiflächen und in Mooren beheimatet sind. (→ Tierwelt Gesamtgebiet)

Tour 7

Von Bad Harzburg über die Eckertalsperre zum Brocken

Ausgangspunkt Berliner Platz oder Talstation Burgbergbahn

Anfahrt

Bahn Bhf Bad Harzburg der Strecke Goslar–Braunschweig

Bus Hst. Berliner Platz oder Burgbergbahn; Fernlinien von Goslar, Wernigerode–Ilsenburg und Braunlage

PKW großer Parkplatz Talstation Burgbergbahn an der B 4

Wanderstrecke   15 km / 5 Stunden

Profil   Berliner Platz 280 m – Großer Burgberg 482 m – Brocken 1142 m

Orientierung   → Tourenkarte S. 68/69

Wegemarkierung   blauer Punkt auf weißem Dreieck bis Hasselkopf, dann grüner Querbalken zum Brocken

Rast unterwegs am Wegesrand vielfach möglich

Einkehr Burgberg-Café und -Restaurant, Molkenhaus, Brocken-Café und -Restaurant

Empfehlenswert ist der Beginn der Wanderung mit dem Aufstieg zum Burgberg, der einen großartigen Rundblick bietet.

Vom Berliner Platz oder Talstation Burgbergbahn jenseits der B 4 beginnt der Aufstieg zum Großen Burgberg an dessen W-Hang, dann führt die Wanderung zurück zum Antoniusplatz und weiter auf dem Kaiserweg über Säperstelle–Reusche-Teich–Molkenhaus–Muxklippe zum Hasselkopf. Hier muß man in Südostrichtung abzweigen zur Eckertalsperrmauer (nach Überschreiten des Fuhler Lohnbach die Horizontalstraße gehen), über die Sperrmauer zur östlichen Stauseeseite wechseln und den Uferweg bis zur Scharfensteinkaserne gehen. Der Aufstieg erfolgt dann über den Kolonnenweg an der Hermannklippe vorbei zum Kleinen Brocken und Brocken.

Besondere Hinweise Eine Fahrt mit der Burgbergbahn (3 Min.) ersetzt 0,5 Stunden Aufstieg!

Der kürzeste Weg **Bad Harzburg**–Brocken führt über die Fußgängerbrücke der **Talstation Burgbergbahn** zur Ostseite B 4, quert gleich den Kaltetal-Bach unterhalb der Wodans-Eiche und führt am Nordosthang des Ettersberges zum **Molkenhaus** (Markierung: blaues X); er ist 2,5 km kürzer. Lohnenswert ist auch der Philosophenweg. Er bleibt nach der Wodans-

Eiche im Tal der Radau östlich der B 4 bis zum Radau-Wasserfall, dann im Radautal weitergehen bis zum Taternbruch (Markierung grünes Dreieck), hier nach links abzweigen und am Lohnbach aufwärts wandern bis zum Hasselkopf. Dem Philosophenweg etwa parallel führt in 40–80 m Höhe ein weiterer Weg am Westhang des Ettersberg–Winterberg entlang zum Hasselkopf (Markierung: blauer Querbalken), auf den letzten 850 m sich mit vorigem Weg vereinigend; beide Wege sind 2 km kürzer.

Am Radaufall existiert eine Bus-Hst. der vielbefahrenen Linie Bad Harzburg–Braunlage (ca. 2,5 km Wegstrecke). Seltener befahren ist die Buslinie zum Molkenhaus.

Für den Rückweg empfiehlt sich der Abstieg über Brockenstraße – Goetheweg (Bahnparallelweg z. T.); am Eckersprung nach rechts ins Eckertal (Markierung: blauer Querbalken) oder am Abbebach/Abbegraben auf den Kaiserweg nach Nord abbiegen (beide Weg 15 km).

Kulturgeschichte Bad Harzburg entwickelt sich als „Neustadt unter der Harzburg" am Fuße des Burgberges und wird bereits im 14. Jahrhundert ein Flecken mit Kirche und Pfarrer genannt. 1569 wurde unter Herzog Julius dem Jüngeren eine Solequelle erbohrt, und die **Saline Juliushall** entstand. Diese wird 1849 aufgehoben und in einen Badebetrieb umgewandelt. 1894 wurde die „Krodoquelle" erbohrt. Inzwischen existieren 6 Solebohrungen, von denen die jünste seit 1965 mit einer Temperatur von 30–32 °C artesisch austritt und das 1969 eröffnete Thermalsole-Hallenbad speist.

Der Ort erhielt 1892 den heutigen Namen. 2 Jahre später wurde ihm Stadtrecht verliehen. 1841–43 erfolgte der Eisenbahnanschluß (Legationsrat von Amsberg).

Die Gründung der 1. Harzburg ist urkundlich nicht belegt. 1065 läßt sie Heinrich IV. zur befestigten Residenz ausbauen, die beim Sachsenaufstand 1073 belagert wird, bei dem der Herrscher schließlich über den heute so benannten Kaiserweg mit den Reichsinsignien fliehen muß. 1074 und nach kurzer Wiederaufbauphase 1076 Zerstörung der Anlage, die Kaiser Friedrich I. (Barbarossa) 1180 erneut errichten läßt. Sie übersteht dann alle Wirren, auch die des 30jährigen Krieges, und wird als überholte Anlage ab 1650 abgebrochen.

An den Aufenthalt Uhlands 1841 erinnert ein 1865 aufgestellter Granitstein, an die geschichtsbezogenen Worte Bismarks vor dem Reichstag am 14. 05. 1872 „Nach Canossa gehen wir nicht" der 1877 errichtete, weithin sichtbare 15,5 m hohe Granitmonolith.

Der **Kaiserweg**, einst Heidenstieg genannt, ist ein alter, den Harz vollständig querender Höhenweg. Er diente lange Zeit dem Erztransport des Klosters Walkenried, das Bergwerksanteile am Rammelsberg besaß. 1755–58 wurde dieser Weg mit Unterstützung sächsischer Kaufleute zwischen Bad Harzburg und Braunlage zur Fahrstraße ausgebaut, um preußisches Gebiet wegen drastisch erhöhter Durchgangszölle zu umgehen. Die heutige Straße (B 4), 1830 angelegt, zeigt häufig anderen Verlauf.

Die 226 m lange und 57 m hohe Schwergewichtsmauer der **Eckertalsperre** wurde 1938 errichtet. Der Stausee umfaßt 13,3 Millionen m^3 Wasser zur Trinkwasserversorgung von Goslar, Oker, Braunschweig und Wolfsburg.

Erdgeschichte Am Burgberg bei Bad Harzburg lernt man unterkarbonische Gesteinsfolgen kennen, wie sie in der Sösemulde im Bereich Söse-Stausee–Riefensbeek-Kamschlacken typisch ausgebildet sind. Es sind **Tonschiefer, Grauwacken** und **Konglomerate**, die hier kontaktmetamorph vom nahegelegenen Granit aus beeinflußt sind. Die etwas älteren **Kieselschiefer** sind im 57 m tiefen Burg-

Nationalpark Hochharz

Geröllfeld am Brocken

brunnen freigelegt worden, der lange Zeit verschüttet war und 1867 wieder freigeräumt wurde.

Das **Kalte Tal**, das die Südwesthänge des Großen Burg- und des Sachsenberges abschließt, bildet die Grenze zur Harzburger Gabbrozone, die außerordentlich **vielfältige Gesteinstypen** enthält und auch gerne von Mineralsuchern begangen wird. Sie bildet eine Vorläuferintrusion, der sich ohne größere zeitliche Verzögerung das Aufdringen des Hauptgranits anschloß. Auf der empfohlenen Wanderstrecke trifft man erstmalig etwa 400 m südöstlich der Saperstelle auf mittelkörnigen **Granit**. Bald danach, etwas mehr als 1 km vor dem Molkenhaus, und dann bis zur Eckertalsperre, verläuft die Wanderstrecke durch die **Gabbrozone**.

Nach etwa 200 m Wanderstrecke auf dem östlichen Talsperrenuferweg ab Sperrmauer lernt man als weiteres Gestein den **Eckergneis** kennen, auf dem dann der Wanderweg ca. 1,6 km bis zum Westhang des Mittelkopfes bleibt, ein meist feingebänderter Biotit-Cordierit-Schieferhornfels. Der Eckergneis wird für das älteste Harzgestein gehalten, das weit vor der variszischen Gebirgsbildung schon einmal durch einen älteren Gebirgsbildungsprozeß stark beansprucht worden war. Beim Emporringen des Gabbros wurde dann eine Scholle dieses alten Gesteins als dessen Dach mit hochgepreßt, während sich das nachdrängende Granitmagma darüber legte.

Der weitere Wanderweg bleibt dann ganz im Granitverbreitungsgebiet, das stellenweise durch Klippenbildung oder durch Blockhalden den Landschaftscharakter prägt.

Pflanzenwelt Die allgemein den Harzrand säumenden und oft in den Tälern weiter ins Gebirge eingreifenden **Buchenwälder** sind im Gebiet südlich Bad Harzburg viel ausgedehnter verbreitet und steigen in höhere Regionen auf. Dies liegt am Bodensubstrat, das über Gabbro basisch reagiert und einen hohen Nährstoffgehalt bereithält. So ist die Buche lokal noch in Höhen über 500 m zu finden, und es schließt sich eine breitere **Fichten-Mischwaldzone** an als sonst im nördlichen Harz.

Tierleben Die Wildkatze hat ihr Verbreitungsgebiet bis zum Fuß des Brockens an seinem Nordhang ausgedehnt. **Tannenhäher** und selten auch die **Alpenringdrossel** können im Nationalparkgelände beobachtet werden.

Tour 8

Von Torfhaus oder Oderbrück auf dem Goetheweg zum Brocken und zurück

Anfahrt
Bus Linien von Braunlage / bzw. Bad Harzburg, Station Torfhaus
PKW B 4 (Harz-Heide-Straße) bis Parkplatz Torfhaus
Wanderstrecke 7,5 km / 2,5 Stunden
Profil Gesamtsteigung ca. 340 m.
Mäßige Steigung bis Eckersprung. Nach kurzem steilen Anstieg auf neuem Parallelweg zur Bahn, sanftere Steigung bis Brockenstraße, danach bis Gipfel etwas steiler.
Orientierung → Tourenkarte S. 68/69
Wegemarkierung Goetheweg (roter Punkt) über Kaiserweg und Eckersprung zum Brocken
Rückweg: Dreieckiger Pfahl (grünes Dreieck) und Kaiserweg (blauer Querstrich) nach Oderbrück (Bushaltestelle) oder über den Goetheweg nach Torfhaus zurück
Rast Luisenklippe, Schutzhütte (Nähe Quitschenberg)
Einkehr Torfhaus, Brocken, Oderbrück

Die Wanderung beginnt am Torfhaus. An den letzten Häusern südlich **Torfhaus** biegt man in den **Ulmer Weg** ein, der leicht abwärts ins Tal führt. Südlich davon verläuft in gleicher Richtung der Abbegraben. Rückblickend sieht man die am Torfhaus stehenden Sendemasten.

Der **Goetheweg**, dem die Wanderung nun folgt, trifft auf den historischen Kaiserweg, einen frühzeitlichen Handelsweg über den Harz. Linkerhand erblickt man die Felsen der **Luisenklippe**. Von dort bis zum Eckersprung dauert es nochmals eine gute halbe Stunde. Schilder weisen auf das Hochmoor im Naturschutzgebiet hin (→ Pflanzenwelt). Südlich **Eckersprung** ist die Wasserscheide zwischen Weser und Elbe. Während die Bode in das Stromgebiet der Elbe entwässert, fließen Ecker, Oder und alle westlich des Kammes abgehenden Bäche in die Weser. An der ehemaligen Grenze sind noch Reste der Befestigungen zu sehen. Der alte Goetheweg ist ab Eckersprung nicht mehr begehbar. Das Moor hat ihn in Besitz genommen. Die Nationalparkverwaltung ließ einen neuen Weg zwischen Bahn und Wald anlegen, über den man in $3/4$ Stunde die **Brockenstraße**, auf ihr in weiteren 20 Min. die **Brockenkuppe** erreicht.

Der Rückweg verläuft bis zum Eckersprung, ab dort folgt man dem blauen Querbalken bis zum Dreieckigen Pfahl, von dort auf dem Kaiserweg bis Oderbrück. Beim Rückweg direkt nach Torfhaus wandert man auf dem Kaiserweg bis zum Goetheweg und geht am Abbegraben entlang bis zur B 4, von dort noch 400 m bis Torfhaus.

Nationalpark Hochharz

Blick zum Wurmberg

Kulturgeschichte Das Fundament der abgebauten Mauer bildet jetzt den Grund für einen um den Gipfel führenden Wanderweg. Gleich rechts steht ein Turm, der dem Funkverkehr von Partei und Staat diente, auf der anderen Seite befindet sich der Brockenbahnhof. Die Gleise der Brockenbahn ließen ein Befahren der Strecke nicht mehr zu. 1991 wurde der Oberbau überholt und zum Teil erneuert, und am 15. 9. 91 konnte die Eröffnungsfahrt nach 30jähriger Schließung stattfinden. Ab Juli 1992 wurde wieder ein fahrplanmäßiger Verkehr durchgeführt. Auf der Kuppe dominieren Fernsehturm und Sendemast. Große Kuppeln weisen auf die vergangenen militärischen Aufgaben hin, die der Brocken für die ehemalige DDR hatte. Eine der „Moscheen", so genannt wegen der Kuppeln, dient als neue Brockengaststätte, eine weitere beherbergt das **Brockenmuseum**, das, zunächst provisorisch, umfassend ausgebaut wird und den Besucher mit Geologie, Pflanzen- und Tierwelt und Geschichte des Brockens vertraut machen soll. In barackenähnlichen Gebäuden sind noch sowjetische Soldaten stationiert, die bis 1994 dort bleiben sollen. Ein früherer Abzug wird angestrebt. Bei klarer Sicht kann man vom Brocken eine Fläche von über 50 000 km^2 übersehen, ein Gebiet, das größer ist als das der Schweiz. Es umfaßt einen Umkreis von 260 km Durchmesser. Weserbergland und Thüringer Wald, die Wilhelmshöhe bei Kassel, der Kyffhäuser, das Völkerschlachtdenkmal bei Leipzig und die Türme des Magdeburger Doms sind zu sehen. Oft wird die Sicht aber durch Dunst oder Wolken erschwert, und nicht selten hüllen die Wolken als dicker Nebel den Brocken ein. Hinter dem Bahnhof befindet sich die Wetterwarte. Seit 1895 befindet sich eine **meteorologische Station** I. Ordnung in besonderen Gebäuden, aber schon seit 1836 wurden Wetterbeobachtungen durchgeführt. Der Wetterwarte benachbart ist der **Brockengarten**, 1890 durch Prof. Peter von der Universität Göttingen begründet. Er gilt als erster Alpenpflanzengarten der Welt. Nach zwei Kriegen war sein Bestand gefährdet. Besonders die Vernachlässigung der letzten fast 30 Jahre richtete Schäden an und ließ nur wenige der angepflanzten Arten am Leben. Der Botanische Garten der Universität Halle und die Nationalparkverwaltung sorgen für eine Neugestaltung und künftigen Zugang zum Brockengarten für Besucher. Die **Brockenmatten** benötigen besonderen Schutz und dürfen nicht betreten werden. Sie sind durch Handläufe abgegrenzt (→ Pflanzenwelt Durch den Nationalpark Hochharz zum Brocken)

Erdgeschichte → Erdgeschichte Durch den Nationalpark Hochharz zum Brocken

Pflanzenwelt Im Höhenbereich zwischen 700 und 800 m beginnt bereits das Gebiet des natürlichen Fichtenwaldes, der allerdings längst in Fichtenforsten umgewandelt wurde. In eingegatterten Flächen stehen Laubhölzer, vor allem Bergahorn, der im Bergfichtenwald zu den eingemischten Baumarten gehört. → Pflanzenwelt Teilgebiet Hochharz S. , Tour 10

Tierleben Ganze Nester abgestorbener Fichten zeugen von dem schädlichen Wirken des „Buchdruckers", eines kleinen Käfers, dessen Larven unter der Rinde ganze Labyrinte ausgefressener Spuren hinterlassen. Sie befallen vor allem die vom „Rauch" geschädigten, kränkelnden Bäume.

In einem Wasserloche in fast 1000 m Höhe sind Kaulquappen zu sehen. Sogar hier oben erfolgt eine Vermehrung des Grasfrosches. Weiter → Einführung Hochharz S. 56.

Tour 9

Vom Königskrug über den Achtermann zum Wurmberg

Anfahrt

Bus von Braunlage oder Bad Harzburg Haltestelle Königskrug
PKW von Braunlage, Bad Harzburg, Clausthal-Zellerfeld B 4/242
Wanderstrecke etwa 10 km / 3,5 Stunden (bis zum Wurmberggipfel); mit Rückkehr zu Fuß ca. 17 km
Profil von 758 m Königskrug auf 926 m Achtermann und 971 m Wurmberg, vielfach eben mit steileren Anstiegen unmittelbar am Gipfel
Orientierung → Tourenkarte S. 68/69
Wegemarkierung Roter Punkt im weißen Quadrat
Rast Im Freien, Schutzhütte Achtermann, Schutzhütte Bärenbrücke
Einkehr Wurmbergbaude

Die Wanderung führt auf gut hergerichteten Wegen durch ausgeräumten Fichtenhochwald und durch Bruchgebiete, ausnahmslos Naturschutzgebiet. Der Sommerweg ist im Winter nicht bzw. teilweise begehbar und wird ersetzt durch Langlaufloipen (Achtermannloipe, Rote-Bruch-Loipe, Wurmberg-Loipe).

Nördlich von Parkplatz und Gaststätte **Königskrug** verläßt man bei den **Skihütten** die B 4/242 und wandert auf dem **Moorweg** nach Norden (Rote-Bruch-Loipe). Nach etwa 800 m biegt der Weg nach rechts und umgeht östlich den Achtermanngipfel, doch führt eine schmalere und interessantere Strecke direkt weiter auf einer Schneise nach Norden. Beide Zuwege erreichen nach etwa zwei km durch Fichtenwald den 926 m hohen **Achtermann-Kopf**. Der durch Geländer gesicherte Abstieg erfolgt wie der Aufstieg über die **Kamelfichte**, ein arg abgenutztes

Nationalpark Hochharz

und mit Klammer befestigtes verkrümmtes Totholz, das an Reste früherer Ur-Bewaldung erinnert.

An der **Schutzhütte** nach rechts in östlicher Richtung entweder auf der Moorweg-Loipe oder auf schmalen Wanderwegen am Gehren zur **Großen Bode**, abwärts folgend bis zur Bärenbrücke. Beide Wege umgehen das Quellgebiet der Kleinen Bode, die an der Moosbrücke überquert wird, und betragen etwa drei Kilometer Länge durch Fichtenhochwald mit geringem Höhenunterschied.

Von der **Bärenbrücke** an der Großen Bode (724 m, Schutzhütte) nach Überquerung des Brockenwegs/Große Bodestraße geht es nun den **Wurmberg** hinauf entweder zum Steinbruch am Rodelhaus/Große Klippe – von da der Seilbahntrasse folgend – oder bei der ersten Kreuzung den Sögdingsweg nach links (Norden) und den Aufstieg von Westen her über die Stieglitzecke nehmend. In beiden Fällen (ebenfalls gute 3 km) ist der Aufstieg zum Schluß relativ steil.

Kulturgeschichte Der **Achtermann-Kopf** ist eine kahle Hornfelskuppe. Von hier hat man eine schöne Rundumsicht zum Brocken mit Schierke, zum Wurmberg mit Braunlage, zum Bruchberg, Acker, Stöberhai und anderen Harzgipfeln. Längst nicht so überlaufen wie der Brocken, gilt Kennern die Aussicht vom dritthöchsten Harzgipfel als schöner, weil abwechslungsreicher durch mehr Nähe. Unmittelbar an der Kuppe wird die strenge Fichteneintönigkeit – oftmals wipfeltrocken – aufgelockert durch angesamte Ebereschen.

Der **Wurmberg**, der mit 971 m zweithöchste Harzgipfel außerhalb des eigentlichen Brockenmassivs mit großem und kleinem Brocken, Königsberg, Heinrichshöhe, ist ein sich in nordwestlicher Richtung erstreckender Langgipfel, der vor allem zur Zeit der deutsch-deutschen Grenze als vorgeschobenster Aussichtspunkt attraktiv war. Deswegen trägt er auch einen NATO-Horchturm. Die ehemalige hölzerne Skisprungschanze ist zu einem Aussichtsturm mit Baude ausgebaut, die in der warmen Jahreszeit auch zahlreiche Plätze im Freien anbietet.

Wesentlich älter ist die auf dem Gipfel ausgegrabene vermutlich altsächsische Kultanlage mit der Hexentreppe – ein Steinkreis. Die bis auf den Gipfel hinaufreichende Fichtenbewaldung ist am Westhang schwer geschädigt und stellenweise völlig abgestorben.

Erdgeschichte → Einführung ins Teilgebiet S. 54

Pflanzenwelt und **Tierleben** → Tour 8

Tour 10

Von Elend über Schierke durch das Eckerloch zum Brocken

Anfahrt
Bahn Station Elend der Harzquerbahn
Bus Station Ortsmitte Elend, von Wernigerode oder Braunlage
PKW Bundesstraße B 4 und B 242
Wanderstrecke 11 km / 4 Stunden (bei Start in Schierke nur 8 km, eintourig) bei Start in Elend – Tageswanderung
Profil von 510 m Bahnhof Elend über 640 m Höhe Oberschierke bis auf 1142 m Brockenplateau
Orientierung → Tourenkarte S. 68/69
Wegemarkierung Grünes Kreuz auf weißem Grund; Wegschilder
Rast Im Freien – Borand Oberschierke (Ottoweg); Höhe Wasserwerk Schierke – später wegen Nationalpark Hochharz keine Freirast mehr!

Einkehr verschiedene ausgewiesene Möglichkeiten in der Ortslage Schierke, – auf dem Brockengipfel

Die Wanderroute folgt in ihrem Verlauf über die Hälfte der Strecke dem Flußbereich der **Kalten Bode** und ihrem Zulauf, dem Schwarzen Schluftwasser. Ihren Reiz gewinnt sie durch den Eintritt in das Blockhaldengebiet des Brockengranits, das mit zunehmender Höhe dominiert (steile Anstiege!). Der Besucher bewegt sich hier nahezu ausschließlich in jenem Bereich des Harzes, der zum **Nationalpark Hochharz** erklärt worden ist, sowie im **Naturschutzgebiet Elendstal**.

Ausgangspunkt ist **Elend** als Station der Harzquerbahn aus Richtung Wernigerode oder Nordhausen. Gegenüber der **Kirchwiese** beginnt der Forstfahrweg durch das **Elendstal** (Goethes „Gegend von Schierke und Elend" der Walpurgisnachtszene aus FAUST I). Nach der Unterquerung des Harzquerbahnviaduktes nimmt das schattige vegetationsreiche Tal zwischen **Barenberg** (696 m) und **Feuersteinhöhe** (etwa 630 m) den Wanderer auf. Vorbei an den spärlichen Resten der **Elendsburg** (→ Kulturgeschichte) auf einem Felsbuckel zur Rechten führt die Straße, auf halbem Wege über eine Steinbrücke nach links wechselnd, in gleichmäßiger Steigung in die Ortslage Unterschierke.

Dem langgestreckten Ort **Schierke** folgt man am günstigsten, indem man auf dem linken Bodeufer bis Ortsausgang Oberschierke bleibt und in Höhe „Hotel Brocken-Scheideck" auf die Brockenchaussee wechselt. Hier etwa 1 km bis zum **Wasserwerk**, wo von rechts das Schwarze Schluftwasser eintritt. Dem nunmehr stärker ansteigenden Waldweg links neben dem Bach folgt man, die Schlingen der Brockenchaussee schneidend, und gelangt nach Überschreiten der Brockenbahnstrecke in das **Eckerloch**, Schierkes Wassereinzugsgebiet (845 m). Der begrenzte und teilweise durch Bohlen befestigte Weg darf nun keinesfalls mehr verlassen werden; er führt in starker Abkürzung wieder auf die Brockenchaussee, der man, wiederum die Gleise überquerend, bis aufs **Gipfelplateau** folgen muß.

Erweiterungstour

Neben der bequemen Fahrstraße gibt es auf dem jeweils anderen Bodeufer einen niederschlagsbedingt feuchten Waldpfad, von dem aus in Höhe der Steinbrücke ein verwachsener Zickzackpfad zu den **Schnarcherklippen** auf dem Barenberg abzweigt (2 km Zusatzstrecke / 1 Std. Wegezeit). An der rechten Hangseite führt er an zwei versumpften und verlandeten früheren Fischteichen vorüber.

Kulturgeschichte Die Strecke führt zunächst auf einer **mittelalterlichen Harzstraße** zwischen **Burg Harzburg** und **Königshof Bodfeld**; diese **Elendsburg** als Wegeschutzburg (Klosteraußenposten) daselbst (Elend – ali lanti – außer Landes, d. h. außerhalb des Klosterbesitzes im Reichsbannforst). Später spielte die Straße eine Rolle bei der bergmännischen und forstwirtschaftlichen Erschließung des Brockengebietes (Eisengewinnung, Köhlerei, Glashütte, Viehhöfe, Steinhauerei).

Schierke – Im Schiriken – vielleicht von schirren, scharren, ins Geschirre gehen = bergmännische Suche. Erst Ausgang des 19. Jahrhunderts begann der Fremdenverkehr eine wesentliche Rolle zu spielen. Jetzt gibt es hier große Fremdenheime und Hotels, fast ausschließlich aus der Gründerzeit. Der Ort bemüht sich um ein Konzept für einen sanften, naturverträglichen Tourismus und Wintersport.

In **Elend** steht die kleinste Holzkirche auf der Kirchwiese. Der ursprüngliche Charakter des Elendstales inspirierte Goethe zu den Eingangsversen der Walpurgisnacht-

Nationalpark Hochharz

szene und zu manchen harzlokalen Bezügen im FAUST.

Der **Brockengipfel** erfuhr und erfährt mehrfache bauliche Veränderungen, nicht zuletzt durch den Abbau der Betonmauer und die Wiederbetreibung der **Brockenbahn**. Hier hat der Nationalpark-Schutzgedanke zur Erhaltung der subalpinen Matten unbedingten Vorrang. Zu Zeiten der DDR lag die gesamte Wegstrecke ausschließlich im Grenzsperrgebiet, ab Schierke fast in gesamter Länge für Urlauber- und Einwohnerverkehr gesperrt (Schutzstreifen).

Erdgeschichte Das Hochharzgebiet entstand als Pluton im Zuge der varistischen Faltung und trat im Verlaufe von Jahrmillionen durch Abtragung der Deckschichten bei wechselnden klimatischen Bedingungen zutage. Es wird bestimmt durch das Grundgestein **Granit** in unterschiedlichen Verwitterungsformen vom **Härtling** (Fels oder Klippe mit Wollsackstruktur – Matratzengranit) über **Blockhalden** bis zum **Bachgrus**. Eingeschlossen in Staumulden der Klippengebiete zahlreiche größere und kleinere **Hanghochmoore** – Trinkwasserspeicher und Quellgebiete, Refugien für

Im Elendstal

zahlreiche Pflanzen- und Tiergesellschaften und damit unschätzbar wertvoll.
Im oberen Elendstal erfolgt der Übergang vom Blankenburger Faltenzug (Grauwacke/Tonschiefer) in den Granitbereich.

Pflanzenwelt Reste von ehemals bewirtschafteten und gepflegten **Bergwiesen** in der Ortslage Elend (Kirchwiese), in Schierke (Schluftwiesen, Feuersteinwiesen), saure Sumpfwiesen im Uferbereich der Flüsse und Bäche, ansonsten zusammenhängende Waldbestände. Im Elendstal höchstgelegener **Buchenmischwald** mit Bergahorn, Esche, wenig Hainbuche – untermischt mit und übergehend in Fichtenbestände. Dabei bemerkenswerte Einzelexemplare (Talwächter-Fichte Elend). Im Fluß- und Uferbereich der Kalten Bode Pestwurzrasen, Alpenmilchlattich, sehr selten Türkenbundlilie.
Die **Fichtenbestände** zeigen an lichteren Stellen Unterwuchs von Blaubeermatten mit Besenheide, in den Freiflächen wachsen als Charakterpflanzen des Harzes Roter Fingerhut, Waldweidenröschen, Fuchskreuzkraut und Waldhimbeere. Der Unterwuchs geschlossener Hochwaldgebiete mit geringem Lichteinfall besteht überwiegend aus Drahtschmiele, teilweise schon bedrängt von Reitgras. An Farnen überwiegend Wurm-, auch Adlerfarn, diverse Moosarten – auf den **Hangmoorflächen** Torfmoose, Simsen, Binsen, scheidiges und schmalblättriges Wollgras, Krähenbeere, Preiselbeere, Rauschbeere, Rosmarienheide. Die Zwergbirke in ganz wenigen Exemplaren. Solche Flächen sind jedoch günstigstenfalls einzusehen, keineswegs zu betreten.
Hoch hinauf ziehen sich Birkenarten, Weidenarten und Ebereschen, die sogar die kurz unterhalb des Brockenplateaus liegende Waldgrenze mit ihren Krüppelfichten erreichen. Diese **natürliche Waldgrenze** ist eine geographische Besonderheit, bedingt durch klimatische Einflüsse – die Brockenkuppe als höchste Mittelgebirgserhebung seit der Küste ist in ihrem Klima Island vergleichbar. Besonderen Schutz erfahren die wenigen noch erhaltenen Exemplare **bodenständiger Fichten** (schlankwüchsig, dicht und kurz beastet, Äste hängend), als Zeugen der ursprünglichen Brockenbewaldung und als Gen-Potential wertvoll. Auf dem Gipfel interessieren neben zahlreichen boden- und steinbedeckenden Pflanzen der subalpinen Matten besonders die Brockenanemone – eine großblütige Kuhschellenart –, das Brocken- und das Alpenhabichtskraut, auch der Alpenmilchlattich kommt hier vor. Der Siebenstern gehört zu den florenbestimmenden Arten des Hochharzes.
Auf dem Brocken wurde bereits im vergangenen Jahrhundert ein Versuchsgarten für seltene Pflanzen angelegt, der z. T. erhalten ist und als botanischer Garten wieder auf- und ausgebaut wird. → Brockengarten S. 56.

Tierleben Die Bachtäler bieten andere Biotope als die Blockhalden- und Moorhänge und beherbergen demzufolge andere Tierarten. Im **Uferbereich der Kalten Bode** finden sich Feuersalamander, in ihren Kolken Wildfischarten, besonders die Bachforelle, sowie Larven und Kleinkrebse. Diese bilden auch die Nahrungsgrundlage für bachuferbewohnende **Singvögel**, wie die Wasseramsel, die Gebirgsstelze, den Zaunkönig. Den Eisvogel auf dem Durchzug. Ganzjährig Stockenten.
Im Gegensatz zu den Braunlager Waldgebieten kommt in dieser Gegend die Haubenmeise noch vor, auch die Schwanzmeise. An Spechten kleiner und großer Buntspecht, Schwarzspecht und Kleiber. Um Elend der Neuntöter und der Raubwürger, in höheren Lagen dann die Alpenringdrossel und verschiedene Pieperarten, die schon Hermann Löns interessierten. An Eulen Waldohreule, Waldkauz, Rauhfußkauz.

Nationalpark Hochharz

Blick ins Vorland

Der Tannenhäher brütet auch in den Hochlagen und turnt manchmal mit den flüggen Jungen zwischen Wald und Freiflächen herum. Der Steinschmätzer, sonst selten, zeigt sich in den Felsen. An **Wildarten** zieht sich zur Brunft das Rotwild in die höheren Lagen zurück, wo es in großer Dichte vorkommt. Schwarz- und Rehwild sind vorhanden. Das nach der Jahrhundertwende eingebürgerte **Muffelwild** hat sich vom Scharfenstein her und aus dem Elender Raum teilweise bereits in diese Gebiete vorgewagt – auf dem Gipfel wurden jahrelang einige Stücken beobachtet. Eingebürgert – unfreiwillig – wurde zugleich der **Waschbär**, der im Raum Schierke–Elend nachzuweisen ist. Auch beim **Auerwild und Haselhuhn** wurden Ausbürgerungsversuche vorgenommen. Dachs, Großwiesel, Mauswiesel, Stein- und Baummarder sowie der Fuchs sind in diesen Gegenden beheimatet, möglicherweise die überaus scheue europäische Wildkatze, sofern das Nahrungsangebot vorhanden ist.

Tour 11

Von Drei Annen Hohne auf dem Glashüttenweg zum Brocken

Ausgangspunkt Bhf. Drei Annen Hohne
Anfahrt
  Bahn Von Nordhausen bzw. Wernigerode mit der Harzquerbahn bis Bhf. Drei Annen Hohne
  Bus Wernigerode Busbhf. im Linienbus nach Schierke bis Hst. Bahnhof Drei Annen Hohne
  PKW Parkplätze unmittelbar nördlich Bhf. Drei Annen Hohne beidseits der abgehenden Str. nach Elbingerode
Wanderstrecke 11 km / 4 Stunden
Profil Drei Annen Hohne 544 m – Brockenbett ca. 900 m – Brocken 1142 m
Orientierung → Tourenkarte S. 68/69
Wegemarkierung grünes Kreuz

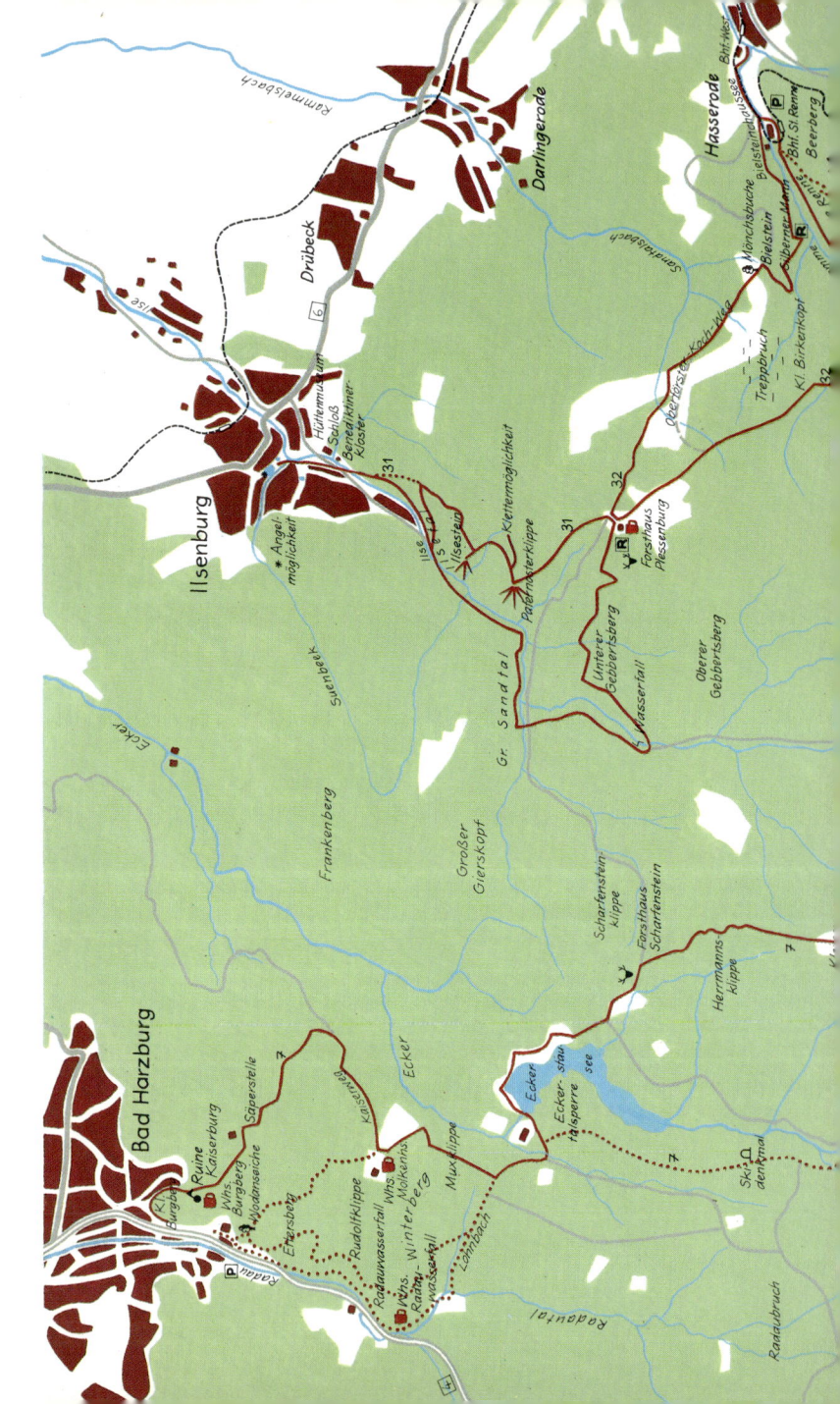

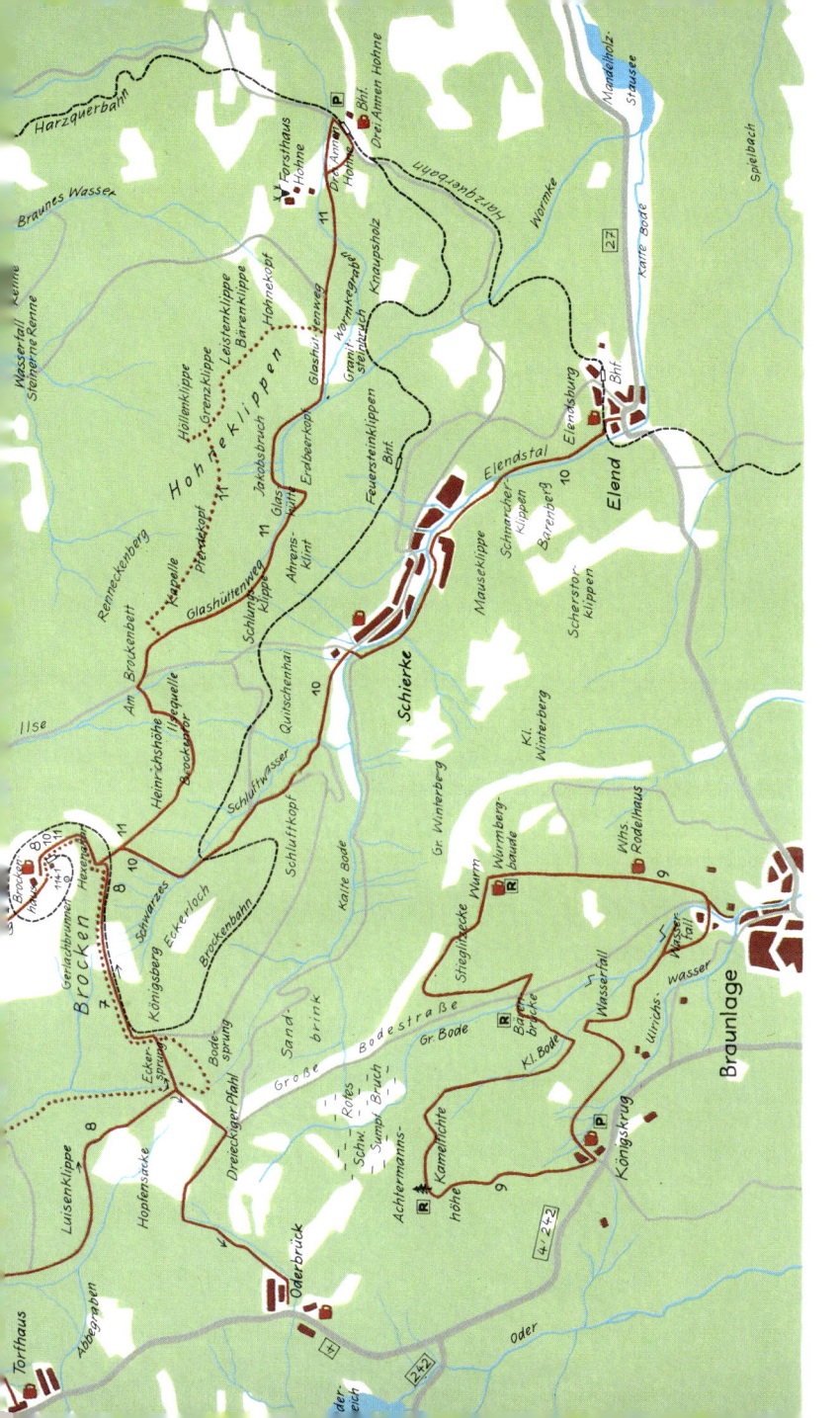

Rast Wormkegraben, Trudenstein, Jakobsbruch, Ahrensklint, Brockenbett
Einkehr Mitropa-Imbiß am Ausgangspunkt, Brocken-Café und -Restauration am Endpunkt der Wanderstrecke

Die Wanderung führt mit streckenweise mittleren Steigungen von der Unterharzhochfläche bei Drei Annen Hohne durch den als deutliche Erhebung weithin sichtbaren Ostteil des Granitmassivs und ist beliebt durch schöne Fernsichten beim Hohneaufstieg (Rückblicke), von den Klippen am Wegesrand (Trudenstein, Ahrensklint, Schlungsklippe, Kapellenklippe) und beim Brockenaufstieg.

Vom **Bhf. Drei Annen Hohne** führt die Wanderung am westlich gegenüberliegenden Waldhang bergauf zur Bergwiese mit Naturdenkmal-Eiche und weiter bis zur ansteigenden Straße Richtung Hohnekopf, die von der Straßenkreuzung am PKW-Parkplatz Drei Annen Hohne abzweigt. Nach ca. 1,5 km Wegstrecke oberhalb des überbrückten **Wormkegrabens** und der Granitgrusgrube kann man einen nach links abzweigenden Fußpfad durch dichten Fichtenbestand als Abkürzung gehen. Man gelangt auf den **Glashüttenweg** an seiner tiefsten Stelle. Auf diesem nach West weiterwandernd erreicht man nach 400 m Wegstrecke den **Trudenstein**, von dem man einen weiten Blick nach Ost und Süd genießt. Nach weiteren 750 m Glashüttenweg gelangt man ins **Wormketal** und geht in diesem bachaufwärts. Nach 600 m auf der nach links abzweigenden Straße im Wormketal bleibend, erreicht man die Bergwiese im **Jakobsbruch** mit alten Torfstichgräben und den Kellermauerresten der alten Schierker Glashütte, dem später jagdlich genutzten Jakobshaus. Nach sanftem Weganstieg ist der Glashüttenweg wieder erreicht. Die Wanderung wird in westlich bis nordwestlicher Richtung fortgesetzt, vorbei an **Ahrensklint** (Klint = Klippe) und **Schlungsklippe** linkerhand, **Kapellenklippe** und Brockenkinder rechterhand, bis zum **Brockenbett** (7 km Gesamtwegstrecke bis hier). Die Brockenstraße bis zu dessen Gipfel ist noch einmal 4 km lang.

Besondere Hinweise Anstrengender, aber auch erlebnisreicher ist der **Weg über die Hohneklippen**. Dazu zweigt man am Trudenstein etwa rechtwinklig vom Glashüttenweg ab und hat bergansteigend immer bessere Fernsichten in südliche Richtung (Markierung: roter Punkt). Auf der Höhe führt der Fußpfad vorbei an **Bärenklippe, Leistenklippe, Grenzklippe** bis zur **Höllenklippe** (Gipfelbuch). Von dieser geht man das letzte kurze Wegstück bis zur Granitschneise zurück und steigt auf dieser bergab zum **Renneckenbergweg** nach rechts (Markierung: blauer Querbalken). Die Wanderung führt auf dem oberen Renneckenberghangweg (Sietzweg) entlang, den man auf der bis zur Kammlinie durchgehenden Holzungsschneise über den Fußpfad „Höllenweg" stark ansteigend verläßt und auf den **Glashüttenweg** in Nähe des Brockenbetts trifft.

Kulturgeschichte „Dreiannen" ist der Name eines Bergwerks, das der Bergverwalter Schmidt aus Schierke 1770 an den Hasselköpfen auf Silbererze auffahren ließ, und von dem Graf Christian Friedrich 2 Kuxe (Bergwerksanteile) erwarb. Den Namen erhielt die Grube nach der am 24. 02. 1770 geborenen gräflichen Tochter und deren beiden Patinnen gleichen Namens (3 Annen). „Hohne" ist der Name des markanten und weithin sichtbaren klippenreichen Bergzuges am Ostende des Brockengranitmassivs, der schon 1251 erwähnt wird. Das Forsthaus Hohne ging aus einem Viehhof hervor; die Wiesen davor wurden als Pferdekoppeln genutzt. Bei der Benennung der Harzquerbahnhaltestelle vereinigte man beide Namen zu „Drei Annen Hohne".

Nationalpark Hochharz

Das nicht mehr existierende **Jakobshaus** auf der Bergwiese am Wormkebach, war früher ein Viehhof, an dem später der Bergrat Jakob Bierbrauer 1731 bis 1736 die erste Torfstecherei anlegte. Von 1789 bis 1842 betrieb hier die Familie Röhrig eine Glashütte, nach der der Wanderweg benannt wurde. Danach gestaltete man das Jakobshaus zu einem Fürstlichen Jagdhaus um, das im Winter als Skihütte genutzt wurde.

Erdgeschichte Der Festgesteinsuntergrund des Gebietes wird anfangs durch **Granite** in einer dichten Randausbildung, dann solche mit einzelnen gröberen Kristallen und kleinen Hohlräumen (ehemals Gasbläschen) und schließlich weitflächig normalen mittelkörnigen Graniten aufgebaut. Eine Ausnahme davon bildet das Gebiet des Erdbeerkopfes, in dem eine über km-große **Sedimentgesteinsscholle** aus dem Plutondach ausgebrochen ist und nun allseitig im Granit „schwimmt". Lediglich auf den ersten 0,9 km Wanderstrecke treten umgelagerte devonische Sedimentgesteine der Blankenburger Zone als Hüllgesteine des Plutons in kontaktmetamorpher Veränderung auf.

Pflanzenwelt Am Trudenstein und im Bereich des Hohnekopfes treten sehr vereinzelt alte krüppelige **Buchen** auf, die als Relikte der alten Buchenbestockung des Gebietes überleben konnten. Mit dem Einsetzen der Forstwirtschaft wurden monotone **Fichtenforste** geschaffen. Vor allem im Bereich südöstlich der Leistenklippe ist

Brockenenzian

nach Windschäden die natürliche Wiederbewaldung zu beobachten, die durch kräftige Ausbreitung von **Eberesche** und **Karpatenbirke** vonstatten geht. Durch zu hohen Wildbesatz in den Harzwäldern werden die Laubhölzer jedoch stark verbissen und vom Fortbestand weitestgehend ausgeschaltet. Eine Fichtenaufforstung der Kahlfläche hat bereits begonnen.

Tierleben → Durch den Nationalpark Hochharz zum Brocken S. 56.

Auf der Harzhochfläche

Auf der Harzhochfläche

Einführung

Angrenzend an das Brockenmassiv finden wir die ausgedehnte, nach Osten und Süden leicht abfallende wellig-ebene **Hochfläche des Unterharzes**. Sie reicht vom Benneckensteiner Raum des Großen Rappenberges, wo die Rappbode entspringt, über Sorge am Vorüberfluß der Warmen Bode nach Elend, schlägt einen Bogen bis Drei Annen Hohne, schließt Elbingerode ein und läuft am Nordrand des Harzes über Rübeland, Neuwerk, Hüttenrode über den bereits tiefen Bodeeinschnitt hinweg auf Allrode, Friedrichsbrunn, Mägdesprung, Alexisbad, Harzgerode zu, kehrt sodann in weitem Bogen über Auerberg, Breitenstein, Stiege, Hasselfelde, Trautenstein zurück. Wenige Höhen ragen hervor; nach allen Seiten fließen Wasser ab: Bode, Selke, Eine, Leine, Uhlenbach, Harzwipper, Thyra, Behre, sammeln sich, über Bode oder Helme-Unstrut, in der Saale . . .

Kulturgeschichte

Das ist das Gebiet der größeren freien Flächen, wo **Felder**, gefällte **Wälder**, **Siedlungsraum** hergaben: die Königshöfe Siptenfelde, Selkenfelde, Hasselfelde, Bodfeld. Wo die Klausstraße über fauchende Höhen hinführte (jetzt B 242), zuweilen gekreuzt von den Wechseln querüber: 'Houweg' von Nordhausen nach Wernigerode und Quedlinburg, 'Willianweg' von Sangerhausen (Erfurt) nach Aschersleben (Magdeburg). Das rauhe Raubland bei Rübeland, wo längs des Bodelaufes Wegelagererburgen standen: Susenburg, Birkenfeld, Schönburg, Trageburg, Treseburg und vielleicht noch ein paar mehr, an der Selke Güntersburg, Erichsburg, Heinrichsburg, Harzgerode, Anhalt, Falkenstein. Die **Besiedlung** begann durch Feuerschwendung auf dem östlichen Unterharz. Noch heute wird dort kärgliche **Landwirtschaft** betrieben: Hafer, Kartoffeln, Gerste, Roggen, gelegentlich sogar Mais. Geprägt ist das Gebiet durch **Bodenschätze:** Eisen bei Elbingerode, Stolberg (Stahlberg), Mägdesprung (das durch Kunstguß berühmt wurde), bei Straßberg Flußspat, bei Rübeland und Elbingerode Devonkalk. Silber bei Silberhütte. Neben den inselartigen Freiflächen gibt es ausgedehnte **Buchenmischwälder**, nach Westen auch **Fichtenforsten**. Eingeschlossen die landschaftsverändernden **Stauseen** des Rappbodetalsperrensystems.

Karg auch ist die **Kultur**; doch gibt es einige Blüten: auf der Burg Falkenstein, heißt es, schrieb **Eike von Repgow** den 'Sachsenspiegel' in deutsch (wie Luther die Bibel auf der Wartburg – eine durchaus vergleichbare Leistung!), in dem Dorf Molmerswende wurde der Balladen- und Münchhausendichter Gottfried August Bürger geboren. Elbingerode brachte Paul Ernst hervor. Aus Hasselfelde stammte der Gründer der Stadt Blumenau (nach ihm benannt) in Brasilien. Der Abwanderung und Veröden der Hochfläche versuchte Friedrich II. durch Ansiedlung von Kolonisten zu begegnen (Friedrichsbrunn, Friedrichshöhe). 1810 baute Fürst Alexis von Anhalt-Bernburg das nach ihm benannte Heilbad auf. Besonderer Touristenmagnet am Rande der Hochfläche war bereits im 18. Jahrhundert der Hüttenort Rübeland mit seinen **Tropfsteinhöhlen**.

Erdgeschichte

Hier werden folgende, in sich mehr oder weniger gut abgegrenzte Teilgebiete unterschieden (▸ Karte S. 17):

Blankenburger Faltenzone mit dem eingelagerten **Elbingeröder Komplex, Tanner Grauwackenzone, Südharzmulde, Selkemulde** und schließlich die **Harzgeröder Zone**.

Die **Blankenburger Zone** ist von Schiefern geprägt, die im Silur und Devon als maximal 500 m mächtige Schichtenfolge von sandigen Tonschiefern auf tiefen Meeresgrunde abgelagert, später gehoben und gefaltet wurden. Oft ist Diabas eingelagert, der als körniges Ergußgestein untermeerisch in die Schieferschichten eingedrungen ist.

Als **Elbingeröder Komplex** wird die inmitten der Blankenburger Zone gelegene „Kalksteininsel" von Elbingeröde–Rübeland bezeichnet. Hier kam es im mittleren Devon zu einem untermeerischen Vulkanismus, auf dessen Vulkanbergen und Lavazügen sich Korallen ansiedelten und einen Kalkgesteinskomplex von 500 m Mächtigkeit bildeten. Nach der Hebung und sehr viel späteren menschlichen Besiedlung wird der Kalk abgebaut und das Karstgebiet von den Touristen besucht.

Von den bisher entdeckten Karst- und Tropfsteinhöhlen sind die Baumanns- und Hermannshöhle zugängig und die größten Anziehungspunkte im Rübeländer Raum → Tour 14.

Die **Tanner Grauwackenzone** stellt eine Mulde dar, in der zuunterst Plattenschiefer, darüber eine Tonschiefer-Grauwacken-Wechsellagerung und schließlich Grauwacken lagern. Dieses Hauptgestein, eine 500 m mächtige, massive Grauwacke von blaugrauer Farbe kann man im Bodetal bei Sorge/Tanne und im Selketal bei Alexisbad/Mägdesprung sehen bzw. auf Tour 17 bis 19 erwandern.

In der Südharz- und Selkemulde treten ebenso wie in der Tanner Zone vorwiegend Grauwacken zutage, die in der Südharzmulde im Beretal oberhalb Netzkater und in der Selkemulde von Ballenstedt bis zur Burgruine Alter Falkenstein zu beobachten sind → Touren 19 und 20.

Die **Harzgeröder Zone** ist ähnlich der Blankenburger, aus Schiefer aufgebaut, die an der Oberfläche durch unterschiedliche Verwitterung dem Gelände oft eine wellige Morphologie geben. Das ist besonders gut bei einem Blick über die Fluren zwischen Straßberg–Neudorf und Hayn zu sehen.

Pflanzenwelt

Die Harzhochfläche gehört im wesentlichen zum submontanen Bereich des Gebirges. Bis in 800–900 m Höhe herrschte **Buchenwald** vor. Durch den **Bergbau** und vor allem das **Hüttenwesen** war schon in der ersten Bergbauperiode des Harzes im 12./13. Jahrhundert eine Verminderung der Buche feststellbar. Der Buchenwald rückte wieder vor bis im 15./16. Jahrhundert die zweite Blütezeit des Bergbaues begann. Die Buche ergab eine ausgezeichnete Hartholzkohle und wurde so stark genutzt, daß weite Teile des Harzes veröedeten. Es trat eine Verheidung und Verarmung der alten Waldstandorte ein. Die **Aufforstungen** im 18. und 19. Jahrhundert, die zur geschlossenen Wiederbewaldung führten, waren tatsächlich eine Kulturtat, wenn auch damit ehemalige Buchenstandorte in Fichtenforste umgewandelt wurden. Die Forstwirtschaft hat jetzt begonnen, wieder einen naturnäheren **Mischwald** aufzubauen, in dem die Buche stärkere Anteile erlangt.

Waldfreie Flächen waren zuerst um die Produktions- und Wohnstätten entstanden. Sie wurden landwirtschaftlich genutzt. Es entstanden Äcker, auf denen Getreide angebaut wurde, später auch Kartoffeln. Diese Landwirtschaft reichte nicht für die Ernährung der Berg- und Hüt-

Auf der Harzhochfläche

Im Wolfsbachtal

tenleute und deren Familien aus. In den Borgbau- und Hüttenorten befanden sich Kornlagerböden, wo Korn als Deputat und Teil der Entlohnung ausgegeben wurde. Wichtig war auch die Viehhaltung. Zu den Gewerken gehörten Gerechtsamen, die, durch die Waldweide, die Haltung von Kühen und Ziegen ermöglichten. Schweinemast erfolgte in Eichen- und Buchenwäldern durch die Nutzung von Eicheln und Bucheckern.

Die starke Waldnutzung brachte eine landwirtschaftliche und damit verbunden eine floristische Vielfalt mit sich. Pflanzen der offenen Landschaft drangen bis ins Gebirge ein, reich waren Strauch- und Staudenfluren ausgebildet. Mit der Ausbreitung der Fichtenforsten trat zwar eine Verarmung ein, aber die Acker- und Grünlandflächen bewahrten einen großen Teil der Pflanzen der offenen Landschaft. Höhere Niederschlagsmengen und geringere Sonnenscheindauer im Gebirge ermöglichen Gebüschpflanzen die Existenz in der offenen Wiese. In den 50er–60er Jahren erfolgte weitgehend die Beendigung der jahrhundertelang ausgeübten nebenberuflichen Landwirtschaft. Günstigere Lebensbedingungen benötigten nicht mehr die zusätzliche Arbeit nach Feierabend und an den Wochenenden. Äcker und Wiesen blieben liegen, es entwickelten sich **Hochstaudenfluren** und erste **Vorwaldbildungen**. Bei weiterem Fortschreiten würde sich in einigen Jahrzehnten wieder Wald bilden. Zur Existenz der Bewohner des Harzes gehört der Fremdenverkehr. Er beruht auf einer Landschaft, die eine „schöne" Natur bietet. Abwechslungsreiche Landschaftsbilder durch tiefe Wälder, Berge und Täler, weite Ausblicke und liebliche Wiesen wünscht sich der erholungssuchende Gast. Dies ist aber eine Kulturlandschaft. Der Nationalpark mit seinen urwüchsigen Wäldern, Mooren und Felsen zieht die Besucher an, es gehören aber auch die noch vorhandenen Wiesen und Freiflächen dazu, die sich um die Harzorte finden. Sie werden jetzt wieder gepflegt durch jährliche Mahd und dadurch in ihrer Schönheit erhalten.

Pflanzenwelt → vgl. auch Einführung S. 18

Tierleben

Genauso wie die Pflanzen sind auch Tiere von Veränderungen der Lebensbedingungen betroffen. Im Laubmischwald haben sehr viel mehr Arten Lebensmöglichkeiten als im monotonen Fichtenforst, wie er im Kernbereich der Harzhochfläche verbreitet ist. Den Buchfink kann man in allen Wäldern antreffen, und Kreuzschnäbel sind auf Samen von Nadelbäumen angewiesen. Tannen- und Haubenmeisen kommen vorwiegend in Fichtenbeständen vor, auch der Schwarzspecht liebt große, ruhige Nadelwälder, wenn er auch gern eingesprengte große Laubbäume annimmt. Die meisten **Vogelarten** bevorzugen aber vielschichtige Waldungen mit großen und kleinen Bäumen, reichem Strauchwuchs oder Waldränder. Manche sind Bodenbrüter und benötigen verwachsene und gut gedeckte Flächen. Als die Wiesen nicht gemäht wurden und viele Hochstauden aufwuchsen, waren die Lebensbedingungen für das Braunkehlchen günstig, das sich daraufhin stark vermehrte, überall zu sehen war, wie es von einer höheren Staude Ausschau hielt. Versumpfende Wiesen, in deren Nähe Gebüsche stehen, sind der Lebensraum des Sumpfrohrsängers, der sein Nest gern zwischen den Stengeln des Rohrglanzgrases befestigt. Durch Kühe beweidete Wiesen, feucht und versumpft, in Wald oder Gebüschnähe liebt die Bekassine, ein Schnepfenvogel, der beim Balzflug am Himmel ein meckerndes Geräusch ertönen läßt, das durch das Vibrieren der äußeren Schwanzfedern entsteht. Sie wird deshalb Himmelsziege genannt.

Das Klima der Hochfläche steht zwischen den Extremen der Hochlagen und dem kontinentalen, also trockeneren und wärmeren des Harzvorlandes. So ist auch ein Gefälle bei Tieren und Pflanzen vorhanden. Der Raubwürger, fast amselgroß, ein schmucker Vogel in grau-blau-weißem Federkleid, kommt fast nur im östlichen Bereich vor, während der Neuntöter, entgegen anderen Angaben, nicht selten in Fichtenschonungen der westlichen Harzhochfläche vorkommt.

In verwilderten Wiesen im Rübeländer Kalkgebiet wurden Rebhühner festgestellt und in dichten Wäldern der westlichen Hochfläche der Schwarzstorch. Das zeigt die Vielfalt der Tierwelt auf, die das anscheinend gleichförmige, in Wahrheit vielgegliederte Gebiet zwischen Hochharz und Mansfelder Hügelland aufweist.

Tour 12

Rundweg von Benneckenstein über Hohegeiß, das Wolfsbachtal, Zorge und das Bärenbachtal

Anfahrt → Tour 13

Wanderstrecke Gesamtstrecke 20 km/ 6,5 Stunden
Ab Haus des Gastes–Hohegeiß 4 km, Wolfsbachtal–Zorge 5 km, Zorge–Bärenbachtal–Freibad Hohegeiß 4,5 km, Benneckenstein über Bruchweg 4 km

Auf der Harzhochfläche

Profil Benneckenstein ab Schlagbaum mäßige Steigung bis Hohegeiß, Wolfsbachtal bis Zorge mäßiges Gefälle. Zorge–Bärenbachtal mäßiger, vor Schimmelbrücke kurzer steiler Abstieg, dann mäßig, Freibad–Hohegeiß etwas steiler, nach Benneckenstein mäßiger Abstieg

Orientierung → Tourenkarte S. 78

Wegemarkierung rotes Kreuz

Rast am Wegesrand möglich

Einkehr Hohegeiß, Zorge, Freibad Hohegeiß

Die Wanderung beginnt in Benneckenstein am **Haus des Gastes** in Ortsmitte und führt die Straße „Oberstadt" entlang Richtung Hohegeiß bis zum Kiosk „Zum Schlagbaum". Den nächsten Weg hinter dem Kiosk geht man halbrechts ab. Nach den letzten Häusern beginnt Fichtenwald, der infolge der Grenznähe nicht ordentlich gepflegt werden konnte. Auch die nach $1/2$ Stunde erreichte „**Rhumwiese**", eine ehemalige schöne Mähwiese, blieb viele Jahre ungenutzt und ist zum Teil verbuscht und verwildert.

Nach Überqueren des sogenannten **Kolonnenweges**, der den Grenztruppen als Verbindungsweg diente, wandert man auf einem schmalen Pfad durch Fichtenwald, bevor der ehemalige Grenzstreifen erreicht ist. Gleich dahinter liegen die ersten Häuser von **Hohegeiß**. Der Ort wird ein Stück nördlich durchwandert, dann biegt man links ab in Richtung Hotel Panoramic. Der Wanderweg zweigt ins **Wolfsbachtal** ab. Rechterhand am Hang erstrecken sich Bergwiesen. Der Wald geht in Laubmischwald über, vor der Wolfsbachmühle stehen riesige Fichten. Abwechslungsreich ist der Weg, wunderschöner Laubmischwald, Bergwiesen und herrliche Ausblicke über das Tal. Links biegt ein Weg ins Bärenbachtal ab, dem die Wanderung auf dem Rückweg folgt. Kurz vor **Zorge** trifft man auf die Straße und ist in 10 Minuten in dem schmucken Dorf.

Der Rückweg folgt zunächst wieder der Straße in Richtung Hohegeiß, man biegt 150 m nach Ortsende links ein und folgt dem Weg bis zur Abzweigung ins **Bärenbachtal** dem Wegzeichen liegendes rotes Kreuz. Das Tal ist weniger begangen und wirkt urwüchsig. Ein kurzer steiler Anstieg bringt den Wanderer zur **Schimmelbrücke**, über die die Straße Zorge–Hohegeiß führt. Nach Überqueren der Straße folgt man dem Bärenbach bei leichtem Anstieg und erreicht einen Wald mit riesigen Fichten, in dem aber Buchen- und Bergahorn-Verjüngung kräftig aufwächst. An 4 Teichen vorbei, einst Klärteiche, kommt man zum beheizten Freibad von Hohegeiß. Darüber befindet sich ein Campingplatz. Nach weiteren 500 m ist **Hohegeiß** erreicht. Durch den Ort gehend, vorbei an Kurgasthaus und Post, wird die B 4 verlassen und links zur Straße nach Benneckenstein eingebogen.

Nach Überschreiten der ehemaligen Grenze weisen Wegschilder nach rechts auf den Bruchweg, über den es durch Wald und Wiese in $3/4$ Stunde nach **Benneckenstein** und zum Ausgangspunkt zurück geht.

Erweiterungstour

Rückweg von Zorge durch Kunzental zum Jägerfleck 4,4 km – Benneckenstein 3 km

Kulturgeschichte Der am Weg liegende „Kunstgraben" entstand um 1700. Über ein 400 m langes Kunstgestänge trieb sein Wasser Pumpen und Förderanlagen der „Grube Elisabeth" im Gretchental. Noch besteht die Hütte in **Zorge**, die zusammen mit den in Voigtsfeld und Sorge zu den bedeutendsten eisenverarbeitenden Betrieben gehörte. So wurden Dampflokomotiven für die Blankenburg-Hüttenröder Erzstufenbahn hergestellt. An einem Felsen erinnert eine Tafel an den Bau der darauf abgebildeten Lokomotive in den Jahren

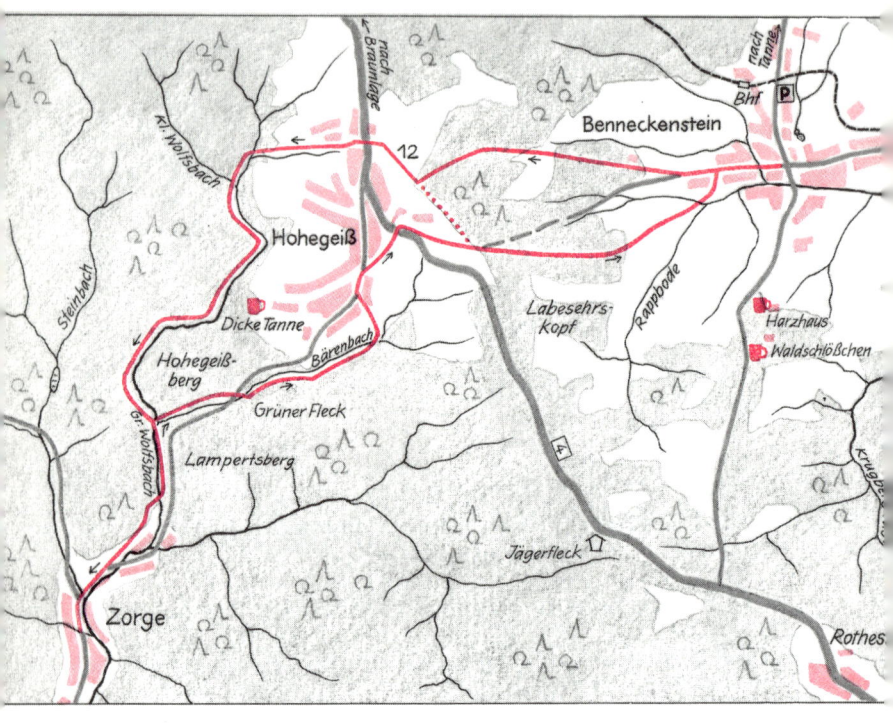

1841–1842. Heute ist das Werk in Unterzorge noch als Eisengießerei tätig. Bedeutungsvoll wie für die meisten Harzorte ist der Fremdenverkehr. Wunderschöne Täler münden ins Zorgetal.

Erdgeschichte Der Weg nach Hohegeiß verläuft aus dem Bereich **unterkarbonischer Schiefer** über den Zug devonischer **Tonschiefer** der Stieger Schichten auf den mächtigen **Diabasklotz**, auf dem Hohegeiß liegt. Die Diabasverwitterungsböden ermöglichten Ackerbau in über 600 m Höhe. Die jetzt brachliegenden Äcker bewachsen sich überwiegend mit Laubhölzern und würden ohne Störung wieder einen artenreichen Laubmischwald bilden. Im Wolfsbachtal erreicht man in Höhe der Schimmelbrücke wieder Stieger Schichten. An der Grenze zu Südharzgrauwacke folgt man dem Bärenbach und trifft vor Hohegeiß wieder auf den Diabas.

Pflanzenwelt Die Bachufer des Wolfsbachtales sind mit den Riesenblättern der **Roten Pestwurz** bedeckt, an den Hängen blühen im Frühjahr die zartlila Blüten der Mondviole, die im Winter mit talergroßen, silbernen Fruchtblättern raschelt und deswegen auch Silberblatt heißt.

Noch größer als die an der Wolfsbachmühle sind die bekannten „**Dicken Tannen**", die als die ältesten und größten Fichten des Harzes bezeichnet werden. Es dürfte sich um erste Aufforstungen der Fichte im Harz handeln. Ähnlich große Fichten gleichen Alters befinden sich im Bereich der Fichtenstufe im Brockenge-

Auf der Harzhochfläche

biet, während der Bestand im Wolfsbachtal in der Buchenstufe angesiedelt wurde, auf Diabasverwitterungsböden, die für Laubwaldgesellschaften mit hohen Ansprüchen geeignet sind. Etwa 60 Altfichten stehen noch, z. T. über 50 m hoch mit Durchmessern von mehr als 140 cm in Brusthöhe. Das entspricht einem Umfang von über 4 m. Ein solcher Stamm hat eine Masse bis zu 29 m³ Holz. Beachtenswert sind auch alte **Eschen**, **Rotbuchen** und **Bergahorne**, „Waldgestalten", die in eine Zeit zurückreichen als nur wenige Menschen weltabgeschieden Erze aus den Bergen holten und mit der Kraft des Wassers in den Hütten zu Eisen und Eisenerzeugnissen verarbeiteten. ‣ auch Tour 13.

Tierleben ‣ Tour 13

Tour 13

Rundweg von Benneckenstein über Sorge, Tanne und Giepenbach

Anfahrt

Bahn Station Benneckenstein der Harzquerbahn

Bus Linien von Wernigerode, Eisleben (Sa. und So. von Merseburg), Hohegeiß, von Nordhausen und Blankenburg über Hasselfelde

PKW B 4 – Abzweigung hinter Rothesütte oder ab Hohegeiß, B 242 ab Tanne oder Trautenstein nach Benneckenstein, B 81 ab Hasselfelde über Trautenstein, Kreisstraße von Wernigerode ü. Elbingerode–Tanne Parkplatz am Bahnhof, Bushaltestelle 150 m vom Bahnhof.

Wanderstrecke Gesamtstrecke 18 km / 6 Stunden

Benneckenstein

Benneckenstein–Sorge 4 km–Tanne 2,5 km–Lange 3 km–Giepenbach 2,5 km–Benneckenstein 6 km

Profil Benneckenstein–Sorge leichtes Gefälle, nach Tanne ohne Steigungen, Naturlehrpfad leichte Steigung–Giepenbach ebene Strecke, Rest leichte Steigung.

Orientierung → Tourenkarte

Wegemarkierung von Benneckenstein nach Sorge grünes Viereck, von Sorge nach Tanne keine Markierung, von Tanne nach Benneckenstein teilweise grünes Kreuz, dann auf „Lange" ohne Markierung

Rast Rastplatz am Naturlehrpfad und bei Grüntal

Einkehr in Benneckenstein, Tanne und Sorge

Die Wanderung beginnt am **Bahnhof** von **Benneckenstein**. Anfangs folgt man der Straße, die Bahngleise überschreitend, 150 m bis zu einer Abzweigung, an der eine Straße nach links abgeht (vor den Wohnblocks). Gleich der nächste Weg (200 m) rechts führt nach **Sorge**.

Am Ortsausgang Benneckensteins führt die Wanderung zu einer kleinen Höhe, dem **Sandbrink** (→ Kulturgeschichte).

Nach Erreichen der Höhe kommt erstmals das Brockenmassiv ins Blickfeld. Linkerhand stattlicher Hochwald, rechts Fichtenjungwuchs, führt der Weg in leichtem Gefälle abwärts. Nach einer Kurve münden von links der Weg von der Schützenwiese und ein kleines Bächlein ein, das die Waldstraße unterquert und nun begleitet.

Man folgt dem Talweg weiter und überschreitet den von links kommenden Steinbach. Nun steigt der Weg leicht an, überquert die Gleise der Harzquerbahn und führt zu dem kleinen ehemaligen Hüttenort **Sorge**. Einst nur im Tal liegend, hat sich der Ort nun bis auf den Sorger Berg ausgedehnt. Oberhalb der Häuser ist ein sehr schöner Ausblick auf das Brockenmassiv und das Tal der Warmen Bode. Man geht

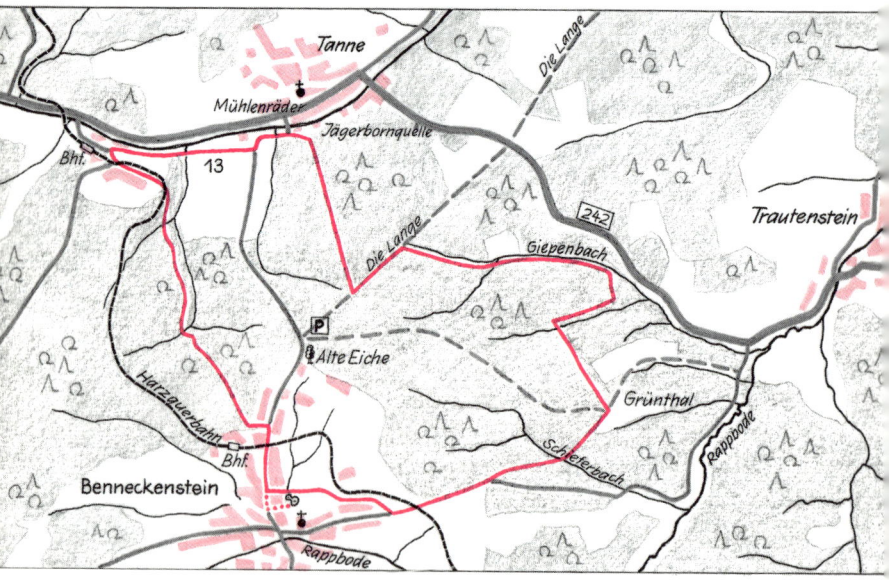

Auf der Harzhochfläche

bis zur Ortsmitte, biegt am Hotel Sorgenfrei rechts ein und wandert parallel zur **Warmen Bode**. Nach dem letzten Hause kommt von rechts wieder der Steinbach, der überquert wird. Danach führt der Weg in einer kurzen Steigung auf den Höhenweg oberhalb der Bode nach **Tanne**. Nach 1,5 km erreicht er die Straße und nach weiteren 300 m den Ortsrand. Will man durch das Dorf gehen, überquert man die Brücke. Empfehlenswert ist es, geradeaus weiterzugehen. Der Wanderweg steigt leicht empor, die Warme Bode zur Linken, bis das **Haus am Jägerborn** erreicht ist. Zwischen Brunnen und Haus führt ein **Naturlehrpfad** in den Wald, 500 m etwas steiler ansteigend.

Nach Erreichen der Höhe findet man den Wegweiser zu einem ehemaligen **Meiler** (→ Kulturgeschichte). Die Wanderung führt durch Fichtenhochwald bis zu einer **Waldstraße**, der sogenannten „Lange". (→ Kulturgeschichte) Man biegt links ab und folgt der Forststraße bis zu einem hinter Jungbuchen rechts abzweigenden Weg, der zum **Giepenbachtal** führt (→ Pflanzenwelt). Der Hochwald, durch den der Weg nun führt, reicht bis an die Giepenbach am Rande der Wiesen. Nach einer Rechtsbiegung zweigt ein Weg links ab, über eine Brücke zur Straße (B 242). Der über der Straße liegende Weg geht in $1/2$ Stunde nach **Trautenstein**, von dort ist Busverbindung nach Benneckenstein und Hasselfelde. Die Wanderung folgt aber dem geradeaus laufenden Weg in Richtung **Zeche Gertrud-Benneckenstein**.

An der Wegkreuzung, wo eine hohe Fichte mit Kandelaberarmen steht, biegt man links ab und erreicht in 10 Min. **Grüntal** mit einem Jagdhaus und einigen kleinen Gebäuden.

Hier stand bis 1945 eine braunschweigische Revierförsterei. Nach dem Jagdhaus zweigt eine Waldstraße rechts ab nach Benneckenstein, aber diese Tour geht erst am nächsten Weg nach rechts, zunächst aufwärts steigend, dann abwärts ins **Schiefertal**. Im Schieferbach, der überquert wird, schießen kleine Forellen durchs Wasser. Bald ist die Straße nach **Benneckenstein** und der Ort selbst erreicht.

Die Gleise der Harzquerbahn überqueren hier die Straße, dahinter gelangt man über eine parallel zur Bahn laufende Nebenstraße, und durch die ehemalige Feldflur schnell zu Bahnhof und Parkplatz.

Will man einen Eindruck des sauberen und aufstrebenden Städtchens gewinnen, geht man die Hauptstraße entlang und ist nach 15 Minuten, vorbei an der über hundertjährigen Kirche, in der Mitte des Ortes. Hier sind Einkehrmöglichkeiten, der gepflegte Kurpark bietet Bänke zur Rast. Vorbei am Gondelteich hat man nach $1/4$ Stunde ebenfalls den Bahnhof erreicht.

Kulturgeschichte Die Wanderung verläuft im Bereich von Siedlungen, die ihr Dasein dem Fund von Eisenerzen, deren Gewinnung und Verarbeitung verdanken. Eisenerzbergbau wurde bis 1850 in der „Enklave Benneckenstein" betrieben, einem preußischen Gebiet, das aus Benneckenstein und Sorge bestand, umschlossen von braunschweigischen Landesteilen. Buntmetalle baute man bis 1912 in der **Zeche „Gertrud"** bei Trautenstein ab. Im Tal der Warmen Bode befand sich die braunschweigische **Tanner Hütte**, bereits 1355 urkundlich genannt. Sie arbeitete bis 1965, erreichte also ein Alter von über 600 Jahren. Die Hütten von Sorge und dem bodeaufwärts gelegenen Voigtsfelde waren ungefähr gleichalt, wenn auch die urkundliche Erwähnung erst 1506 bzw. 1559 erfolgte. Bereits im 13. Jahrhundert wird von Ansiedlungen in diesem Bereich in Verbindung mit der Einrichtung von Hütten berichtet.

Der größere Ort **Benneckenstein**, seit 1741 mit Stadtrecht, liegt im Rappbodetal 530 m hoch, umgeben von Bergwiesen und Fichtenwäldern. Die Stadt hatte nicht

Finkenwettstreit

ausreichend Wasserkraft zur Verfügung, um eine Hütte betreiben zu können. In starkem Maße wurde aber Eisen verarbeitet. Neben Spindel- und Pfannenschmieden bestanden vor allem Nagelschmieden, bis in der zweiten Hälfte des 19. Jahrhunderts diese handwerklichen Betriebe der Konkurrenz der Industrie zum Opfer fielen. Die Herstellung von Holzwaren trat an die Stelle der Eisenverarbeitung. Um die Jahrhundertwende wurde der Fremdenverkehr zu einem wichtigen wirtschaftlichen Faktor. Von besonderer Bedeutung wurde die Harzquerbahn, 1896 eröffnet, die zu einem Aufblühen der angeschlossenen Harzorte führte.

Das letzte Haus Benneckensteins ist die alte Oberförsterei, heute Sitz des Revierförsters. Die Höhe hinter dem Forstamtsgebäude wurde mit kümmernden Buchen bepflanzt. Der **Sandbrink** ist 565 m hoch und besteht aus Kieselschiefer, der einen sehr armen Boden bildet.

Eng verbunden mit Natur und Landschaft sind im Harz bestimmte Feste. In Benneckenstein und Tanne wird alljährlich der **Finkenwettstreit** durchgeführt. Er dürfte zu den ältesten deutschen Volks- und Frühlingsfesten gehören. In Benneckenstein findet er jeden 2. Pfingstfeiertag statt. In aller Frühe ziehen die Finkenväter mit ihren Buchfinkenhähnen, die in einem mit einer weißen Serviette eingebundenen Käfig sitzen, hinaus zur Waldschneise am Waldschlößchen. Das Schönheitssingen ist die erste Konkurrenz, in der die Schläge der Finken nach ihrer Schönheit bewertet werden. Die Hauptkonkurrenz ist das Distanzsingen, bei dem die Anzahl der Schläge gezählt wird. Der Fink mit den meisten Schlägen in 30 Minuten ist Sieger.

Dieser Finkenwettstreit beruht darauf, daß der Finkenhahn sein Brutrevier durch seinen Gesang, den Finkenschlag, verteidigt. Die eingebundenen Finken sehen die Rivalen nicht, hören sie aber und versuchen sie durch ihren Gesang zu vertreiben.

Das Braten von Pfingstwürsten in der Glut abgebrannter Reisighaufen, Gesang und Tanz gehören zu diesem Fest, das alle Einwohner der betreffenden Orte feiern.

Zwischen Tanne und Benneckenstein kann man einen ehemaligen **Meiler** sehen. Ein halbmeterhoher Wall umgrenzt einen Kreis von ca. 8 m Durchmesser. Wenn man etwas kratzt, kommen noch Holzkohlestücken zum Vorschein. Hier wurde noch Buchenholz verkohlt. Nach dem Abtrieb des Buchenwaldes pflanzten die Forstleute vor 100 Jahren Fichten auf den Höhenrücken, der eine Wasserscheide zwischen Warmer und Rappbode bildet. Jetzt ist der Wald schlagreif und wird in Streifen abgeholzt und neu aufgeforstet.

Die „**Lange**" ist eine alte Verbindungsstraße, auf der Erz und Holzkohle zu den Hütten in Tanne und Rübeland transportiert wurde. Heute dient sie vorwiegend der Holzabfuhr, ist aber auch ein beliebter Wanderweg.

Erdgeschichte Benneckenstein liegt zwischen zwei **Kieselschieferzügen**, die südlich Steinklimp und Ziegenkopf, nördlich den Sandbrink bilden. Kieselschiefer bildet einen steinigen und sterilen, un-

Auf der Harzhochfläche

fruchtbaren Boden. Nach Sorge hin schließen sich zunächst devonisch-unterkarbonische Sedimente an, denen Tanner Grauwacke folgt. Auf dem Gegenhang über der Bode sind zwei Steinbrüche mit sehr schönen Aufschlüssen, westlich oberhalb des ehemaligen Bahnhofs mit Plattenschiefer, der östlich gelegene Bruch enthält Grauwacke. Auf dem Wege Tanne–Giepenbachtal überschreiten wir umgekehrt die gleiche Folge. Am Giepenbach überqueren wir **Diabaszüge** von obersilurischem, körnigem Diabas, welche die Grundlage des Bergbaues (Spateisenstein, Kupferkies, Bleiglanz, Zinkblende) waren, der hier bis 1912 betrieben wurde.

Pflanzenwelt Aus Lärchen und Fichten bestehen die Neuaufforstungen in der Umgebung des alten Meilers (→ Kulturgeschichte). In Zukunft wird aber der **Buche** wieder stärkere Bedeutung zugewiesen.
Im Giepenbachtal findet man **Mähwiesen**, die früher zur Heugewinnung genutzt wurden. In den vergangenen Jahren erfolgte eine unsachgemäße Beweidung, die zu Schäden führte. Die Standweide durch Jungrinder, die zu lange in einem Weidebereich belassen wurden, brachten Bodenverdichtungen und Vernässen der Flächen. Die vielfältige Flora der Mähwiesen ging stark zurück, es bildeten sich **Feucht- und Bruchwiesen** mit Binsen und Sauergräsern, die den Futterwert stark herabsetzten. Demzufolge sollten diese Wiesen dem Forst übergeben und aufgeforstet werden. Auf Initiative des zuständigen Försters regenerierten Naturschützer die Flächen. Es gelang durch Trockenlegung, Pflege und erneute Mahd die Wiesen in den alten Zustand zu versetzen. Knabenkräuter, Trollblumen, Margeriten und Glockenblumen blühen wieder, kleine Ginster und Arnika, die ganze Fülle der halbnatürlichen Mähwiesen findet sich wieder ein. Einige Kleingewässer wurden als Laichgewässer für Lurche geschaffen.

Tierleben An dem Teich in der Nähe von Tanne steht eine große vierstämmige Fichte, dahinter der Stumpf einer abgebrochenen Fichte. Er wird genutzt, das zeigen die Bruthöhlen, die sich im Stamm befinden. Das Gewässer wurde als Feuerschutzteich errrichtet, dient aber Grasfröschen, Kröten und Molchen als Laichplatz. Am Ufer haben sich Erlen angesiedelt, Rohrglanzgras und Mädesüß wuchern, Bachbungen-Ehrenpreis mit fleischigen Blättern blüht blau und gelb der Hornklee. Im Wasser glänzt hellgrün der Wasserstern, Laichkrautblätter schwimmen auf der Oberfläche. Schachtelhalm und Rohrkolben ragen aus dem Wasser und blaugrüne Libellen schweben darüber.

Erweiterungs- und Ergänzungstouren

a) In Sorge: Überschreiten der Brücke und der B 242, 50 m gehen in Richtung Tanne, Hangweg nach links führt zu den Steinbrüchen.
b) In Tanne: Es kann auch der Weg vor der Brücke nach rechts begangen werden, erster Teil des Naturlehrpfades, der auch zur Lange führt.
c) Giepenbachtal-Erweiterung der Tour nach Trautenstein (2,5 km) und der Trageburg über Rappbodevorsperre (4,5 km) insgesamt 7 km
d) Abkürzungen nach Benneckenstein
1. Zeche Gertrud nicht links abbiegen, sondern an Kandelaberfichte geradeaus (3 km)
2. In Grüntal ersten Weg direkt nach Benneckenstein (3 km)
e) Die „Lange" entlang gehen, bis linker Hand der Hochwald aufhört. Dort öffnet sich ein wundervoller Blick auf das Brockenmassiv. Zweimal rechts abbiegend kommt man zum Teich am Giepenbachweg zurück.

Tour 14

Von Königshütte über Trogfurter Sperre nach Rübeland mit den Tropfsteinhöhlen

Anfahrt
Bahn Endstation der Strecke Blankenburg–Königshütte
Bus Linien von Wernigerode bzw. Benneckenstein, von Blankenburg über Elbingerode
PKW B 27 von Braunlage bzw. Blankenburg, B 4 über Benneckenstein oder Sorge, B 242 von Halle bzw. Seesen über Tanne, Straße von Wernigerode über Elbingerode, Parkplatz am Ortsende Richtung Tanne
Wanderstrecke 8 km / 3 Stunden
Profil Geringe Steigungen, auf dem Gesamtweg leichtes Gefälle
Orientierung → Tourenkarte S. 87
Rast An der Sperrmauer der Bode und anderen Orten
Einkehr Königshütte und Rübeland

Königshütte, am Zusammenfluß der Kalten und Warmen Bode gelegen, kann als Ausgangspunkt für reizvolle Wanderungen genutzt werden. Oberhalb des Bodetals steht auf der rechten Seite die Ruine der Königsburg, erbaut im 14. Jahrhundert von Bischof Albrecht I. von Hildesheim. Es sind nur noch Reste eines Turmes vorhanden. Von der Höhe aus hat man einen sehr schönen Blick auf das Bodetal und den Ort Königshütte. Von der **Bushaltestelle** führt eine Weg über die Brücke, vorbei am Gemeindeamt, durch den **Ortsteil Königshof** (→ Kulturgeschichte). Das Tal biegt nach Osten ab, die Kalte und die Warme Bode vereinigen sich am Ortsende. Kurz hinter dem Zusammenfluß erreicht man das Staubecken der **Trogfurter Talsperre**.

Der Wanderweg verläuft am nördlichen Ufer zwischen Wasser und hohem Fichtenwald bis zur Sperrmauer, die überquert wird. Der Blick zurück auf den Stausee und das Oberharzmassiv mit dem Wurmberg ist lohnend, besonders von der Höhe, die allerdings nur durch eine Kletterpartie zu erreichen ist.

Auf der Gegenseite des Bodetales lag die Susenburg, heute nur noch wenige Reste, in einer weiten Schlinge der Bode, die der Weg aber abschneidet. Über den **Hahnenkopf** wird wieder das **Bodetal** erreicht.

Bevor man nach Rübeland kommt, werden die Ortsteile Hahnenkopf und Susenburg durchwandert, vorbei am Hauptwerk der Harzkalkwerke.

Das Bodetal ist bei Rübeland tief eingeschnitten. Nackte weiße Felsen aus Kalkstein bilden einen schönen Kontrast zum Grün der bewachsenen Hänge. Die Umgebung von Rübeland ist reizvoll. In **Rübeland** selbst gibt es zwei **Tropfsteinhöhlen**, die einen Besuch lohnen.

Die Rückfahrt nach Königshütte ist mit dem Bus über Elbingerode (umsteigen nach Königshütte) oder mit Bahnlinie 719 nach Königshütte möglich.

Kulturgeschichte Die Entwicklung der Harzorte ist eng verbunden mit der Geologie. Die Gewinnung und Verarbeitung von Eisen war Anlaß der Besiedlung. Von Schierke und Braunlage am Oberlauf bis nach Thale am Austritt der Bode aus dem Gebirge waren Eisenhütten entstanden. Bereits 1320 wird **Rübeland** erstmalig als Ort mit einer Hütte erwähnt. 1936 wurden die Orte Neuehütte, Rothehütte und Königshof zur Gemeinde Königshütte zusammengeschlossen. Die **Königsburg**, deren letzte Reste oberhalb des Bodezusammenflußes zu finden sind, war eine Schutzburg für diese alten Produktionsstät-

Die Bode bei Susenburg

Auf der Harzhochfläche

ten, genauso wie die bodeabwärts liegende Susenburg und die Burg Birkenfeld. Nordöstlich von Königshütte stand die **Pfalz Bodfeld**, eine der alten königlichen Jagdburgen, die aber auch den Schutz der ältesten Durchgangswege über den Harz gewährleisten sollten. In Bodfeld verstarb im Jahre 1056 Kaiser Heinrich III.

Die **Trogfurter Talsperre** ist nach der historischen Trogfurter Brücke benannt, die im Wasser versank. Über sie führte einer der ältesten, den Harz durchquerenden Wege, der Treck- oder Trogweg. Der Stausee wird als Überleitungssperre bezeichnet, da ein Teil des Wassers durch einen Stollen in die Rappbodetalsperre geleitet wird, die damit erst die notwendige Wassermenge für die 10 km lang und 110 Mio. m³ fassende Trinkwassersperre erhält.

Außer dem Eisen wurden die Kalkvorkommen genutzt. Bei **Königshütte** stehen noch die Reste eines alten Kalkbrennofens.

Seit Jahrzehnten wird am Hornberg bei Königshütte sowie bei Rübeland Kalk industriell abgebaut und verarbeitet. Für den Transport des Kalkes wurde die Bahnstrecke Blankenburg–Königshütte ausgebaut und elektrifiziert. Abraumhalden, Kalksteinbrüche und Brennöfen kennzeichnen die Bedeutung des Kalkabbaus, vor allem auch für die Beschäftigung vieler Menschen aus dem Elbingerode–Rübeländer Raum.

Die im Karstgebiet von **Rübeland** entstandenen **Höhlen** sind von jeher Anziehungspunkt für Harztouristen. Inzwischen wurden 11 Höhlen entdeckt, die folgenden 2 für Touristen geöffnet. Die Baumannshöhle wurde bereits im 16. Jahrhundert besucht. Die Hermannshöhle wurde 1866 durch einen Wegwärter entdeckt. Ihren Namen erhielt sie nach dem braunschweigischen Geheimen Kammerrat Hermann Grotrian, der als erster eine Untersuchung der Höhlen veranlaßte und auch selbst durchführte. An den Höhlenkassen kann man weiterführende Literatur über die Tropfsteinhöhlen erwerben.

Erdgeschichte Wie ein Keil ragen **devonische Gesteine** von Blankenburg bis Königshütte in den Harz hinein, am Bockberg, einem Diabas-Keratophyr-Klotz, steil zur Kalten Bode abfallend. Südwestlich schließt sich ein **Ausläufer der Massenkalke** ehemaliger Korallenbänke an. Dieser besonders reine und hochwertige Kalk ist die Grundlage für die bedeutende Kalkindustrie im Rübeländer und Elbingeröder Raum.

Ebenso wie auf dem Balkan haben die Gewässer der Bode, Schmelz- und Regenwasser, das Gestein zerklüftet, Schluchten, Dolinen und Höhlen geschaffen. Also hat auch der Harz sein **Karstgebiet**. Die so entstandenen und Besuchern zugänglich gemachten Höhlen sind interessant, und ihr Besuch ist lohnend. Weite unterirdische Räume, Stalagmiten und Stalaktiten, Sintervorhänge und andere bizarre Gebilde aus Kalkspat bilden eine zauberhafte Kulisse im Inneren des Berges.

Die basischen Böden im Kalkgebiet zeichnen sich durch eine außerordentlich reiche Flora aus. (→ Pflanzenwelt)

Abgebaut wurde auch im Ortsteil Neuwerk das besonders harte Gestein Diabas für den Straßenbau. In den Randbereichen des „Elbingeröder Komplexes" entstanden **Roteisenerze**, die Grundlage für die Eisenverarbeitung ab dem 14. Jahrhundert, die, mit Unterbrechung im 30jähr. Krieg, bis ins 18. Jahrhundert dauerte.

Pflanzenwelt Die im Wandergebiet anstehenden basischen Gesteine begründen eine außerordentlich reiche Flora. Pflanzen des Harzvorlandes dringen bis zum Zusammenfluß der Kalten und Warmen Bode vor. So wächst der im Harzvorland auf kalkhaltigen Böden verbreitete Wiesenstorchschnabel mitten im Harz bei Königshütte, und **Steppenpflanzen** wie Federgras und Wiesenkuhschelle blühen auf Bergwiesen, ein Zeichen, daß auch die

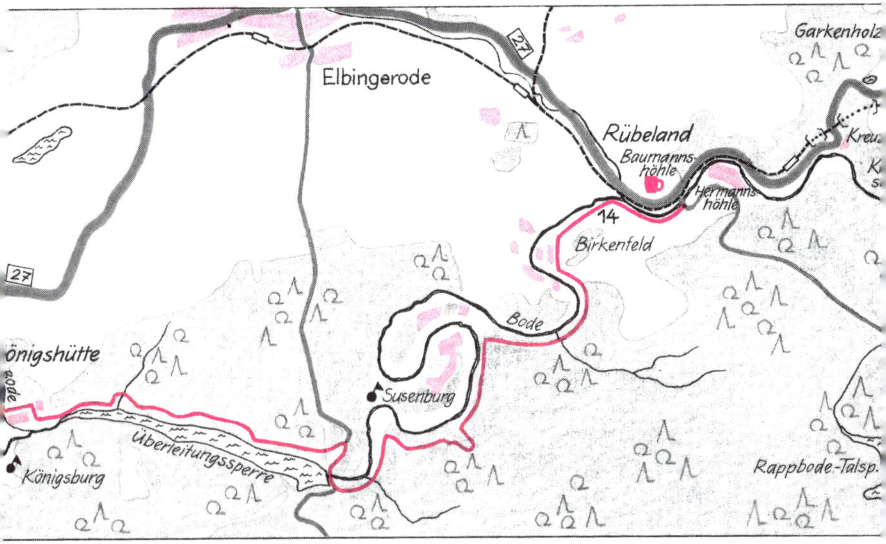

Auf der Harzhochfläche

lokalklimatischen Bedingungen in diesem Bereich günstiger sind. In den üppigen Sträuchern am Ufer und Waldrand leuchten besonders Wildrosen in verschiedenen Farben, dazwischen Stauden in Fülle, am schönsten im Blütenmonat Juni. Pfirsichblättrige und Knäuelglockenblume, Türkenbundlilie, Sonnenröschen, der gelbblühende großblütige Fingerhut, Goldruten, Königskerzen und vieles andere machen Wiesen und Ränder bunt und locken Schmetterlinge an. Selbst **Halbtrocken- und Trockenrasenpflanzen** finden sich ein, wie die Großblütige Braunelle, das Schopf-Kreuzblümchen und die Sichelmöhre.

In vielen Windungen fließt die Bode durch das Tal, das sich langsam verbreitert und Talwiesen Platz gibt, die noch eine reiche **Wiesenflora** tragen, im Frühjahr beginnend mit Trollblumen und Breitblättrigem Knabenkraut und im Herbst mit den rosa Blüten der Herbstzeitlose schließend. Während das Bodeufer durch Erlen beschattet wird, wuchert am Waldrand eine vielfältige Strauchschicht mit Hasel, Weißdorn, Schneeball, Heckenkirsche und anderen.

Tierleben Die Bode ist Lebensraum für **Forellen**, die blitzschnell unter Steine oder überhängende Gräser schießen, wenn der Schatten aufs Wasser fällt oder der Boden erschüttert wird.

Auf den floristisch reichen Wiesen ist die Artenzahl der **Schmetterlinge** ebenso groß. Kleiner Fuchs und Tagpfauenauge flattern von Blüte zu Blüte, vom Gelb des Zitro-

Waldeidechse

nenfalters bis zu den Bläulingen sind alle Farben zu entdecken.

Neben der im Harz verbreiteten Waldeidechse kann man sogar die wärmeliebende Zauneidechse beobachten. Besonders im Gebüsch ist die **Kleinvogelwelt** reich vertreten. Es singt und klingt zur Brutzeit aus allen Gehölzen. An der Bode knickst die Wasseramsel auf einem Stein, und die Bergbachstelze schwingt sich über das Wasser. Der Zaunkönig schlüpft singend durchs Gestrüch, Braunellen und Rotkehlchen, Grasmücken und Laubsänger sind hier zu Hause. Sogar der Raubwürger findet sich im Schlehengestrüpp ein. Über allem schwebt der Rote Milan und Bussarde ziehen ihre weiten Kreise.

Während das Reh gern in dieser reich strukturierten Landschaft lebt, tritt **Rotwild** nur zur Nachtzeit aus der sicheren Dickung.

Erweitungstouren

a) An der Bode entlang und durch das Kreuztal zum Blauen See (3 km), zurück über Garkenholz.
b) Von Rübeland mit dem Bus zur Rappbodetalsperre.

Tour 15

Von Stiege über Allrode nach Treseburg

Anfahrt

Bahn Station der Harzquer- und Selketalbahn
Bus von Hasselfelde oder von Eisleben
PKW B 242 aus Richtung Halle oder Seesen, B 81 bis Hasselfelde, auf B 242 nach Stiege

Wanderstrecke Allrode 7 km – Treseburg 5 km = gesamt 12 km = 4 Std. Die Strecke ist für Radfahrer nicht geeignet
Profil Geringe Steigungen bis Allrode, kurzer steiler Anstieg, danach mäßiger Abstieg bis Luppbodetal, geringes Gefälle bis Treseburg.
Orientierung → Tourenkarte S. 89
Rast Tiefenbachzufluß
Einkehr Allrode, Treseburg, Stiege

Die Wanderung beginnt in **Stiege** am **Burgstieg**. Dort geht man die Straße 50 m bergan und steht vor dem Schulteich, einer weiten Wasserfläche in einer Senke. Dieser Teich wird fischwirtschaftlich genutzt und ist gleichzeitig ein touristischer Anziehungspunkt. Die Wanderung führt weiter zum Oberen Teich, der südwestlich davon liegt. Vom Teich steigt der Weg über die Straße zum **Schloß** bis zur **Kirche**, die auch schon fast 300 Jahre alt ist. An einem Baum ist ein Wegweiser angebracht. In Richtung **Allrode** folgt man dem roten Quadrat, vorbei an der Kreuzwegbaude durch abwechslungsreichen Wald. Die Buche ist vorherrschend, aber immer wieder durchquert man monotonen Fichtenforst. Rechts des Weges steht eine mächtiger Bergahorn mit 2 m Umfang. Er gehört zusammen mit der Bergulme in den Laubmischwald.

300 m nach der Kreuzwegbaude biegt die **Waldstraße** nach links. Geradeaus führt ein Pfad, rechts steht eine Bank. An der Bank vorbei wandert man auf weichem Waldboden durch Fichten- und Buchenwald. Nach weiterem abwechslungsreichem Weg öffnet sich der Wald, am Rand stehen besonders stattliche Buchen. Vor dem Wanderer liegt eine weite Wiesenfläche. Mäßig abwärts führt der Weg, an einer Koppel vorbei, überquert den Mittelbach, die noch kleine Luppbode und kommt in das versumpfte Tal. Nach weiteren 10 Minuten ist **Allrode** erreicht.
Durch das Dorf folgt der Wanderweg zunächst der Straße nach Treseburg, die im Tal der **Luppbode** verläuft. Hinter den

letzten Häusern kommt man zum Sellebach, der von rechts ins Luppbodetal fließt. Die Wegemarkierung oranger Punkt führt zunächst mäßig steil durch Fichtenforst zur Höhe. **„Der Lange Grund"**, so heißt der Weg, ist wenig begangen und bringt einen in fast urwüchsige Landschaft. Das **Rabental** mündet im breiten Tal der Luppbode, der Weg überquert aber vorher, einem Schild folgend, den Rabenbach und führt rechts der Luppbode auf einem schmalen, von Auwaldsträuchern und Stauden umwachsenen Pfad entlang des Baches. Am Zufluß des Tiefenbaches lädt ein Rastplatz mit Bänken und Schutzdach zum Ausruhen ein. Nach 20 Minuten wird der Ortsrand von **Treseburg** erreicht. Eine breite Brücke überspannt die Bode, in die die Luppbode einfließt. Hier beginnt das Naturschutzgebiet Bodetal, das schon über 50 Jahre besteht und als eine der schönsten Landschaften des Harzes gilt. (→ Tour 38)

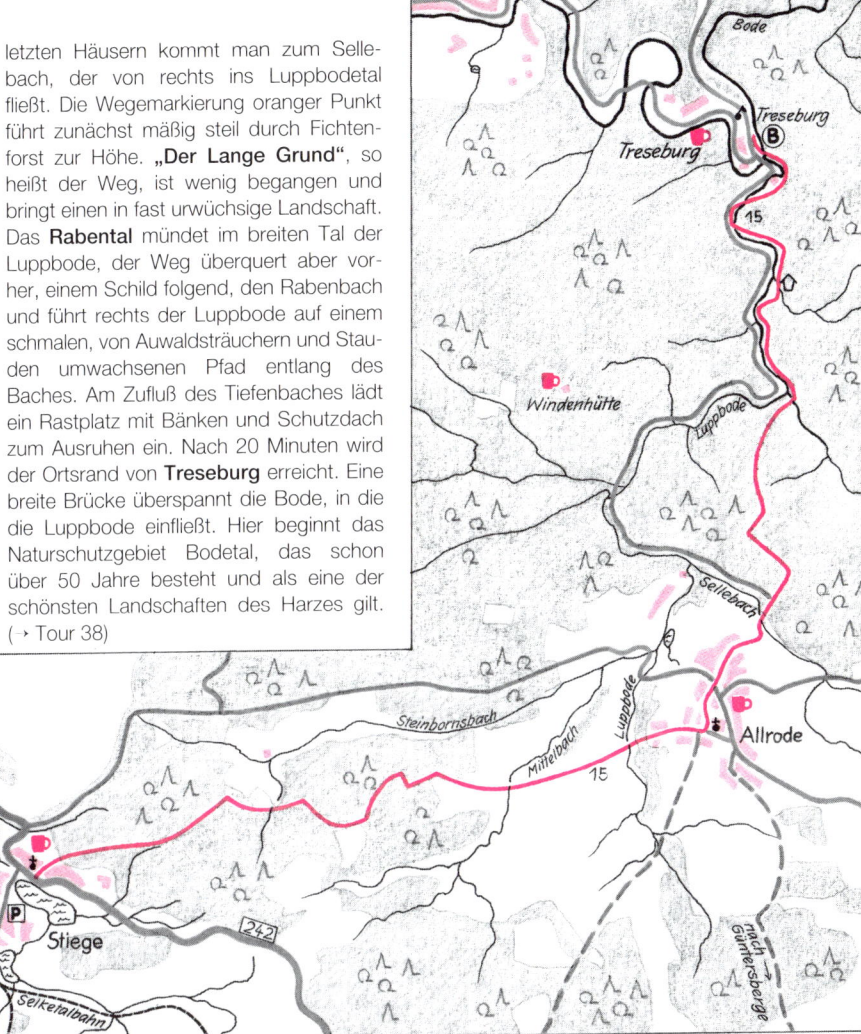

Kulturgeschichte Stiege (490 m) hat heute etwa 1450 Einwohner. Der kleine Harzort gehörte seit 1202 zur Grafschaft Reinstein, 1203 wird das Schloß erwähnt, ab 1594 war es fürstlicher Witwensitz. Stiege war einst Hauptort der **Harzkäsefabrikation**. Im 19. Jahrhundert existierten 16 Käsereien. Eine Spezialität war die Herstellung von Holzschaufeln und Back- und Schlachtemollen. In Richtung Hasselfelde liegen jenseits der B 242 der Campingplatz und die Jugendherberge der Gemeinde. Das Bruchgebiet südöstlich des Ortes wurde in Teiche umgewandelt, die Stiege einen ganz besonderen Reiz geben. Rudermöglichkeiten, Angeln und ein

Holzeinschlag auf der Harzhochfläche

Freibad sind attraktive Angebote. Am „Burgstieg", einem Platz mit gleichnamiger Gaststätte, steht eine gewaltige naturgeschützte Linde. Stiege liegt an der Wasserscheide von Bode und Selke. Die beiden Teiche werden von der Hassel gefüllt, einem wasserreichen Bach, der im Bruchgelände des Füllenbruches entspringt.

Auch **Allrode** war ein Herrschaftssitz, 961 zum Stift Quedlinburg gehörend, dann den Grafen von Regenstein. Köhlerei, Land- und Forstwirtschaft, Pferdezucht ernährte die Bevölkerung. Fremdenverkehr, Forstwirtschaft werden betrieben, viele der 740 Einwohner sind Pendler.

Treseburg hat 180 Einwohner und entstand als Bergbau- und Hüttenort. Heute ist der Fremdenverkehr einzige Einnahmequelle.

Erdgeschichte Stiege liegt in den nach dem Ort benannten **„Stieger Schichten"**, das sind devonische Tonschiefer und Tuffe mit div. Einlagerungen. Im Bereich der Bruch- und Teichgebiete und dem Hasseltal befinden sich junge fluviatile Ablagerungen. In östlicher Richtung treten wir ein in **unterkarbonische Mischformationen** (Olisthostrome u. verwandte Bildungen, resendimentiert im Unterkarbon). Hinter Allrode durchschreiten wir den **Tanner Grauwackenzug**, vor dem Tiefenbachtal **Wissenbacher Schiefer**, bis wir bei Treseburg wieder Mischformationen ähnlich wie bei Stiege antreffen.

Pflanzenwelt Viele Pflanzen sind im ganzen Harz verbreitet, aber immer wieder erlebt man sie in anderen Vergesellschaftungen. Hinter Stiege im **Laubmischwald** mit seinen vielen Baum- und Straucharten bilden an den Rändern und lichten Stellen **Wald- und Sumpfgräser** die Grundlage, das horstbildende Wald-Reitgras, der Riesenschwingel, die Honiggräser und viele Seggen. Dazwischen bunte Tupfen vom

Auf der Harzhochfläche

Wald-Ziest, dem Fuchs-Kreuzkraut, dem Großen Springkraut mit seinen „Posthornblüten". Auch das eingebürgerte Kleine Springkraut, aus Ostasien stammend, wächst da. Beim Berühren platzen die reifen Samenkapseln und schleudern die Samen weit von sich. Waldmeister bedeckt große, schattige Flächen und am Waldrand blüht das Waldweidenröschen. Interessant sind die Feucht- und Bruchgebiete in den **Talwiesen**. Meist bilden Rohrglanzgras und Mädesüß umfangreiche Hochstaudendickichte. Bleiche Kohlkratzdisteln und die gelbblühende Wasserschwertlilie stehen dazwischen, überragt von den Dolden der Wald-Engelwurz.

Tierleben Wildschweine und Rotwild sind im Wandergebiet heimisch. Am auffälligsten ist die **Vogelwelt**. Auf den Teichen tummeln sich zahlreiche Stockenten und halbdomestizierte Schwäne. Bleßrallen schwimmen kopfnickend am Röhrichtrand, der allerdings nicht aus Schilf besteht. Ab und zu kann man Haubentaucher sehen. Im Walde sind Spechte nicht selten, der Grünspecht, auch Grau- und Buntspechte. Die Ringeltaube brütet im Fichtenwald, aber der häufigste Vogel ist hier der Buchfink. Über den Wäldern kreisen Bussarde und über den Siedlungsinseln der Rote Milan. Stockenten sieht man auch auf der Bode. Von der Bodebrücke in Treseburg kann man im Wasser unterarmlange Bachforellen sehen. Urlauber werfen oft Brot hinunter und erfreuen sich an der eleganten Futteraufnahme der Fische.

Erweiterungstouren

a) im Bodetal aufwärts nach Altenbrak, 3,5 km
b) über das Dambachhaus, das Pfeildenkmal zum Hexentanzplatz, 6 km
c) über das Tiefenbachtal nach Friedrichsbrunn, 7 km

Tour 16

Rundwanderweg Harzgerode–Silberhütte–Alexisbad zu Altbergbauanlagen

Anfahrt
Bahn Selketalbahn bis Harzgerode
Bus Linienbusse von Quedlinburg–Gernrode und Ballenstedt nach Harzgerode
PKW B 242 (Harzhochstraße Halle–Seesen) und B 185 (Aschersleben–Ballenstedt–Harzgerode)

Wanderstrecke 15 km / 5 Stunden
Profil von 385 m (Bahnhof Harzgerode) Anstieg auf 435 m (Taternhöhe südlich Schacht Albertine), Abstieg auf 335 m (Silberhütte) und Talweg bis Niveau 300 m (Selkefälle), dann Aufstieg zum Ausgangspunkt
Orientierung → Tourenkarte S. 93 (zur Zeit keine Wanderkarte; empfehlenswert für das ganze Gebiet ist das Topographische Blatt M-32-23-A (Harzgerode) 1:50 000)
Wegemarkierung Harzgerode bis Silberhütte grüner Punkt, weiter blauer Punkt
Rast Teufelsteich, Fürstenteich, Silberhütte, Alexisbad, Selkefälle
Einkehr Silberhütte, Alexisbad

Harzgerode wird vom Markt durch die Baderpforte in der alten Stadtmauer nach Süd verlassen. An Bad und Gymnasium vorbei (grüner Punkt) geht es in Richtung Neudorf. Beim Erreichen der Anhöhe liegt rechts zwischen Haus/Garten- und Bungalow/Garten-Grundstücken die ehemalige **Grube Albertine**. Nach der Taternhöhe erfolgt der Abstieg ins obere **Teufelstal**. Hier auf den breiten Feldweg nach rechts abbiegen, der den Weg nach

Neudorf kreuzt, er führt zum **Teufelsteich**, quert die Straße Auerberg–Harzgerode und bleibt am Fürstenteich vorbeiführend weiter im Teufelstal bis **Silberhütte**.

Bergbauinteressierte wenden sich nach der Straßenkreuzung am Teufelsteich am linken Talhang aufwärts zur **Biwende** und erreichen an der oberen Hangkante den Ausstrich des Biwender Gangzuges mit Pingen, Lichtlöchern, Schächten und Halden. Am Biwender Schacht kreuzt der alte Grubenbahndamm Neudorf-Silberhütte den Weg und bei den Wohnhäusern des alten Fürst-Victor-Schachtes die **Landstraße Neudorf-Silberhütte**. Von hier wandert man zum Glan- und Kiesschacht weiter und steigt über Hohlwege der alten Erzabfuhr nach rechts zwischen Wolfsberg und Aschenkopf ins **Selketal** ab. Dieser Weg dauert nur eine halbe Stunde länger als der Teufelstalweg.

Weiter geht es durchs Selketal abwärts (blauer Punkt), vorbei am mit Maschendraht abgegrenzten pyrotechnischen Betrieb (ehemalige Pulverfabrik, die sich auch weit in das von Osten kommende enge **Pulverbachtal** erstreckt). Der Weg führt durch **Alexisbad** (→ Tour 18), vorbei an der **Klostermühle** im Bereich einer großen Flußwindung nach rechts bis zum **Karlsteich**, einem Stau der Selke, an dessen Auslauf sich der Selkefall befindet.

Für den **Rückweg nach Harzgerode** die Talstraße 100 m zurückgehen und am rechten Talhang fast geradlinig zur Harzhochfläche aufsteigen, dann nach rechts den Waldweg unmittelbar westlich der Wald-/Feldgrenze und zuletzt die Landstraße benutzen. Der reizvollere Klippenweg unterhalb der Hangkante ist nur wenig länger.

Kulturgeschichte Als Siedlung des Nienburger Tochterklosters Thankmarsfelde, das im Bereich der Klostermühle im Selketal den Stützpunkt Hagenrode unterhielt,

Am Selkefall

Auf der Harzhochfläche

wird „Hazacanroth" 964 erstmals urkundlich erwähnt und bekommt 993 durch Otto III. Markt-, Münz- und Zollrecht. Anhalter Fürsten der askanischen Linie errichteten im 13. Jahrhundert eine Burg zur Sicherung ihres territorialen Einflusses im schon mit einer Mauer befestigten Ort. 1338 bekam **Harzgerode** Stadtrecht. 1549 bis 52 baute Fürst Georg III. das Schloß über den Grundmauern der Burg.

Von eminenter Bedeutung für den Ort entwickelte sich der Bergbau, der im Zusammenhang mit dem Münzrecht bereits für das 10. Jahrhundert angenommen wird. Bis ins 15. Jahrhundert sind nur spärliche urkundliche Quellen vorhanden, die gelegentlich Hinweise auf Bergbau enthalten. Aus zahlreichen Urkunden des 16. und 17. Jahrhunderts geht eine rege Bergbautätigkeit in diesem Gebiet bis etwa 1610 hervor. Nach dem 30jährigen Krieg kam sie erst 1690 wieder stärker in Gang. Eine Blütezeit brach an, als 1742 der Bergbau in fürstliche Regie übernommen wurde. Nach der großräumigen Erschließung der Wasserkraft als Energiequelle für den Bergbau wurde 1829 erstmalig eine Dampfmaschine auf der Grube Albertine eingesetzt.

Nach 1800 schlossen eine Reihe kleinerer Bergbaubetriebe wegen Lagerstättenerschöpfung. Mitte 19. Jahrhundert erlitt der Bergbau aus sozialen Gründen Einschränkungen und wurde schließlich auf Grund sinkender Metallpreise vom Staat Anhalt 1872 privatisiert. 1902 war der Erzbergbau auf allen Gruben zum Erliegen gekommen. Lediglich der Bergbau auf Flußspat, der erst in der 2. Hälfte des 19. Jahrhunderts Bedeutung erlangte, erreichte mit Unterbrechungen das heutige Jahrzehnt, ist inzwischen auch eingestellt.

Die **Silberhütte** im Selketal wurde 1692 gegründet und produzierte bis 1909, zuletzt mit Importerzen. Die Eisenhütte Mägdesprung ging 1646 aus der einstigen „Mühle unter dem Schalksberge" hervor

und produzierte ab 1821/22 Eisenkunstguß. Nach Zerstörungen bei Kriegsende wurde Ofenbau zur Hauptproduktion entwickelt.

Erdgeschichte Das Selketal unterhalb Straßberg bis zum Bundesstraßenknotenpunkt B 242/B 185 und der südlich anschließende Hochflächenbereich bis weit über Harzgerode nach Osten hinaus ist Teil der sehr differenzierten und unterschiedlich aufgebauten **Harzgeröder Zone**. Östlich Harzgerode und westlich Neudorf liegen bekannte **Fossilfundpunkte** des Silur **(Graptolithenschiefer)**. Am Südhang des Schneckenberges befindet sich ein klassischer **Aufschluß im Herzynkalkstein**.

Mit Überschreitung der B 242 ändert sich der Talcharakter unvermittelt. Die Selke durchfließt ab dieser Stelle die Tanner Zone. Die Talhänge werden schroffer, und es bilden sich **Klippen** aus; das Tal wird wildromantisch. Viele schätzen diese gesamte Talwanderstrecke wegen des genannten Wechsels vom lieblichen Muldental zum offenen Kerbtal.

Analog den Verhältnissen im Oberharz ist es auch hier im Unterharz in Nähe des Rambergplutons zu einer Gangvererzung gekommen. Sie ist in einem 15 km breiten Streifen in Südsüdwestrichtung von Gernrode–Thale am Harznordrand bis Rottleberode verbreitet. Die hauptsächlichen Ablagerungen sind Feldspat, Flußspat, Kupferkies, Quarz und Kupfer-, Eisen- und Silbersulfide.

Pflanzenwelt und Tierleben → S. 74 ff

Tour 17

Von Alexisbad über die Victorshöhe und zurück

Anfahrt

Bahn Selketalbahn, Station Alexisbad
Bus Von Harzgerode, Gernrode, Ballenstedt, Günthersberge
PKW B 185 aus Richtung Ballenstedt und Gernrode
B 242 von Halle und Braunlage

Wanderstrecke Gesamtstrecke 18,5 km / 6 Stunden
bis Victorshöhe 7,5 km, Drahtzug (Station der Selketalbahn) 7 km, bis Mägdesprung 1,5 km und zurück bis Alexisbad 2,5 km

Profil Schwache bis mäßige Steigung, ebensolches Gefälle bis Drahtzug
Orientierung → Tourenkarte S. 96

Wegemarkierung Alexisbad bis Friedensbach orangefarbener Punkt, an Abzweigung Friedenstal grüner Punkt. Viktorshöhe–Bärendenkmal organgef. Punkt, ab Bärendenkmal bzw. Bremer Teich grüner waagerechter Strich.

Vom **Bahnhof** aus durchwandert man den Kurort Alexisbad in Richtung Ballenstedt. Am Ortsausgang befindet sich ein großer Parkplatz. Auf der anderen Straßenseite liegt die **Klostermühle**, die Ausgangspunkt unserer Wanderung ist. Nach dem Überqueren der Selke wandert man im Friedenstal leicht bergan.

Der mit grünem Punkt markierte Weg folgt dem **Friedensbach** nach links. Je höher es geht, desto trockener wird der Boden, während der Bachlauf noch versumpft ist. Rechts des Weges steht ein alter Wildapfel. Zum Mischwald gehörend wurden Wildäpfel als forstlich nicht nutzbar fast ausgerottet. Ein einzelner alter Bergahorn ragt am Talrand empor. In einer Fichtenschonung, an der man entlanggeht, überzieht Kolben-Bärlapp den Boden. Fichtenhochwald nimmt den Wanderer auf, nach leichter Steigerung ist der **Erichsburger Teich** erreicht, welcher der Wasserversorgung von Friedrichsbrunn dient.

In 10 Minuten ist man am **Dr.-Bergrat-Müller-Teich**, der ebenfalls der Wasserversorgung dient. An den Birkenköpfen vorbei steigt man im **Rambergmassiv** aufwärts. Im Fichtenwald, durch den der Weg nun führt, wächst mannshoch Adlerfarn, undurchdringliches Dickicht bildend. Mehr oder weniger große Granitblöcke weisen auf den Granituntergrund hin. Bald ist die 561 m hohe **Viktorshöhe** erreicht. Neben der Gaststätte führt ein Fußweg hinab bis zu einem Fahrweg, der nach rechts in Richtung Bremer Teich verlassen wird. Nach 200 m sieht man das **Bärendenkmal** mit der Aufschrift: „Der letzte Bär in den anhaltinischen Forsten wurde hier Ende des siebzehnten Jahrhunderts

Auf der Harzhochfläche

Dr.-Bergrat-Müller-Teich

erlegt". Einem Pfad mit orangefarbenem Punkt folgend, gelangt man ins Krebsbachtal oder nimmt den bequemeren Weg bis zum **Bremer Teich** (2 km) mit Freibad, Camping, Jugendherberge, von dort aus dem waagerechten grünen Strich folgend ins Krebsbachtal.

Der Krebsbachteich ist ein Fischgewässer. Das Tal schließt sich. Felsen sind mit Schwefelflechten bedeckt. Bei der Selketalstation Drahtzug hat man Selke und Straße (B 185) erreicht. Nach links sind es 1,5 km nach **Mägdesprung**, bis **Alexisbad**, nach rechts gehend und vorbei an den Selkefällen, sind es 2,5 km.

Kulturgeschichte Alexisbad liegt 325 m NN im Selketal und hat etwa 300 Einwohner. 1755 begann man ein Quellwasser zu nutzen, das, als Stahlbad bezeichnet, Eisen, Mangan, Chlor und Schwefel enthielt. Herzog Alexius von Anhalt-Bernburg ließ um 1810 Kurhäuser bauen. Nach ihm erhielt der Ort seinen Namen. Alexisbad ist völlig auf Fremdenverkehr eingestellt und hat weder Industrie noch Landwirtschaft. **Mägdesprung** (300 m NN) ist mit etwa 400 Einwohnern ein alter Hüttenort. Das Eisenhüttenwerk wurde 1646 erwähnt. Seit 1821 stellte es Kunstguß beachtlicher Qualität her. In den letzten Jahren wurden Herde, Gaskocher, Ofen- und Motorenteile produziert. Größte Bedeutung hat der Fremdenverkehr.

Der **Erichsburger Teich** erhielt seinen Namen nach der 1346 zerstörten Raubritterburg „Erichsburg". Die Viktorshöhe ist eine 561 m hohe Erhebung. Nur die Rambergshöhe erreicht mit 584 m eine größere Höhe. Auf der **Viktorshöhe** befand sich einst eine Försterei mit Wirtschaft und Nachtquartier. Heute steht ein Hotel mit Restaurant auf dem Berge den Wanderern und Urlaubsgästen zur Verfügung.

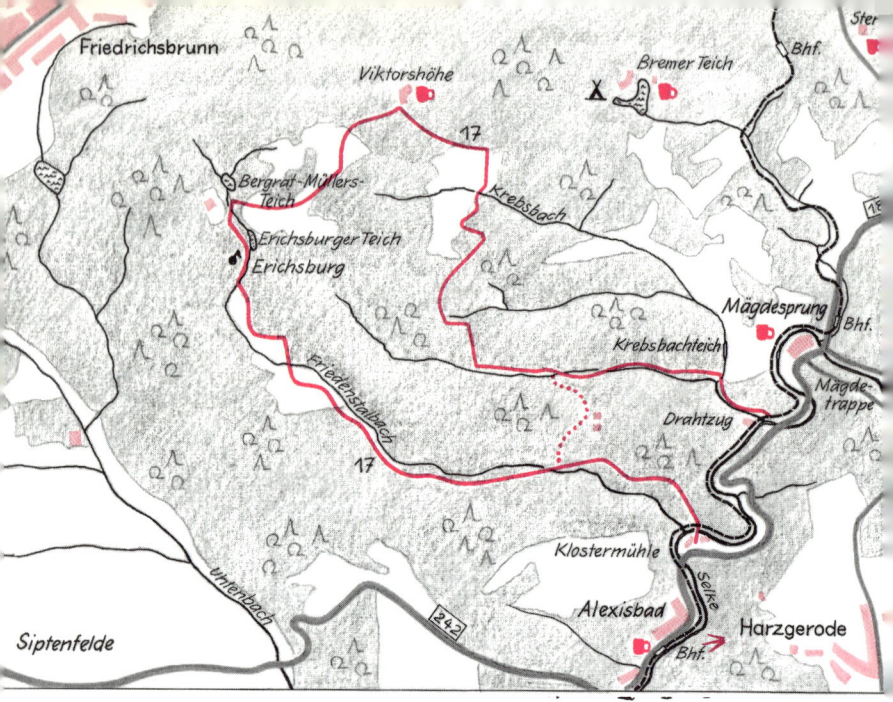

Erdgeschichte Vor Alexisbad erreicht die Selke den östlichen Teil des Tanner Grauwackenzuges, den sie in großen **Mäandern**, einige kleine Fälle bildend, durchfließt und bei Mägdesprung verläßt. Dem Friedensbach folgend überschreitet man im oberen Teil mittel- bis oberdevonische, Quarzit und Kalkstein führende **Tonschiefer**, bis der zweite **Granitpluton** des Harzes, der Ramberg erreicht ist. Der Rückweg verläuft in der gleichen Gesteinsfolge.

Pflanzenwelt Die kleinen Orte im Wandergebiet zeigen nicht solch große landwirtschaftlich geprägte freie Flächen. Der Wechsel von Laub- und Nadelwald weist auf die starke forstliche Beeinflussung hin. Die Bachtäler, einstmals Mähwiesen, sind kaum noch genutzt und dadurch versumpft, Rohrglanzgras und Mädesüß bilden Hochstaudenfluren, dazwischen Kohlkratzdisteln und Igelkolben. Perücken-flockenblumen mit stattlichen, zerfransten, purpurroten Blütenköpfen bringen Farbe hinein. Am Bachrand wachsen Erlen und Ohrweiden, am trockeneren Rand Birken. Die Strauchschicht ist reich ausgebildet mit Deutschem Geißblatt, Pfaffenhütchen, Hasel und Alpen-Johannisbeere. Christophskraut, Sumpf-Storchschnabel, das Echte Springkraut, Baldrian und andere wuchern. In den Teichen schwimmt Laichkraut, der Wasserhahnenfuß und Wasserknöterich blühen. (→ Pflanzenwelt Hochharzfläche)

Tierleben Zu Rot- und Rehwild tritt das aus Korsika stammende **Muffelwild**. Vom ältesten Aussetzungsgebiet hat es sich aus dem Ballenstedter Revier bis in den Bereich an der Selke ausgebreitet. Erfreulich ist, daß sich ein **Kolkrabenpaar** einge-

Buchenwald bei Burg Falkenstein

Auf der Harzhochfläche

funden hat. Oft kreist es über den Wäldern und läßt seinen fast glockenartigen Ruf ertönen. Sonst entspricht die Tierwelt der Vielfalt der Harzhochfläche. (→ Tierleben Harzhochfläche).

Tour 18

Von Mägdesprung durch das Selketal zur Burg Falkenstein

Anfahrt

Bahn Selketalbahn aus Richtung Gernrode oder Ilfeld–Hasselfelde bis Mägdesprung

PKW B 185 oder B 242 bis Mägdesprung oder bis zur Selkemühle und ab dort zu Fuß

Fahrrad ab Mägdesprung

Wanderstrecke Gesamtstrecke 15 km / 5 Stunden (bis Burg Falkenstein)
Mägdesprung–Selkemühle 5,5 km
Selkemühle–Jugendherberge und Gasthaus „Zum Falken" 7,5 km, von dort 2 km Fußweg zur Burg Falkenstein, 2 km bis zum Gartenhaus, dort ist eine Bushaltestelle

Profil Selkemühle (248 m), Gasthaus zum Falken (186 m) sanftes Gefälle, von dort mittelsteiler Anstieg zur Burg (340 m)

Orientierung → Tourenkarte S. 99

Wegemarkierung blauer Punkt

Rast Unterwegs möglich, keine ausgewiesenen Rastplätze

Einkehr Selkemühle, „Zum Falken". Gartenhaus

Die Wanderung beginnt in **Mägdesprung** und folgt der lediglich für Forstverkehr freigegebenen **Fahrstraße** durch das liebliche Selketal, ein breites Wiesental mit baumgesäumten Flußmäandern, flankiert von runden, teilweise steilen und felsigen Bergkuppen. Die Straße ist über weite Strecken als Kastanienallee angelegt, sie ist nur im unteren Bereich, wo die Berge enger heranrücken, zeitweilig etwas feucht. Ständig wechselnde Ansichten erfreuen den Wanderer.

Der **Anstieg zur Burg** durch den Katzenfallengrund (verwildert) oder über den Eselsstieg führt durch abwechslungsreichen Laubwald. Empfehlenswert im Frühling und Sommer, besonders aber im Herbst. Während der Wintermonate bleibt die Burg geschlossen (November bis Februar).

Die Strecke wird von mehreren Seitentälern mit Querwegen geschnitten, die jedoch hier nicht empfohlen werden, da die Strecke insgesamt sehr lang ist.

Zwischen Mägdesprung und Selkemühle gibt es 4 ehemalige Eisenhämmer, bei der Mühle dann auf dem Hausberg die Ruine der Burg Anhalt, der Stammburg des von den Askaniern (Albrecht der Bär) abstammenden Anhaltiner-Geschlechtes. 2 km abwärts die kaum auffindbaren Reste des Alten Falkensteins, gegenüber der Burg die Burgstelle Ackeburg.

Kulturgeschichte Über die zwar steilen, aber überwindbaren Höhen des östlichen Harzrandes führte bereits im frühen Mittelalter eine Verbindungsstraße zwischen Sangerhausen (Erfurt) und Aschersleben (Magdeburg); die Burgen entstanden als Reichsburg **(Alter Falkenstein)** oder Herrenburgen zur Kontrolle der Wege **(Anhalt, Burg Falkenstein)**, die wichtig waren als Heer- und Handelsstraßen und zum Transport der im Innern des Gebirges gebrochenen und verhütteten Erze.

Burg Anhalt verlor an Bedeutung mit der Verlagerung der Herrschaftsinteressen in den Raum der Nordmark und Mark Brandenburg. Sie verfiel im 15. Jahrhundert. Baugeschichtlich bedeutsam an ihr ist die erstmalige Verwendung von Backstein im Burgenbau durch niederländische Kolonisten (um 1180).

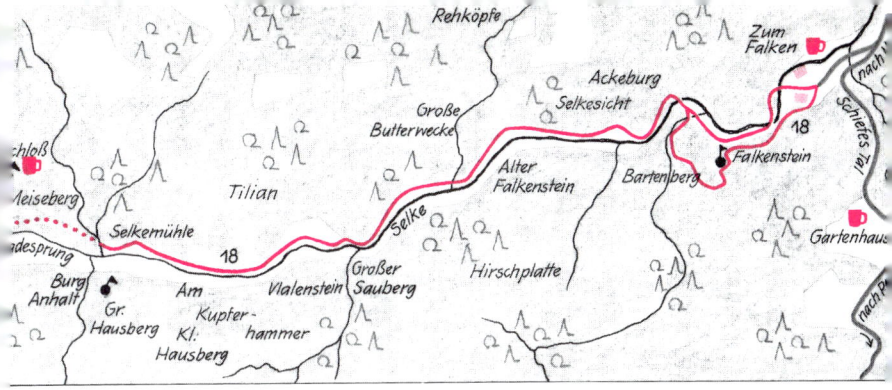

Burg Falkenstein wurde vermutlich um 1120 gegründet und ist die besterhaltene mittelalterliche Burg des Harzes. Dort schrieb im 13. Jahrhundert der Magdeburger Schöffe Eike von Repgow im Auftrag des Grafen Hoyer II. Teile der deutschsprachigen Fassung des **„Sachsenspiegel"**, des bedeutendsten mittelalterlichen Rechtsbuches. Ende des 16. Jahrhunderts wurde die Burg zum Wohnschloß umgebaut. Heute ist sie Museum (u. a. Jagdgeschichte). Auf der **Eckartsklippe** im Selketal soll der Dichter der Aufklärung Fr. G. Klopstock die ersten Gesänge seines „Messias" konzipiert haben. Heinrich Heine verglich das Tal der Selke mit denen der Bode und der Ilse. Auf der Burg Falkenstein verlobte sich Bismarck mit Johanna von Puttkammer. Es fanden mehrere „Kaiserjagden" statt. Mit der Begründung des Ortes **Alexisbad** im oberen Selketal und dem Bau der **Selketalbahn** (Schmalspurbahn) Ausgang des 19. Jahrhunderts erschloß sich die Gegend dem Fremdenverkehr.

Der Ort Mägdesprung war bekannt wegen seines hervorragenden Eisenkunstgusses (Beispiele daselbst).

Von den zahlreichen Sagen des Selketales ist die bekannteste die vom tidianischen Gold, die die Vorstellung von der ‚blauen Blume der Romantik' aufnimmt.

Das **Selketal** ist eine empfehlenswerte Wegstrecke für Wanderer, die Ruhe und Abgeschiedenheit suchen; die breiten Besucherströme des Harzes führen hier nicht entlang.

Erdgeschichte → Erdgeschichte Teilgebiet

Pflanzenwelt Der Reiz der Landschaft ergibt sich aus der Dreiheit Flußzone, Wiese, Laubbaum. Es findet sich überwiegend Rotbuchen- und Eichenwälder, untermischt mit Ahornen, Ulmen, Lärchen, Fichten, Hainbuchen, Wildobst, Eschen, mit reicher Kraut- und Strauchzone und belebten Buschrändern. An der Straße Roßkastanienallee, an den Bachrändern Roterle, Weiden, Fichte in prächtigen Einzelexemplaren. Auf den Wiesen Knabenkrautorchis, an sauren Stellen Mädesüß, in Quellbereichen Brunnenkresse.

Tierleben Spektakulär vor allem die gelungene Ansiedlung des korsikanischen Muffelwildes im oberen Selketal durch den Hamburger Grundstücksmakler Tesdorpf zwischen 1906 und 1911. Rotwild, Schwarzwild, Rehwild. Fuchs, Dachs und Wildkatze, Marder, Schläfer, Haselmaus. An den Bachrändern sind Wasseramsel und Stelzen heimisch, in den Wäldern Mäuse- und Wespenbussard, Uhu, Habicht, Sperber, Rotmilan und verschiedene Kleineulen. Neben mehreren Meisenarten kommt der Baumläufer vor, Laubsänger, Spechte.

Vom Mittelharz zum Südharz

Blick ins Dambachtal

Vom Mittel- zum Südharz

Einführung

Der langgestreckte südliche Harzrand erscheint als **wellige bewegte Zone** mit fließenden Übergängen zu Solling und Leinebergland, zum Eichsfeld hin, zu Kyffhäuser und Hainleite, als sollte die fehlende Aufrichtungszone durch einen Schluckauf kleiner Gebirge ausgeglichen werden. Parallel zur Kante fließen die Wasser ab: nach Westen und damit zu Aller und Weser die Leine mit ihren Zuflüssen Söse, Sieber, Oder – nach Osten in den Einzugsbereich der Elbe die Helme mit Wieda–Zorge–Behre, die Thyra, die Leinunger Leine. Fruchtbare Äcker, Obstkulturen, abwechslungsreiche bewaldete Kuppen, Industrie (Anhydritabbau) – das Gebiet des südlichen Zechsteingürtels.

Steinkirche bei Scharzfeld

Kulturgeschichte

Von alters her wurde die Gegend als Einstieg in das Gebirge gesehen: Die **Steinkirche** bei Scharzfeld und die **Einhornhöhle** boten an der warmen Südabdachung Rast- und Lagerplätze, als die Flüsse noch mächtig dahinströmten. Man fand Anzeichen früher Verhüttungsplätze für **Oberharzer Erze** bei Düna. In der flachen Randschneise drangen Franken und Sachsen gegen die Hermunduren vor, schlugen sie 531 an der Unstrut und errichteten ihre **Kastelle** auf: ‚-hausen' Frankenhausen, Sangerhausen, Wallhausen, Nordhausen. Seesen, Sachsa, Sachsenstein, Sachsengraben, Sachsenburg in der Hainleite, Sachswerfen. Der irische Mönch Winfried Bonifacius, Gründer u. a. des Klosters Fulda, fällte nach der Legende die Donareiche und höhlte mit einer Holzaxt die Steinkirche und brachte dergestalt das Christentum. Der Sachsenkönig Heinrich I. besuchte hier seine Königshöfe Gittelde und Pöhlde, hier zog er in die Pfalzen Nordhausen, Tilleda, Memleben. Flämische Kolonisten wandelten die Helmeniederung zur Goldenen Aue um. Von der Südkante führten Wege über den Harz: Osterode–Goslar, Nordhausen–Harzburg. Anfang des 12. Jahrhunderts wurde mit dem Einzug des Konvents von Altenkamp das **Zisterzienserkloster Walkenried** als Mutterzelle des Ordens in diesem Raum begründet. das im Bauernkrieg beschädigt wurde und verfiel. Ebenso zerstört wurde die **Burg Hohnstein** als Zentrum einer Territorialherrschaft. Wichtigste Stadt dies Abschnittes ist die nordthüringische, ehemalige freie Reichsstadt Nordhausen. Osterode, wo Riemenschneider geboren wurde, der Bildschnitzer. Scharzfeld. Die Residenz Herzberg mit dem anheimelnden Schloß. Bad Lauterberg, langgestreckt im Tal der Oder. Bad Sachsa. Ellrich, wo

Goeckingk lebte, Tiedge – Dichter der Aufklärung. Ilfeld mit der Klosterschule, an der der Humanist Neander wirkte. Das liebliche Neustadt. So gibt es für den Touristen viele Möglichkeiten, von Süden her das Gebirge zu gewinnen, und alle bieten irgendeine Besonderheit: Quellen, Ruinen, Bachtäler, Rolande. Den Riesenerdfall Jues-See bei Herzberg und die Jettenhöhle im Hainholz.

Erdgeschichte

In ihrer Hauptverbreitung an die Einsenkungen von Südharz- und Selkemulde gebunden, treten im Harz zwei größere **Rotliegendbecken** auf, von denen das **Ilfelder** Becken gegenüber dem **Meisdorfer** neben Sedimentgesteinen auch bedeutende Lavagesteinsmengen enthält.

Die Rotliegendbildungen setzen mit einem Basalkonglomerat ein, auf die stellenweise schluffig bis feinsandige Schiefertone mit **Steinkohlenflözen** folgen. Haldenmaterial des früheren Steinkohlentiefbaus führt oft interessante Pflanzenfossilien dieser Zeit. Über diesen Steinkohlen-führenden Sedimentgesteinen setzen rote Sandsteine und Konglomerate ein, die als typisch festländische Bildungen im trockenen, fast wüstenartigen Klima dieser geologischen Abteilung den Namen „Rotliegendes" gaben. Auf diese ältere Sedimentgesteinsserie folgte eine mittlere mit Eruptivgesteinen.

Die dann ins Oberrotliegende gehörenden Ellricher Schichten werden von einem Porphyrkonglomerat und dem Walkenrieder Sandstein gebildet und zur jüngeren Sedimentgesteinsserie zusammengefaßt.

Der **Auerberg**-Porphyr nordöstlich Stolberg stellt einen isolierten Eruptivgesteinskörper dar. Seine Umgebung wird aus Sedimentgesteinen der Harzgeröder Zone gebildet, die er um 100 m überragt.

Mit dem Ende der Rotliegendzeit endet die variszische Ära. Die Sedimentgesteine der **Zechsteinzeit** gehören schon zum Deckgebirge. Geologisch gesehen ist die geschlossene Verbreitungsgrenze des Zechsteins gegenüber den älteren Gesteinen gleichzeitig die Grenze des Harzes gegen sein Vorland. Das Gebiet der ausstreichenden Zechsteinschichten am Harzsüdrand ist eine ausgesprochen reizvolle Landschaft mit vielen spezifischen Eigenschaften, die ebenso wie die Aufrichtungszone am nördlichen Harzrand den Inhalt dieses Landschaftsführers mit interessanten Wanderrouten abrundet.

Durch die mehr oder weniger vollständige Einebnung des variszischen Gebirges am Ende der Rotliegendzeit (→ Abb. S. 16) konnte das aus nördlicher Richtung kommende Zechsteinmeer weit nach Süden vordringen. Selbst das Gebiet des Urharzes verschwand im Laufe des Zechsteins unter den Meeresspiegel und wurde wieder Sedimentationsgebiet.

Die Zechsteinablagerungen beginnen mit dem **Zechsteinkonglomerat**, über dem das **Kupferschieferflöz** folgt. Letzteres ist in seiner typischen Ausbildung nur etwa 0,2 bis maximal 1,2 m mächtig und ist das am besten untersuchte Schichtglied Mitteleuropas. Gleichzeitig dokumentiert es einen markanten erdgeschichtlichen Schnitt, mit dem das Tafeldeckgebirge beginnt, das über die alte Strukturen hinweggreift und weiträumig den Beginn mariner Verhältnisse anzeigt.

Die über dem Kupferschiefer lagernde Abfolge von **Kalksteinen**, Sulfatgesteinen (Anhydrit, Gips) und Salzgesteinen, die sich mehrmals wiederholt und jeweils durch Tonsteine voneinander abgegrenzt wird, enthält lösliche Gesteine. Die am leichtesten löslichen Chloridgesteine (Stein- oder Natriumsalz und Kalisalze) sind natürlich an der Erdoberfläche schon längst gelöst und vom Wasser fortgeführt worden; sie sind nur noch in der Tiefe vorhan-

Vom Mittel- zum Südharz

Die Zwergenhöhle bei Walkenried

den. Gegenwärtig kommt es an der Erdoberfläche aber noch laufend zum Lösen von Sulfat- und Karbongesteinen (Kalk- und Dolomitsteine). Dabei ist die Löslichkeit der Sulfate wesentlich größer als die der Karbonate, die in nennenswerten Mengen nur bei Anwesenheit von CO_2 im Wasser (Kohlensäure) vor sich geht. In der Regel wird Niederschlagswasser beim Durchsickern des Bodens durch die Atmung der Bodenorganismen mit Kohlensäure gesättigt. So wird das Fortschreiten der **Verkarstung** der Karbonat- und Sulfatgesteine heute im wesentlichen vom Vorhandensein des Wassers gesteuert. Die gewaltigen Wasserschüttungen von Rhume- und Salzaspring gehören zu diesen Karsterscheinungen der unterirdischen Entwässerung. Geradezu berühmt sind die **Höhlen** in der Rübeländer Karstlandschaft, die mit Tour 14 erwandert werden.

Pflanzenwelt

Die Ränder von Nord- und Südharz gleichen sich wenig. Während im Norden die Berge steil in das Vorland abfallen und die Flüsse von der Oker bis zur Bode sich tief eingeschnittene, felsenreiche Durchbruchstäler geschaffen haben, fällt das Gebirge nach Süden viel sanfter ab. Die Harzflüsse bahnten sich hier, mit Ausnahme der Behre, breite Talmündungen. Mehr als am Nordharzrand dominieren von der Buche beherrschte **Laubwälder**, in den unteren Lagen mit Eichen untermischt. Nur selten finden sich in den Tälern noch so großflächige Ufer- und Auenwälder wie unterhalb Bad Lauterberg an der Oder. Die Bachufer werden meist von **Grünland** und artenreichen **Staudenfluren** gesäumt. In ihnen genießen Straußfarn und **Gelber Eisenhut** besonderen Schutz.

Das von der Zechsteinformation geprägte Südharzvorland trägt ein viel unruhigeres

Relief als das Kreide-Vorland im Norden. Die dem Harzwanderer völlig ungewohnten Geländeformen der Karstlandschaft bewirken eine sehr charakteristische Pflanzen- und auch Tierwelt. Großräumig herrschen neben Äckern **Kalkbuchenwälder** verschiedenster Ausprägung, **Magerrasen** und Wiesen dort, wo Dolomit oder Gips ansteht. Sie werden durch Dolinen, Erdfälle, Klippen und Gipssteilwände unterbrochen. An solchen Stellen sind **Forst- und Landwirtschaft** nur sehr eingeschränkt möglich, so daß in ihnen wenig veränderte Reste ursprünglicher Natur erhalten blieben.

Bei Erdfällen bestimmt der Grundwasserstand die Vegetation. Sind sie tief und trocken, entwickelt sich **Schluchtwaldvegetation**. Bleibt ihr Grund dauerfeucht, kann es sogar zur **Moorbildung** kommen. Wechselnder Wasserstand läßt **Feuchtgebiete** entstehen.

In Gipssteilhängen verhindert das permanente Abrutschen eine Bewaldung. Statt dessen entwickeln sich lückige **Grasfluren**, die vom Blaugras geprägt werden, das sich seit der Eiszeit hier halten konnte.

An offenen, flachgründigen Hängen ließ Schafbeweidung blumenreiche Magerrasen und Streuobstwiesen entstehen.

Wälder konnten sich auf tiefgründigem Boden zu Hallenwäldern entwickeln mit reicher Frühlingsflora, darunter Frühlingsplatterbse und Bärlauch. Über flachgründigem Boden bleiben die Bäume niedrig, es können Orchideen-Buchenwälder entstehen. Dort, wo auf Karrenfeldern der nackte Gips ansteht, sind die oft wild durcheinander liegenden weißen Gipsblöcke teilweise von immergrünem Moosteppich überzogen. So ist es nicht verwunderlich, daß sich im Karstgebiet des Südharzes Restvorkommen seltener Pflanzen halten konnten. Zu ihnen zählen **Einfache Wiesenraute** und **Einknolle** auf Magerrasen, **Alpengänsekresse** und **Kriechendes Gipskraut** als Eiszeitrelikte und der **Hirschzungenfarn**.

Tierleben

Die durch Untergrund, Relief und Vegetation lebhaft gegliederte Südharzlandschaft hat eine recht reichhaltige Tierwelt aufzuweisen. Aus der Vielfalt können hier nur wenige Besonderheiten hervorgehoben werden, wobei das Spektrum von winzigen Käfern und Fliegen bis zu Hirsch und Wildschwein reicht.

Bemerkenswert ist der **Insektenreichtum** der Magerrasen mit zahlreichen Heuschrecken- und Schmetterlingsarten. Genannt werden muß hier aber auch die **Wildkatze**. In der deckungs- und mäusereichen Landschaft hält sich seit langem eine stabile Population der seltenen Tiere. Da sie nur des Nachts aktiv ist, bekommt man sie ebenso selten zu Gesicht wie **Dachs** und **Gartenschläfer**. Letzterer kommt vom Oberharz herab am ganzen Südharzrand vor. Er wurde ebenso an Fichtenwaldrändern wie auch in unterwuchsreichen Laubwäldern oder am Rand von Ortschaften gespürt. Der Dachs dagegen zeigt eine auffallend enge Bindung an den Gipskarst, dessen Spalten und Hohlräume er gern zur Anlage seiner Baue nutzt.

Die Kreuzotter ist im Südharz so gut wie ausgestorben, doch begegnet man Blindschleichen und **Bergeidechsen** gar nicht so selten. An Wasser gebunden ist die Ringelnatter, die bis über 550 m NN aufsteigt, während die seltene **Glattnatter** und **Zauneidechse** in ihrem Vorkommen auf wärmebegünstigte Lebensräume des Vorlandes beschränkt bleibt.

Reichhaltig ist die Amphibienfauna. Feuersalamander kann man bei Regenwetter in den meisten Bachtälern begegnen. Faden-, Berg-, Teich- und Kammolch kommen vor. Außer Erdkröte und Grasfrosch konnten Knoblauch-, Geburtshelfer- und Kreuzkröte nachgewiesen werden. Fast in jedem größeren Teich leben Wasserfrösche, und

Vom Mittel- zum Südharz

Blindschleiche

die seltene **Gelbbauchunke** wurde in Lonau entdeckt.

Häufig bietet sich die Gelegenheit, die erstaunlichen Segelflugkünste der an ihrem Gabelschwanz leicht erkennbaren **Rotmilane** zu beobachten. Manchmal sind auch **Wald- und Steinkauz** tagsüber zu sehen. Den **Uhu** dagegen, der seit einiger Zeit hier wieder in Felswänden nistet, wird man nur an seinem Ruf bemerken.

Tour 19

Von Benneckenstein über Sophienhof, Netzkater und den Poppenberg nach Ilfeld

Anfahrt

Bahn Harzquerbahn, Station Benneckenstein

Bus Von Wernigerode oder Eisleben (Sa. und So. von Merseburg, von Hohegeiß, von Nordhausen und Blankenburg über Hasselfelde

PKW B 4 Abzweig hinter Rothesütte oder ab Hohegeiß B 242 über Tanne, Parkplatz am Bahnhof oder Ortsmitte

Wanderstrecke Gesamtstrecke 19,5 km / 6,5 bis 7 Stunden

Benneckenstein–Sophienhof 7 km, Lindenhöhle–Netzkater 4,5 km, über Dreitälerblick zum Poppenberg 5 km, (über Hufhaus nach Poppenberg 5,5 km) Poppenberg–Ilfeld 3 km

Profil Ab Benneckenstein leichte Steigung, ebene Hochfläche bis Tiefenbachtal, kurzer, steiler Anstieg bis Hochfläche Sophienhof. Abstieg durch die Lindenhöhle bis 81, ab Netzkater nach Hufhaus mäßiger Anstieg, über Dreitäler-Blick etwas steiler, dann Serpentinen mit schmalem Pfad. Vom Dreitäler-Blick mäßiger Anstieg bis Poppenberg. Nach Ilfeld mäßiger Abstieg. Eisfelder Thalmühle–Sophienhof Steigung steil bis mäßig.

Orientierung → Tourenkarte S. 107

Wegemarkierung von Benneckenstein nach Sophienhof roter Punkt, von Sophienhof über Netzkater zum Poppenberg blaues Kreuz, vom Poppenberg nach Ilfeld gelbes Quadrat

Rast/Einkehr Sophienhof, Netzkater, Ilfeld

Die Wanderung beginnt in Benneckenstein am „Haus des Gastes" (Bushaltestelle) in der Ortsmitte, führt zum Teichdamm Richtung Kirche, zur kleinen Gasse halbrechts, vorbei an der „Alten Schule", die Straße „Unterstadt" entlang bis zur Brücke über die **Rappbode**. Hinter der Brücke biegt man links ab und folgt dem Weg mit Zeichen „Roter Punkt" zwischen Kläranlage und Rappode bis nach Überschreiten eines kleinen Baches ein Weg halbrechts auf die Höhe führt. Über den **Pfeiffernberg**, der im Sommerhalbjahr von prächtigen Wiesen bedeckt ist und im Winter als ausgezeichnetes Ski-Übungsgelände dient, führt der Pfad und überschreitet im nächsten Tälchen den **Gehrenbach**. Nach einem Kilometer Fichtenwald erreicht man das **Krugbergwasser**, das in zahlreichen Mäandern sein Wiesental durchfließt. Über eine Brücke aus Baumstämmen kommt man zum nächsten Waldrand und steigt auf zum **Stolborn**. Nachdem die Waldstraße überquert ist, sind bald die Gleise Harzquerbahn erreicht. Nun verläuft der Weg parallel zu **Bahn** und **Dammbach** vorbei am „Dreiherrenstein" unterhalb des Stierberges ins **Tiefenbachtal**. Ein steiler Anstieg führt zum Mittelberg. Dann geht es durch Buchenwald nach **Sophienhof**. Die Wanderung führt vom Sophienhöfer Teich, und dort links vorbei gelangt man über die Große Lindenhöhle auf einen mit blauem Kreuz markierten Weg, der bequem abwärts geht, bis die B 81 erreicht ist. Gegenüber führt eine Brücke über die Behre, die man überquert, ebenso die neben Straße und Bach verlaufenden Gleise der Harzquerbahn. Rechts einbiegend wird in einer halben Stunde **Netzkater** erreicht. Hinter dem „Rabensteiner Stollen" (→ Kulturgeschichte) beginnt der Aufstieg, der nach links zur Höhe führt, durch ein Naturschutzgebiet, das Wald und Wiesental einschließt. Wegzeichen sind liegendes, blaues Kreuz und grüner Punkt. Zunächst eine bequem begehbare Waldstraße, zweigt nach 500 m an einer scharfen Kurve ein halbmeterbreiter Pfad nach links ab. In mehreren Serpentinen steigt er an einem steinigen Hang durch Sträucher und niedriges Laubgehölz bis zum **Dreitälerblick**. Eine wundervolle Aussicht bietet sich. Durch Buchenwald und an einem Holzlagerplatz vorbei geht es zum **Poppenbergturm**.

Vom Poppenberg erreicht man den Flecken **Ilfeld**, und kann dann mit der Harzquerbahn zum Ausgangspunkt in **Benneckenstein** oder Eisfelder Thalmühle zurückfahren.

Kulturgeschichte Benneckenstein → Tour 13. Jenseits des Bahndammes der Harzquerbahn steht ein „**Dreiherrenstein**", der die einstmals hier zusammentreffenden Grenzen der Königreiche Preußen, Hannover und des Herzogtums Braunschweig bezeichnete.

Der **Netzkater**, ein ehemaliges Chausseehaus und spätere Gaststätte, ist auch Haltestelle der Harzquerbahn. Hundert Meter hinter dem Bahnhofsgebäude befindet sich das einzige Steinkohlen-Besucherbergwerk, der „**Rabensteiner Stollen**".

Der **Poppenbergturm** ist ein eiserner Aussichtsturm auf dem Poppenberg. Der Turm ist 33 m hoch mit 167 Stufen. Er wurde 1894 errichtet, ist neu renoviert und bietet einen herrlichen Ausblick über große Teile des Harzes bis zum Brocken, über das Vorland, die „Goldene Aue" bis zum Kyffhäuser.

Erdgeschichte → Einführung

Pflanzenwelt Bei Benneckenstein durchschreitet man zunächst landwirtschaftlich genutzte Flächen, die sich um alle Harzorte befinden. Ursprünglich wurde in Ortsnähe die Flur für den Ackerbau, meist Kartoffeln und anspruchslose Getreidearten, genutzt. Danach folgten Mähwiesen, die sich in Tallagen bis in den Wald erstreckten. Ackerbau wurde in höheren Lagen inzwischen aufgegeben. Auch das schöne Rote Harzvieh, die berühmte Harzkuh, ist fast verschwunden. Die Wiesen wurden nicht mehr genutzt und verwilderten. Zur Erhaltung der Landschaft und der Vielfalt der Pflanzen der **Bergwiesen** wird in verstärktem Maße wieder Wiesenpflege durch Mahd betrieben. Im Juni blühen unzählige Arten (→ Pflanzenwelt Südharz), dann folgen Sommerblüher wie Perückenflockenblume und Skabiosen, bis mit der Herbstzeitlose die Zeit der Blüte beendet ist. Den Wiesen schließen sich Fichtenforsten an, die anstelle des ehemaligen Buchenwaldes begründet wurden. Nach Durchschreiten des Tiefenbachtales erreicht man **Buchenwald**, der sich bis Sophienhof erstreckt. Beim Abstieg von der Hochfläche, nachdem der Fichtenstreifen durchwandert ist, nimmt einen in der Großen Lindenhöhle ein besonders schöner Wald

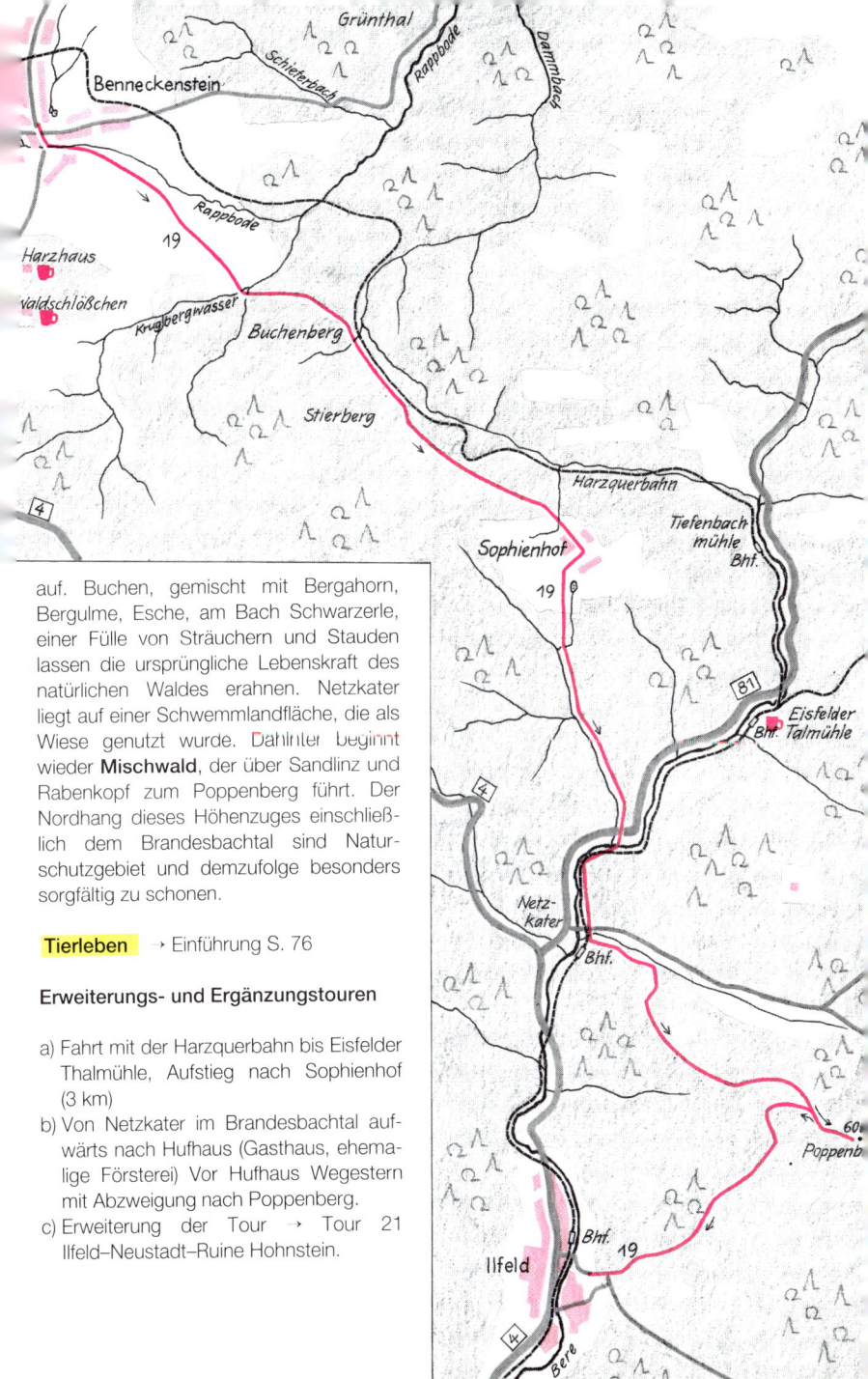

auf. Buchen, gemischt mit Bergahorn, Bergulme, Esche, am Bach Schwarzerle, einer Fülle von Sträuchern und Stauden lassen die ursprüngliche Lebenskraft des natürlichen Waldes erahnen. Netzkater liegt auf einer Schwemmlandfläche, die als Wiese genutzt wurde. Dahinter beginnt wieder **Mischwald**, der über Sandlinz und Rabenkopf zum Poppenberg führt. Der Nordhang dieses Höhenzuges einschließlich dem Brandesbachtal sind Naturschutzgebiet und demzufolge besonders sorgfältig zu schonen.

Tierleben → Einführung S. 76

Erweiterungs- und Ergänzungstouren

a) Fahrt mit der Harzquerbahn bis Eisfelder Thalmühle, Aufstieg nach Sophienhof (3 km)
b) Von Netzkater im Brandesbachtal aufwärts nach Hufhaus (Gasthaus, ehemalige Försterei) Vor Hufhaus Wegestern mit Abzweigung nach Poppenberg.
c) Erweiterung der Tour → Tour 21 Ilfeld–Neustadt–Ruine Hohnstein.

Herbstzeitlose

Tour 20

Von Ilfeld bzw. Neustadt über Burg Hohnstein zur Nordhäuser Talsperre und zurück

Anfahrt

Bahn Station Ilfeld der Harzquerbahn
Bus Von Nordhausen und Hasselfelde
PKW B 81 von Nordhausen bzw. Halberstadt B 4 von Nordhausen bzw. Braunlage

Wanderstrecke Ilfeld bis Ortsteil Wiegersdorf 1,5 km, bis Neustadt 5 km, bis Hohnstein 2 km, bis Nordhäuser Talsperre (Talsperre Neustadt) 4 km (Gesamtstrecke 12,5 km / 4 Stunden, bis zur Talsperre)

Orientierung → Tourenkarte S. 107

Wegemarkierung Ab Kirche Ilfeld/Wiegersdorf liegendes blaues Kreuz bis Neustadt. Von dort roter waagerechter Strich bis zur Nordhäuser Talsperre. Rückweg: auf rotem Querstrich ein Stück zurück, dann dem liegenden roten Kreuz folgend nach Neustadt. Weiter mit Bus oder wie Hinweg

Wegemarkierung Ab Kirche Ilfeld/Wiegersdorf durchgängig markiert → Wegebeschreibung

Rast Bänke am Wege

Einkehr in Ilfeld, Burg Hohnstein oder Neustadt

Die Wanderung beginnt am Bahnhof **Ilfeld**. Erstes Ziel ist die etwa 500 m entfernt gelegene schöne alte Kirche des Ortsteils Ilfeld/Wiegersdorf. Hier am Ortsende beginnt halblinks ein beschilderter Weg mit Zeichen liegendes blaues Kreuz, der an Gärten vorbei auf die Höhe führt. Man wandert zwischen den nördlich liegenden Harzrandbergen, die immerhin am Gr. Lienberg und am Kahlberg Höhen von 400 bis 500 m erreichen. Rechter Hand nach Süden erstreckt sich das wellige Vorland. Ehemals landwirtschaftlich genutzt, liegen die Äcker jetzt brach. Von der Höhe aus blickt man ins Gottestal, einem wildwüchsigen Waldtal, mit einem wärmeliebenden Eichenmischwald. Es ist eine liebliche Landschaft. Unterhalb des Schloßkopfes erreicht man den Flecken **Neustadt**. Der saubere Ort hat keine Industrie und ist deshalb für ruhigen, erholsamen Urlaub in einer reizvollen Umgebung geeignet. Oberhalb befindet sich die **Burgruine Hohnstein**, ein beliebtes Wanderziel. Noch sind die gewaltigen Ausmaße zu erkennen, und man kann die Bedeutung des Grafengeschlechts der Hohnsteiner noch daran ermessen. Von der Burg aus hat man sehr schöne Ausblicke vor allem in das weite Harzvorland, aber auch auf die buchenbewachsenen Berge des Südharzes. Unterhalb der Burg an einer

Vom Mittel- zum Südharz

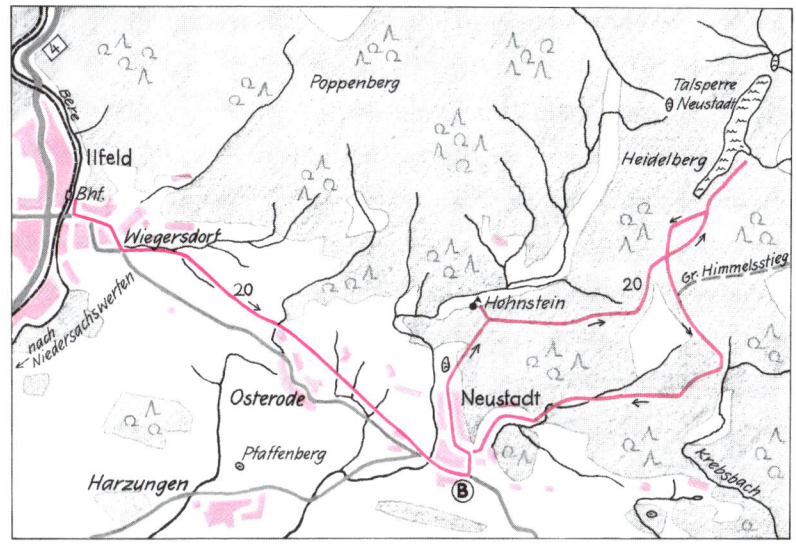

Wegekreuzung befindet sich ein Wegeschild. Zur **Nordhäuser Talsperre** folgt man dem Wegweiser mit waagerechten rotem Balken über den Graseberg und erreicht die Talsperre nach 3 km.

Auf dem Rückweg geht es zunächst auf dem Weg mit rotem Balken, bis der von links kommende Weg vom Gr. Himmelsstieg erreicht ist. Dann wandert man, dem liegenden roten Kreuz folgend, an der **Heinrichsburg** vorbei, von der nur noch ein Turmrest steht, nach Neustadt zurück. Von Neustadt aus ist Busverbindung nach **Ilfeld** bzw. nach **Niedersachswerfen**, wo man die Harzquerbahn wieder erreichen kann.

Kulturgeschichte Das fruchtbare Harzvorland wurde früh kultiviert und besiedelt. Die **Burg Hohnstein** entstand um 1100 auf einer älteren Anlage. Das Kloster Walkenried hatte im Harz Wald erworben, aber auch Gebiete mit Bergbau und begründete Eisenhütten. Das Geschlecht der Grafen von Hohnstein dehnte seinen Herrschaftsbereich bis dahin aus und erwarb Benneckenstein, Voigtsfeld und Sorge, wichtige Orte der Eisenverarbeitung. Am Ende des 16. Jahrhunderts starben die Hohnsteiner aus. Im 30jährigen Krieg wurde die Burg zerstört und verfällt seither.

Neustadt wird erstmals 1372 erwähnt. Ende des 15. Jahrhunderts entwickelte sich der Ort zum Flecken und erhielt eigene Gerichtsbarkeit. Der heute noch vorhandene Roland ist das Zeichen dafür. Seit 1900 entwickelte sich Neustadt zum Luftkurort, weil hier keine Industrie vorhanden ist. Die **Nordhäuser Talsperre** wurde 1904/05 erbaut, erweitert 1927. Die Staumauer hat eine Höhe von 33 m, eine Länge von 135 m bei einer Kronenbreite von 4,25 m. Sie vermag 1 240 900 m^3 zu fassen und dient der Wasserversorgung von Nordhausen.

Erdgeschichte Von Ilfeld nach Neustadt bewegt man sich im Grenzbereich zwischen dem **Rotliegenden** (Ilfelder Porphyrit) und harzbegleitenden **Kalk- und**

Mergelsteinen des Jura. Der Weg vom Hohnstein führt über devonische Stieger Schichten in den Bereich der Südharzgrauwacke. Neustadt liegt in einem Talkessel mit **fluviatilen Ablagerungen** mit Sand, Ton und anmoorigen Bildungen.

Pflanzenwelt Im Südharz findet man die ursprüngliche Waldbedeckung mit der Buche, je nach Standort eingemischt die Traubeneiche, Hainbuche, Bergulme, Bergahorn, Winterlinde, in feuchteren Lagen Esche und Erle und Stieleiche. Begleitpflanzen sind wärmeliebende Strauchflora, Frühjahrsblüher und die schattenertragenden Arten wie Waldmeister, Haselwurz, die Zwiebel-Zahnwurz und andere. An Orchideen treten das Rote Waldvöglein, der Breitblättrige Sitter, das Große Zweiblatt und andere auf. Der kalkliebende Frauenschuh, unsere schönste **Orchidee**, ist fast überall ausgestorben. In trockeneren Bereichen findet sich der Braunrote Sitter, auch das Stattliche Knabenkraut. Alle Orchideenarten sind gefährdet und stehen unter Naturschutz.

Tierleben Der Laubwald bietet mehr Nahrung, und deshalb ist die Zahl der Tierarten auch größer als in den Fichtenforsten der Harzhochfläche. **Garten-** und **Siebenschläfer** als nachtaktive Tiere sind heimliche Gäste. Gelegentlich werden sie in Nistkästen überrascht. Mit einem weichen „Düdliö" meldet sich ein Vogel der wärmegünstigeren Laubwälder, der **Pirol**, dessen Männchen prächtig gelb-schwarz leuchtet. **Spechte** sind häufiger als im Nadelwald, vor allem Grau- und Grünspecht.

Tour 21

Wanderung durchs Siebertal

Anfahrt
   Bus bis Haus Sonnenberg, Rückfahrt ab Sieber
   PKW B 242 bis Haus Sonnenberg
   Bei Variante Rundwanderweg: Anfahrt mit Bus bis Sieber, mit PKW bis Parkplatz am Siebertal, an der Straße Sieber–St. Andreasberg.
Wanderstrecke Gesamtstrecke 15 km / 5 Stunden
   Von Haus Sonnenberg bis zur Siebertalstraße 1,5 km, Königshof 7 km, Straße nach Sieber 0,5 km.
Profil Von Haus Sonnenberg Waldpfad mäßig abwärts bis zur Siebertalstraße. Straße gut begehbar, kein Verkehr. Mäßiges bis leichtes Gefälle bis zur Straße nach Sieber. Über den „Blauen-Dreieck Weg" Gefälle und leichte Steigung wechselnd.
Orientierung → Tourenkarte S. 112

Burgruine Hohenstein

Vom Mittel- zum Südharz

Wegemarkierung blaues Dreieck bis Siebertalstraße
Rast überall am Wegesrand möglich
Einkehr Haus Sonnenberg und Sieber

Der **Sonnenberg** liegt in der Fichtenstufe in 800 m Höhe. Der Weg (blaues Dreieck) führt zunächst durch Fichtenwald, aber wo man auf die **Siebertalstraße** (ab hier ohne Markierung) trifft, ist der Hang des gegenüberliegenden Sonnenkopfes in 700 m Höhe mit kräftigem Buchenwald bedeckt. Die noch kleine Sieber, aus dem oberhalb liegenden Sonnenberger Moor entspringend, fließt als Wildbach über mächtige Granitblöcke. Die **Waldstraße** begleitet die Sieber, und man kann sehr schön den Wechsel aus den steilen Hochlagen bis ins breiter werdende Tal im unteren Bereich verfolgen. Vorbei an der Försterei erreicht man in 10 Minuten die Straße. Nach **Sieber** sind es nun noch gut 2,5 km.

Variante Dem Weg mit blauem Dreieck oberhalb dem Siebertal folgen. (In der Tourenkarte rot gepunktet). Die beiden Wege lassen sich als Rundwanderweg kombinieren.

Kulturgeschichte Anstelle der Försterei Königshof bestand vorher eine Meierei mit Viehhaltung und Milchwirtschaft.
Auch im Bereich des Siebertales wurde Bergbau und Erzverhüttung betrieben. Bei der Untersuchung von Schlackenhalden im Siebertal konnte festgestellt werden, daß hier Erze aus dem Rammelsberg bei Goslar verhüttet werden.
Um 1922 gab es erste Überlegungen eine Talsperre zur Wasserversorgung zu errichten. Nach dem Kriege wurden erneut Pläne für eine Siebertalsperre erarbeitet. Nach vielen Debatten und heftigen Einsprüchen gegen eine Vernichtung eines der letzten lieblichen Wiesentäler im Harz wurde der Bau einer Talsperre abgelehnt, so daß dieses reizvolle Tal weiterhin den Wanderern zur Verfügung steht.

Erdgeschichte Die Sieber entspringt mit mehreren Quellbächen in den Mooren oberhalb des Sonnenberges, fließt zwischen den kontaktbeeinflußten Zügen von **Kieselschiefer** bzw. **Wissenbacher Schiefer** in südwestlicher Richtung, tritt dann am Rande der Kontaktzone in unterkarbonische **Kulmgrauwacke** ein und verbleibt darin, im Tale fluviatile Ablagerungen bildend, bis zum Austritt aus dem Gebirge.

Pflanzenwelt Die Pflanzen des Siebertales repräsentieren einen Querschnitt durch die Höhenstufen des Harzes von 800 bis hinunter zu 450 m. Im Sonnenberger Moor sind es **Torfmoose und Zwergsträucher** (→ Pflanzen Hochharz und Brocken). Über die **Fichtenstufe**

Alpenmilchlattich

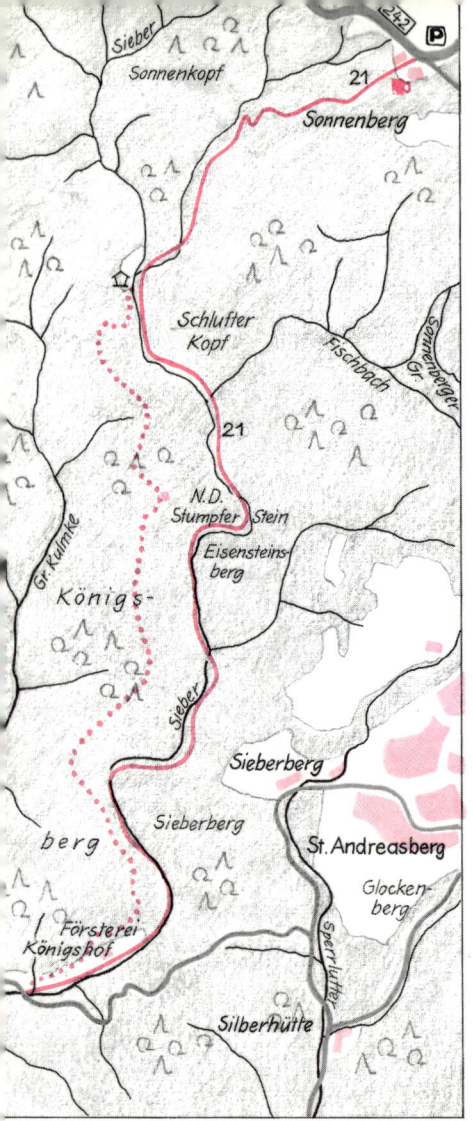

Tierleben → Tierleben Hochharz und Brocken, Harzhochfläche.

Erweiterungstouren

Die beschriebene Tour auf der Siebertalstraße vermittelt die Höhenstufen von 800 bis 450 m. Die Variante über den Wanderweg mit blauem Dreieck verläuft am Osthang des Königsberges. Beide Wege lassen sich als Rundwanderweg kombinieren. Dann ist aber der Beginn der Wanderung an der Straße St. Andreasberg–Sieber vorzuziehen. Man geht im Siebertal aufwärts und am Königsberg zurück.

Tour 22

Von Scharzfeld zur Steinkirche und der Einhornhöhle

Ausgangspunkt Scharzfeld
Anfahrt
   Bahn Strecke Nordhausen–Northeim
   Bus Linie 2457 Seesen–Herzberg–Walkenried
   PKW B 27 / B 243, Parkplatz im Mönchetal
Wanderstrecke 7 km / $2^{1}/_{2}$ Stunden
Profil 230–390 m NN, dazwischen mehrere z. T. steile, aber kurze Anstiege. Insgesamt etwa 230 m Höhenunterschied.
Orientierung → Tourenkarte S.114
Wegemarkierung Blaues Dreieck
Rast Steinkirche, Einhornhöhle
Einkehr Einhornhöhle (nur im Sommer)

Besonderer Hinweis Führungen durch die Höhle nur im Sommer. Im Winter ist sie als Fledermausquartier geschlossen. – Die Halbtrockenrasen des Steinbergs (Naturschutzgebiet!) dürfen nur auf den abgegrenzten Wegen betreten werden.

gelangt man in den Bereich des **Buchenwaldes**, in den nach unten zunehmend mehr Baumarten eingemischt sind. Im unteren Tale mit Schwemmlandstreifen liegen halbnatürliche **Wiesen** mit reicher Vegetation (› Pflanzen Harzhochfläche). Besonderheiten sind der Alpenmilchlattich und der Rippenfarn.

Vom Mittel- zum Südharz

Für Bus- und PKW-Fahrer: Vom **Parkplatz im Mönchetal** geht es im Zickzack hangaufwärts durch die Trockenrasen des NSG Steinberg auf die **Steinkirche** zu. Von dort etwa in gleicher Höhe bleibend führt der Weg um die Südspitze des Steinberges oberhalb der vielbefahrenen Schnellstraße herum ins **Bremketal** abwärts. Dann gleich wieder hoch und über den Schulberg ins nächste Tal, das man oberhalb einer Häuserzeile erreicht. Jetzt geht die Wanderung 150 m talaufwärts, dann dem blauen Dreieck folgend gut 1 km durch den Wald aufwärts über die Brandköpfe (391 m) zur **Einhornhöhle**: – Den Rückweg wählt man in nördlicher Richtung (Blaues Dreieck) am Einhornhöhlen-Parkplatz vorbei, dann durch schönen Kalkbuchenwald nach Westen abwärts ins Bremketal. Talabwärts bis zum Waldschwimmbad, dann zwischen diesem und dem Campingplatz quer durch das Tal, auf der anderen Seite durch Nadelwald auf die Höhe des Steinberges geht es zu einer schönen Aussicht. Auf bekanntem Wege wieder zum Parkplatz zurück. – Der Rückweg von der Einhornhöhle nach Süden ist nicht zu empfehlen. Er verläuft unmittelbar oberhalb der geräuschvollen Schnellstraße bzw. durch den Ort.

Für Bahnfahrer: Vom Bahnhof aus führt ein bezeichneter Weg (blaues Dreieck) durch den Hasenwinkel unter der Schnellstraße hindurch zur Einhornhöhle.

Kulturgeschichte Einhornhöhle: Im vergangenen Jahrhundert hat man Höhlen noch als Wohnplätze vorgeschichtlicher Menschen angesehen. Grabungen mit dem Ziel, hier Spuren von Eiszeitmenschen zu finden, brachten aber nicht die erhofften Ergebnisse. Viel früher schon waren Knochenreste gefunden worden, die man dem sagenhaften Einhorn zuschrieb, da sie keinem der damals bekannten Tiere zuzuordnen waren. Noch Leipniz brachte zu seinem sehr exakten Bericht über eine Höhlenbefahrung als

Steinkirche von Scharzfeld
(nach einem Stich von Ludwig Richter)

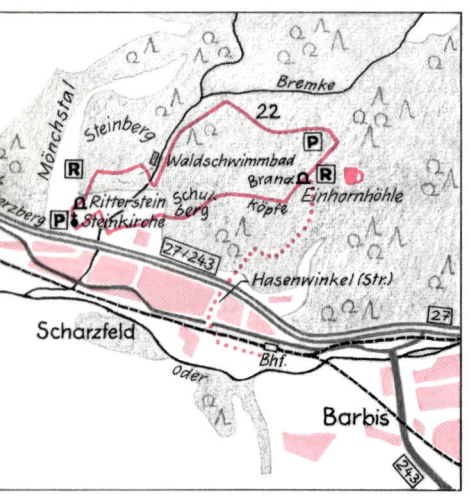

Abbildung ein auf Otto v. Guericke zurückgehendes Einhorn-Skelett. So blieb der Einhorn-Name auf Dauer an der Höhle haften.

Ganz ohne Zeugnisse von Vorzeitmenschen ist die Höhle aber doch nicht.

Erst vor kurzem wurden Steinwerkzeuge gefunden, die ein Alter von mehr als 35 000 Jahren haben. Neandertaler müssen es gewesen sein, die sie herstellten, doch sind bisher keine Siedlungsspuren entdeckt worden.

Steinkirche: Zwischen Bremke- und Mönchetal erstreckt sich der breite Rücken des Steinberges. Nach Süden endet er mit einer markanten Felskuppe, dem Ritterstein, die durch einen Wallgraben bewehrt ist. Weit geht von hier die Sicht auf das Odertal. Das ganze Gelände scheint wie geschaffen, Menschen das Gefühl von Sicherheit zu geben. So ist es kein Wunder, daß auch die Steinkirche schon früh aufgesucht worden ist. Ausgrabungen förderten Feuersteinwerkzeuge der ausgehenden Altsteinzeit zutage. Doch nicht nur späteiszeitliche Rentierjäger werden hier gerastet haben. Scherben aus der frühen Eisenzeit, Geräte und Bestattungen aus dem Mittelalter setzen die Folge menschlicher Siedlungsspuren fort. – Nur über eines weiß man wenig: Wann und unter welchen Umständen nämlich aus der Höhle eine Kirche gemacht wurde. Daß Bonifatius hier gepredigt habe, ist eine fromme Sage. Zeugnis gibt erst ein Bericht aus dem späten Mittelalter, in dem von einer „Kapelle am Ritterstein" die Rede ist.

Erdgeschichte Das Gebiet um Scharzfeld liegt im Bereich des Hauptdolomits der Staßfurt-Serie, also im **unteren Zechstein**. Seine hellen Felsen sind schon bei der Anfahrt weithin bemerkbar. Der Dolomit lagert hier im Bereich der Eichsfeldschwelle diskordant auf oberdevonischen Tonschiefern sowie Sandsteinen des Tanner Grauwackenzuges. – Sowohl die Steinkirche als auch die Einhornhöhle sind als **Klufthöhlen** in diesem Dolomit entstanden: Entlang der Kluft drang von oben Wasser ein, das in Kalkgestein lösend wirkt. Diese Lösefähigkeit wird vervielfacht, wenn es auf der undurchlässigen Oberfläche des Grundgebirges abfließt und so den gelösten Dolomit mitnehmen kann. Auch Deckenabbrüche haben zur Erweiterung der Höhlen beigetragen.

Pflanzenwelt Gut ausgeprägt begegnen uns auf dem Weg **Kalkbuchenwälder** und **Halbtrockenrasen** auf Kalk. Schon der Anstieg zur Steinkirche läßt die große Artenvielfalt der früher von Schafen beweideten kurzgrasigen Rasen erkennen: Sonnenröschen, Schopfige Kreuzblume und Wundklee blühen den ganzen Sommer hindurch. **Basenreichen Lehmboden** zeigen der Große Klappertopf und der Schlitzblättrige Waldhahnenfuß. Spät im Herbst erst blühen blauviolett der Deutsche und reinblau der Gewimperte Enzian.

Durch einen Kalkbuchenwald führt der Rückweg zwischen Höhlenparkplatz und Bremketal. Leberblümchen und Frühlingsplatterbse kennzeichnen ihn im Frühjahr,

Vom Mittel- zum Südharz

Waldorchideen wie z. B. die Nestwurz im Sommer. Auch die hier gar nicht seltene **Mandelblättrige Wolfsmilch** sollte man beachten. Als immergrüne Pflanze ist sie im westlichen Mittelmeergebiet zu Hause und erreicht hier am Südrand des Harzes ihr nördlichstes Vorkommen.

Tierleben In dem bis zu 15 m mächtigen Höhlenlehm wurden zahlreiche Tierknochen gefunden. Zu den ältesten zählen die vom **Höhlenbären**, der während der letzten Warmzeit vor etwa 100 000 Jahren hier lebte. Aus der jüngsten, der Weichsel-Eiszeit, stammen Funde von Höhlenlöwen und Wollhaarnashorn, aber auch Wolf und Hirsch. Die meisten Tierreste sind erst nach der Eiszeit in die Höhle gelangt.

Tour 23

Von Walkenried durch das Himmelreich nach Ellrich

Ausgangspunkt Klosterruine Walkenried

Anfahrt
  Bahn Sowohl Walkenried als auch Ellrich liegen an der Bahnstrecke Nordhausen–Northeim.
  Bus Linie 2423 Bad Sachsa–Braunlage,
  Linie 2460 Göttingen–Walkenried,
  Linie 2457 Herzberg–Walkenried
  PKW Von der B 4 über Hohegeiß oder Ilfeld, von der B 243 über Mackenrode

Wanderstrecke 10 km / $3^1/_2$ Stunden
Profil 265–320–250 m NN
Orientierung → Tourenkarte S. 117
Wegemarkierung Nur zwischen Walkenried und Ellrichblick: Gelbes Dreieck
Rast Itelklippen bzw. Ellrichblick
Einkehr Gaststätten in Ellrich und Walkenried

Die Wanderung beginnt an der **Klosterruine Walkenried**. Hinter der Klosteranlage führt ein Weg zu einer Fußgängerbrücke über die Wieda, die hier einen bekannten Kupferschiefer-Aufschluß freigelegt hat. Man folgt dem Schild „**Rundwanderweg 2**" an der Bahn entlang, die Richtung Itelklippen zu kreuzen ist. Nach 400 m Fahrweg zweigt ein Fußweg in einen Buchenhochwald ab, der am Rande eines Steilhangs zu den **Klippen** führt. Hier findet der Wanderer die **Schutzhütte** und einen schönen Ausblick auf den Itelteich. Jetzt ist der „**Himmelreich**" genannte Gipsberg erreicht, der von der Bahnlinie Nordhausen–Northeim in einem Tunnel unterquert wird. Oberhalb des östlichen Tunneleingangs liegt der Aussichtspunkt „Ellrichblick". Die weitere Route ist leicht auch ohne Hinweisschild zu finden, wenn man an der dortigen Wegspinne nach Südosten geht. Ein angenehmer Wanderweg führt durch Buchenwald allmählich abwärts auf den **Pontelteich** zu, hält sich dann weiter in östlicher Richtung, stößt nach 150 m auf eine Forststraße und führt 500 m durch lichten Birkenwald bis zu einer Stelle, wo der Weg unmittelbar neben und auf dem weißen Gipsgestein verläuft. Aufwärts gehts hier zu einem ehemaligen Grenzübersichtspunkt, neben dem Weg steht ein schlichter Gedenkstein für das KZ Juliushütte. 30 m hinter diesem Stein folgt die Wanderung einem schmalen Trampelpfad, der nach Norden abbiegt und nach 250 m zu einem **Backstein-Doppelhaus** führt.

Um den Bahnhof zu erreichen, sind noch knapp 500 m unmittelbar an den Schienen entlang zu gehen, ehe die Guderslebener Straße ein sicheres Überqueren der Bahnanlagen erlaubt.

So lange es im ehemaligen Grenzbereich noch keine durchgehend bezeichneten Wanderwege zwischen Ellrich und Walkenried gibt, sollte diese Route auch als Rückweg benutzt werden. Sie läßt sich dadurch abwandeln, daß man nicht wieder über die Itelklippen, sondern auf der anderen Seite des Itelteiches durch das Himmelreich geht. Außerdem bietet sich eine Rückfahrt mit der Bahn an.

Kulturgeschichte Wohl kaum ein Besucher von **Walkenried** wird es versäumen, der großartigen gotischen Klosterruine einen Besuch abzustatten. Erbaut im 13. Jahrhundert, zerstört in den Bauernkriegen 1525, seit 1984 renoviert, ist sie inzwischen zu einem Kulturzentrum der Region geworden. – Unmittelbar konfrontiert mit jüngster deutscher Geschichte wird man zwischen **Juliushütte** und Ellrich. Außer einem Gedenkstein erinnern Mauerreste, alte Fundamente und Gebäudeteile daran, daß sich dort, wo inzwischen ein Birkenwald aufgewachsen ist, einst das KZ Ellrich-Juliushütte befand.

Erdgeschichte Bei der Wieda-Brücke unmittelbar östlich des Klosterbereichs hat der Bach für einen bemerkenswerten Aufschluß gesorgt. Zwischen bankigem Zechstein-Kalk und Walkenrieder Sand tritt das hier nur 20 cm mächtige **Kupferschieferflöz** zutage. Eine Tafel weist auf die Lagerungsverhältnisse hin. Der Fundort zeigt die große Ausdehnung dieses Flözes: Die Vorkommen erstrecken sich von Mansfeld–Sangerhausen über Walkenried bis Hahausen am gesamten Südharzrand entlang! – Wohl kaum ein Wanderer, der den Weg über das Himmelreich geht, ahnt, daß sich unter ihm im Gips ein riesiger, 40 m hoher Höhlenraum befindet. Er wurde beim Bau des Eisenbahntunnels angeschnitten und ist nicht öffentlich zugänglich. Zahlreiche Einsturztrichter, auch **Dolinen** genannt, die größten am Nordrand vom Himmelreich, erinnern daran, daß die Erdoberfläche

Kreuzgang im Kloster Walkenried

Vom Mittel- zum Südharz

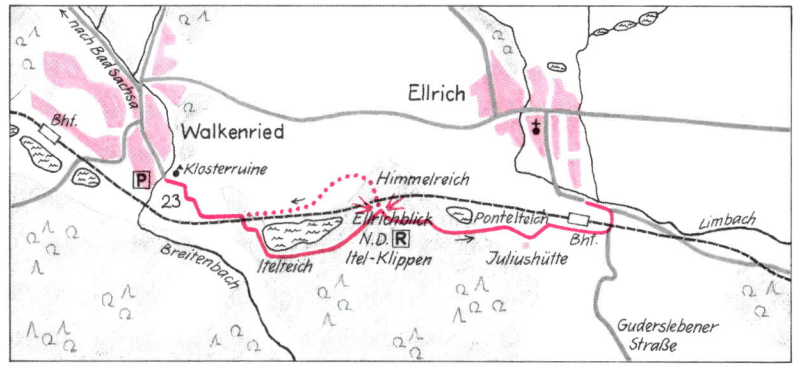

hier noch immer nicht zur Ruhe gekommen ist.

Pflanzenwelt Um den Itelteich herum erlebt man eine urtümlich anmutendeLandschaft: Reste von **Hudewald** mit riesigen alten Buchen und Eichen, steile Klippen, dazu am Teichufer Erlenbruchwald, Weidengebüch und Röhrichte. Weiter östlich kommen kleinflächig Halbtrockenrasen und Blaugrasmatten hinzu. Die auf der reichen Naturausstattung beruhende Vielzahl an Pflanzen- und Tierarten hat zur Ausweisung mehrerer **Naturschutzgebiete** geführt.

Tierleben Zahlreiche Wasservögel finden an den Teichen, Meisen und Spechte in den alten Bäumen ihr Auskommen. Neuerdings gelang hier sogar die Wiedereinbürgerung vom **Uhu**.

Tour 24

Durch den Gipskarst um Hainholz, Bollerkopf und Beierstein

Anfahrt

Bus Linie 2457 Seesen–Osterode–Horzborg, Haltepunkt „Abzweigung Düna"

PKW B 243, Ausfahrt „Hattorf" oder „Leege" benutzen, Parkplatz westlich Düna

Wanderstrecke 6 km / 2 Stunden
Orientierung → Tourenkarte S. 119
Wegemarkierung Nur Rundwanderweg Hainholz
Rast bei der Jettenhöhle
Einkehr Gaststätte „Zur Jettenhöhle" in Düna

Ausgangspunkt ist der **Parkplatz Düna** am Waldrand. Dort beginnt ein **Rundwanderweg** „Hainholz", der gut markiert ist und eine Beschreibung überflüssig macht. Der Weg führt zu den interessantesten Punkten des Hainholzes, u. a. zum „Hirschzungen-Erdfall", zum „Pferdeteich-Erdfall" und zur Jettenhöhle. An diese kurze Rundwanderung anschließend kann man auf dem Weg, der nach Düna zurückführt, links einbiegen Richtung Beierstein. Die Wanderung führt vorbei an einem rechts vom Weg steil abfallenden Gipshang, an dessen Grund sich die schwer zugängliche **Marthahöhle** befindet. Etwa 1 km entfernt wird der bewaldete Gipsklotz des **Beiersteins** sichtbar.

An seinem rechten, südöstlichen Ende befindet sich eine Bachschwinde: Der aus dem Heiligental kommende kleine Bach verschwindet in einem Schluckloch, anstatt am Südrand des Beiersteins weiter ins Tal zu fließen.

Da kein Weg am Waldrand entlang um den Beierstein herum führt, geht man den Fahrweg, auf dem man gekommen ist, noch 250 m abwärts, um nach links durch ein größeres Dolinengebiet zum Hainholz zurückzukehren. Unbedingt sollte, wenn das Wiesengelände durchquert ist, darauf geachtet werden, daß am Waldrand bei den ersten Fichten links abzubiegen ist, um auf wenig benutztem Fahrweg ziemlich steil aufwärts zur **Jettenhöhle** und damit wieder in bekanntes Gelände zurück zu kommen.

Besonderer Hinweis Die Jettenhöhle ist keine Schauhöhle, sie kann aber betreten werden. Außer robuster Kleidung und festem Schuhwerk ist eine Lichtquelle nötig. Am besten sind Karbidlampen; Kerzen leisten mehr als Taschenlampen. Zum Schutz der Höhlentiere sollten weder Fackeln benutzt noch Feuer entfacht werden.

Kulturgeschichte Eine Ausgrabungskampagne zu Beginn der 80er Jahre förderte südlich des Ortes am Oberlauf eines Baches eine auf das 3. Jahrhundert zurückgehende, also aus der Römischen Kaiserzeit stammende Siedlung zutage, die bis in das 14. Jahrhundert bestand. Ein aus dem 9. Jahrhundert stammendes, 13 m hohes Steinhaus zeugt neben Schlackenfunden davon, daß das frühe Düna nicht eine arme bäuerliche, sondern eine wohlhabende Hüttensiedlung war. Jahrhundertelang wurden hier hochwertige Eisenerze aus dem nahen Harz verhüttet. Die größte Überraschung erlebten die Ausgräber, als sie Kupferschlacken fanden, deren Erzspuren auf den Rammelsberg bei Goslar hinwiesen. Seitdem wissen wir, daß der Rammelsberg nicht nur 1000, sondern über 1600 Jahre Erze geliefert haben muß. Weshalb sie hier, 30 km Luftlinie entfernt, verhüttet wurden, ist schwer zu verstehen.

Erdgeschichte Im Bereich Osterode läßt sich eine reichhaltige, bei Fachleuten berühmte **Gipskarstlandschaft** erkunden. Ihre Entstehungsgeschichte beginnt vor 250 Millionen Jahren, als das Zechsteinmeer am Rande des damals flachen Harzes in mehreren Abfolgen Tonsteine, Dolomit, Gips und Salze ablagerte. Bei der späteren Hebung des Harzes wurden diese Schichten schräg gestellt, so daß seine Sicker- und Ablaufwässer eindrangen. Sie lösten als erstes die Salzlager. Da aber auch die Dolomit-, vor allem aber die Gipsschichten etwas wasserlöslich sind, frißt sich die Auslaugungs- und Lösungsfront immer weiter ins Harzvorland. Wegen seiner Härte widersteht der Gips (wie auch der Dolomit) der Abtragung. Daher bildet er an der Lösungsfront einen als Schichtstufe zu bezeichnenden Steilhang. Die ausgeprägteste Schichtstufe bildet hier der ältere Gips der Werra-Serie. Sie reicht von Badenhausen nordwestlich Osterode unmittelbar am südlichen Stadtrand entlang bis Hörden, überquert sie zwischen der B 243 und Düna.

Daß in den Gipsbergen die lösende Kraft des Wassers seine abtragende übertrifft, ist überall zu bemerken. Entlang von Klüften bilden sich in der Tiefe **Hohlräume**. Mit Grundwasser gefüllt, erweitern sie sich und es entstehen Höhlen wie die jetzt

Vom Mittel- zum Südharz

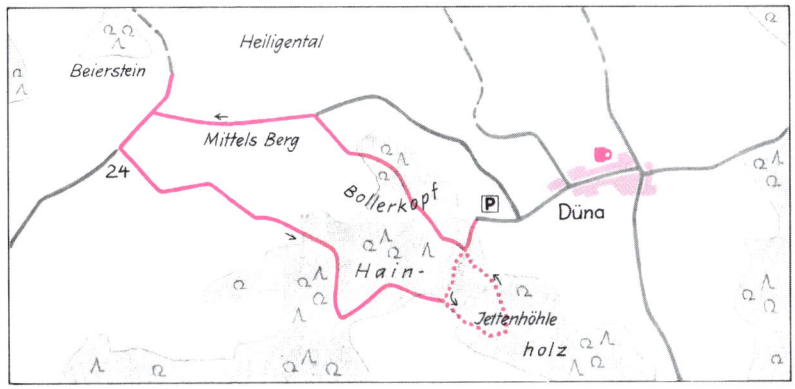

trockene Jetten- und die noch aktive Marthahöhle. Ist die Decke nicht mehr tragfähig, sinkt sie ein und es entsteht ein Erdfall.

Das Gipskarstgebiet um Hainholz, Bollerkopf und Beierstein wurde bisher in seinem Kernbereich durch nachhaltige Nutzung wie Straßenbau, Gipsbrüche usw. nicht beeinträchtigt. Das überaus reiche Auftreten von Karstphänomenen, die große Mächtigkeit des hier lagernden Gipses sowie die naturnahe Bewaldung machen seinen besonderen Wert aus. Nachdem Hainholz und Beierstein 1967 unter Naturschutz gestellt wurden, steht die Ausweisung eines einheitlichen großen Schutzgebietes noch aus.

Pflanzenwelt Sehr gegensätzlich sind extreme Lebensräume des Hainholzes in Bezug auf Wärme und Feuchtigkeit ausgestattet. In tiefen Erdfällen ist es das ganze Jahr über kühl und feucht; das läßt **Silberblatt** und den seltenen **Hirschzungenfarn** hier gedeihen. Die nahe gelegenen, nach Süden exponierten Halbtrockenrasen bei der Jettenhöhle dagegen beherbergen eine wärmeliebende, Trockenheit ertragende Vegetation mit Sonnenröschen und Kleinem Mädesüß, Genfer Günsel und Gewimpertem Enzian.

Tierleben Zahlreiche gefährdete Tiere sind auf die karsttypischen Biotope unseres Wandergebietes eingestellt. Zu ihnen zählen vor allem **Fledermäuse**. Etwa 10 Arten nutzen die Höhlen als Winterquartier, deshalb sollten im Winter Besucher Zurückhaltung üben. Auch der **Dachs** ist hier heimisch. Mit besonderer Vorliebe legt er seine Baue in Karstspalten an. Alle vier **Molcharten** des Gebietes kommen hier vor, sie nutzen die Teiche als Laichgewässer. Ungewöhnlich ist die Fortpflanzungsweise der Geburtshelferkröte. Das Männchen wickelt sich die Eischnüre um den Hinterleib, bis die Larven sich entwickelt haben. Zum Ausschlüpfen der Kaulquappen sucht es dann ein Gewässer auf.

Schlafende Fledermäuse

Im östlichen Unterharz

Im östlichen Unterharz

Einführung

Der **Auerberg**, der Urberg der Thüringer, bildet die markanteste Erhebung des Ostunterharzes: 580 m. Von da an fällt das Gelände in sanften Schwingungen – um 400 m noch Hochfläche und südliche Kante, um 300 m der Rand, der sich allmählich oder energisch absenkt auf 200 m, 150 m des Umlandes, niemals aber lautstark und polterig. Mit einem resignierenden Schulterzucken gibt der Harz seine Höhe auf und läßt sie verklingen, zum Schluß stehen plötzlich die lebensfeindlichen Pyramiden der **Kupferschlackehalden**, da weiß man: man ist in einem anderen Land. Vorbei die lieblichen Buchen-, Hainbuchen-, Eichenmischwälder, vorbei die gluckernden und üppigen Bachtäler von Schwennecke, Leine, Wiebeck, Eine, von Schmaler und Alter Wipper zur Harzwipper, von Gonna, Sachs-Graben, Leinunger Leine mit Nasse, von Haselbach, Lude und Krebsbach zu Thyra. Vorbei die Fichtenhorste. Die Harzhochfläche endet hier wie eine heraushängende Zunge. Die Höhen sind geschwendet und gerodet seit tausend Jahren, kleine Orte sitzen darauf wie Papillen. Die holzgeschnitzte Stadt **Stolberg** inmitten ihrer Leberblümchenwälder, der Spielkastenort Questenberg in den Zechsteinschründen, die breiten Orte Breitenstein, Breitenbach und Breitungen. Die Mooskammer mit ihren Dolinen, der **periodische See** am Bauerngraben, Grillenburg und Rammelburg, Mühlen und Raststätten.

▲ Freilichtmuseum in Hettstedt
◀ Roland in Questenberg

Kulturgeschichte

Der „**Willianweg**" führte darüber hinweg von dem tausendjährigen, gesengten Ort Sangerhausen zu der Stadt im Eschental Aschersleben und querte die Harzhochstraße mit ihren Ästen nach Walbeck und Mansfeld. Früh schon ging hier die Reichsgewalt in Territorialgewalt über: Falkensteiner, Anhaltiner, Mansfelder, Hohnsteiner, Querfurter und Stolberger Landesherren rauften um die Anteile; **Bergbau** machte die Gegend attraktiv: Kupferschiefer, Salz, Silber, Braunkohle, Gips. Der Minnesänger Heinrich von Morungen entstammte einem Burgmannengeschlecht, der Salinenassessor Friedrich von Hardenberg (Novalis) gewann hier seine Empfindsamkeit und die Liebe zur Nacht.

Der Tourist findet hier alte Orte mit **Fachwerk** und eng gedrängten Häusergruppen, findet Rosarium und Spenglermuseum mit dem berühmten Mammutskelett in Sangerhausen, findet Bergbaugeschichte und sinnfällige ökologische Folgen, und er kann jederzeit in meilenweite, wenig begangene Wälder flüchten. Der Harz zeigt viele Gesichter, und dieses hier ist ausgesprochen lieblich, wo es von Schadstoffen noch nicht zerfressen ist.

Erdgeschichte

Die **Wippraer Zone** ist das geologische Kernstück dieses Teilgebietes. Sie zieht sich mit bis zu 4,5 km Breite – und nach Südosten etwas konvex durchgebogen – von Breitungen im Südwesten bis Walbeck im Nordosten. Tonschiefer, Kieselschiefer und Grauwacken umgeben eine Grünschieferserie und werden im Nordwesten durch den mächtigen Klippmühlenquarzit von einer Tonschiefer-Quarzit-Folge getrennt. In den beiden zuletzt genannten Zonen wurden ordovizische Fossilien (Conodonten) gefunden und kambrisches Alter der darunterlagernden Gesteine wird für wahrscheinlich gehalten. Nach Osten schließen sich großflächig verbreitet die noch im Oberkarbon gebildeten **Mansfelder Schichten** an, die durch Rotfärbung bereits Festlandsbedingungen zu dieser Zeit anzeigen. Ihnen folgen Rotliegendsedimentgesteine, die aus bunten Konglomeraten und Sandsteinen (Hornburger Schichten) sowie einem Porphyrkonglomerat und als Abschluß rote sandige Ton- und Schluffsteine mit Sandsteinbänkchen (Eislebener Schichten) bestehen.

Die wirtschaftlich weitaus bedeutendste geologische Bildung ist der **Kupferschiefer**, ein in diesem Raum nur etwa 0,35 bis 0,45 m mächtiger, dunkel bis schwarzer, bituminöser, karbonatischer Tonstein, der Kupfer, Blei, Zink und eine Vielzahl anderer Metalle enthält. Der Kupferschiefer ist eine typische Flachseebildung bei Wassertiefen von 50 bis 100 m, maximal 300 m. Das über weite Strecken relativ gleichförmige Flachmeer zeichnete sich durch anhaltende Ruhe aus, bei der sich eine Schichtung des Wasserkörpers in einen gut durchlüfteten Oberflächenbereich und einen stagnierenden Tiefenwasserkörper mit Schwefelwasserstoffgehalt einstellte. Langzeitig anhaltende konstante Verhältnisse führten zum Absatz von Faulschlammsedimenten mit Buntmetallfällungen, aus denen der Kupferschiefer hervorging.

Pflanzenwelt

Der östliche Unterharz wird wesentlich von **Buchenwäldern** unterschiedlicher Ausprägung bedeckt. Während in höheren Lagen und an Nordhängen die Buche vor-

Im östlichen Unterharz

herrscht und oft reine Bestände bildet, sind südexponierte Hänge und Unterhanglagen oft mit Traubeneichen und Hainbuchen vergesellschaftet. Die Zwiebeltragende Zahnwurz, die in den Blattachseln Brutknöllchen bildet, ist weit verbreitet, ebenso Perlgras und auf ungünstigeren Böden der Wiesenwachtelweizen mit seinen fahlgelben, kleinen Rachenblüten. Vereinzelt kommt die Esche vor und in Tälern bachbegleitend die Schwarzerle. Je nach Boden und Kleinklima wechseln die bodenbedeckenden Pflanzen. Schattenpflanzen sind der **Waldmeister** mit seinen kleinen, weißen Blüten und die **Haselwurz** mit unscheinbaren, unter den glänzenden, nierenförmigen Blättern versteckten braunen Blüten. Bevor das Laub austreibt, erscheinen die **Frühjahrsblüher**, die Anemonen, Goldsterne, Lerchensporn, Leberblümchen, Lungenkraut. Beim Blattaustrieb sind sie verblüht und haben Früchte gebildet. Dann folgen verschiedene Hahnenfußarten, Gefleckte und Gelbe Taubnessel, Ehrenpreisarten und anderes. Sogar Seltenheiten, die unter Naturschutz stehen, kann der aufmerksame Naturfreund entdecken, verschiedene **Orchideen** z. B. das **Rote Waldvöglein** und verwandte Arten, der **Braunrote Sitter**, die Waldhyazinthe und die Vogelnestwurz. Im Spätsommer ist die Zeit der gelbblühenden Korbblütler. Jakobskreuzkraut und Goldrute, Fuchskreuzkraut und das großblütige Echte Springkraut zählen ebenso dazu, wie blau blühende Witwenblumen und Skabiosen. Besondere Pflanzengesellschaften finden sich in den Schluchten. **Bergahorn, Esche, Sommerlinde** und **Stieleiche** stehen in der Baumschicht, während ein reicher **Staudenflur** mit Silberblatt, Bingelkraut, Christophskraut, dem Platanenblättrigen Hahnenfuß und anderen Stauden und Sträuchern urwüchsige Wildnisse bildet.

Auch im Bereich dieser Buchenwälder wurden, vor allem auf der Hochfläche, Fichten aufgeforstet, aber weitgehend wieder in Laub- und Mischwald umgewandelt.

Rotes Waldvöglein

Tierleben

Neben häufig vorkommenden **Vögeln** wie Eichelhäher und Drosseln sind Pirol, Wald- und Weidenlaubsänger, verschiedene Meisenarten, natürlich der in jedem Wald vorkommende Buchfink, aber auch Habicht und Sperber vorhanden. Bemerkenswert war in einigen Gebieten das Vorkommen des **Wanderfalken**, der inzwischen verschwand. Neuansiedlungen im Bodetal und anderen alten Horststandorten lassen hoffen, daß auch frühere Vorkommen im östlichen Harz wieder besiedelt werden.

Von den Bilchen weist neben Sieben- und Gartenschläfer die Haselmaus auf klimatisch günstigere Verhältnisse hin. In den Karstgebieten des südöstlichen Harzrandes befinden sich zahlreiche Spalten und Höhlen, die **Fledermäusen** günstige Quartiermöglichkeiten bieten. In den ehemaligen Bergbau- und Fischteichen, auch in Gräben und Bächen laichen Schwanzlurche und Grasfrösche, im südlichen Bereich wurde der **Springfrosch** festgestellt. Neben der häufigen Erdkröte kommt selten die Geburtshelferkröte vor.

Tour 25

Von Uftrungen über die Heimkehle und Stolberg zum Auerberg und Josephskreuz

Anfahrt
Bahn Bahnhof Uftrungen der Strecke Berga–Kelbra–Stolberg (Harz) Linie 662. Von Bahnhof bis zur Heimkehle 1,5 km.
Bus Linie K 491 Sangerhausen–Roßla–Stolberg, K 495 Wernigerode–Stolberg–Sangerhausen, K 31 Quedlinburg–Stolberg–Heldrungen, H 286 Wernigerode–Stolberg–Erfurt.
PKW B 80 bis Berga-Abzweigung nach Stolberg. B 242 bis Abzweigung zwischen Güntersberge und Stiege nach Friedrichshöhe–Breitenstein–Stolberg.
Wanderstrecke Gesamtstrecke 20 km/7 Stunden
Uftrungen–Heimkehle 1,5 km, Heimkehle–Stempeda 8 km, Stempeda–Gaststätte „Zum Zoll" 3 km, bis Stolberg 3,5 km, Stolberg–Josephskreuz (über Zechental) 3,5 km, (weiter bis Gh. Forsthaus 1,5 km)
Orientierung   → Tourenkarte S. 127
Wegemarkierung Uftrungen–Heimkehle (grüner Balken bis Pulvermühle, dann rotes liegendes Kreuz
Heimkehle–Kalkhütte (blaues Kreuz), Kalkhütte–Stempeda (grüner Punkt), Stempeda–Thyratal–Gaststätte „Zum Zoll" (oranger Punkt), bis Stolberg (rotes Kreuz), von Stolberg–Großer Auerberg, Josephskreuz (rotes Kreuz)
Rast an vielen Stellen möglich
Einkehr Stempeda, Gasthaus „Zum Zoll", Stolberg, Josephskreuz, Forsthaus Auerberg.

Vom südlichen Harzrand aus erreicht man mit der Bahn (Strecke 662) die Hst. **Uftrungen**, von da aus auf dem Weg mit grünem Balken nach 1,5 km die **Heimkehle**. Mit Bus anfahrend, steigt man an der Haltestelle „Heimkehle" aus (1 km bis zur Höhle), mit PKW kann man bis zum Parkplatz fahren.
Die Heimkehle gilt als größte Gipshöhle Deutschlands. Ein Karst-Lehrpfad beginnt hier, der dem geologisch interessierten Wanderer die den Harz südlich begleitenden Gipskarstbereiche erschließt.
Eine Wanderung durch den **Höhenzug Alter Stolberg** ist besonders durch die reiche Flora lohnend. Der Naturschutz ist hier besonders zu beachten. Ein Weg mit blauem Kreuz führt bis zur **Kalkhütte**, von dort aus auf dem mit grünem Punkt markierten Weg nach **Stempeda** (8 km) über einen Feldweg am Waldrand auf den Weg mit orangen Punkt treffend, kommt man auf die Straße nach Stolberg, überquert sie und wandert auf dem mit rotem Kreuz gekennzeichneten Weg entlang der Thyra zum Kurort **Stolberg**, der nach 6,5 km erreicht ist. Von hier aus führt die Wanderung auf dem mit rotem Kreuz markierten Weg durchs Zechental mit abwechslungsreichem Wald zum höchsten Gipfel der Umgebung, dem 580 m hohen **Großen Auerberg** (4,5 km) mit dem **Josephskreuz**. Zurück läßt sich der etwas weitere Weg nach Stolberg über die Holzchaussee

Im östlichen Unterharz

Josephskreuz

wählen. Man geht den südlichen Abstieg bis zur mit grünem Dreieck bezeichneten Holzchaussee. Nach ca. 3 km trifft man auf den grünen-Punkt-Weg, auf dem man unterhalb des Kaldaunenberges die Stadt erreicht, oder wandert bis zum Weg, der mit orangefarbenem liegendem Balken bald zum Bahnhof führt.

Besondere Hinweise

Wer mit dem Auto von Stolberg kommt, fährt auf der Straße nach Harzgerode bis zum Gasthaus „Forsthaus Auerberg". Hier befindet sich ein Parkplatz, von dem aus der Weg zum Josephskreuz aufwärts führt. Der etwas weitere Weg, ein Stück die Alte Auerbergstraße entlang, dann links abbiegend, ist bequemer, während der kürzere Fußweg sehr steile Partien aufweist, aber durch herrlichen Fichten-Buchen-Wald mit riesigen alten Bäumen führt.

Kulturgeschichte Der riesige Natureingang der **Heimkehle** war früh bekannt. Eine Nutzung der Höhle durch Frühmenschen konnte nicht nachgewiesen werden. Ende des 19. Jahrhunders begann die wissenschaftliche Erforschung der Heimkehle. 1920 wurde sie als Schauhöhle eröffnet. Durch die Errichtung einer unterirdischen Rüstungsfabrik wurden alle wissenschaftlichen Arbeiten zerstört. Erst 1953 begannen Nordhäuser Höhlenforscher, die Höhle erneut für die Öffentlichkeit zugänglich zu machen.

Im Karstmuseum wird Auskunft über die Entstehung und den geologischen Aufbau gegeben. **Stolberg** ist eine der bedeutenden Fachwerkstädte im Harz. Entstehung und Bedeutung verdankt sie dem Bergbau. Bereits 1300 wurde das Stadtrecht verliehen. Die Grafen, später Fürsten von Stolberg waren die beherrschende Kraft in diesem Teil des südlichen Harzes. Bereits 1518, ein Jahr nach dem Anschlag der Thesen Martin Luthers, hatte sich der Graf auf dessen Seite gestellt. Die durch die religiös weltanschaulichen Umwälzungen entstandene Unruhe in der bäuerlichen Bevölkerung, die infolge vielfacher Repressionen verarmt und fast rechtlos war, führte zum Aufstand. Der in Stolberg geborene Theologe und radikale Reformer Thomas Müntzer wurde Anführer der Bauern und Armen der Städte.

Heute ist Stolberg ein Erholungsort mit einer gästefreundlichen Ausstattung in einer wunderschönen Landschaft.

Der Kurort ist mit seinem als Ganzes denkmalgeschützten, historischen Stadtkern ein Stück Mittelalter, durch das sich der moderne Verkehr nur mühsam hindurchwindet. Fachwerkhäuser aus dem 15.–18. Jahrhundert prägen die engen Gassen. Gepflegt und guterhalten, oft mit reich verzierten Fassaden, sind es wahre Schmuckstücke. Das Rittertor und der Saigertorturm schließen die Täler, in denen das Städtchen mit seinen 1800 Einwohnern liegt, ab. Das stattliche **Rathaus** hat seine Besonderheiten. Im Inneren gibt es keine Treppen. Die beiden Obergeschosse sind durch eine außen liegende Treppe zu erreichen. Über den Fenstern des Erdgeschosses sieht man die Zunftzeichen der ehemals in Stolberg befindlichen Handwerke. Sie entstanden 1724, genauso wie die Sonnenuhr an der Rathausfassade.

Aus einer Burganlage, die bis ins 10. Jh. zurückreicht, entstand durch Umbauten bis 1700 das heutige, die Stadt überragende Barockschloß.

Stolberg nennt sich „Perle des Südharzes". Sie läßt sich nicht in einer Stunde erschließen. Wer diese Stadt richtig erleben will, sollte sich länger aufhalten. Selbst ein halber Tag dürfte zu kurz sein.

Viele reizvolle Wanderwege gehen von Stolberg aus.

Das heutige **Josephskreuz** auf dem **Großen Auersberg** hatte einen Vorgänger, denn bereits 1832–34 wurde nach einem Entwurf von Schinkel ein hölzerner Turm von 22 m Höhe erbaut. 1880 zerstörte ihn ein Blitzschlag. Durch gemeinsame Anstrengung und Finanzierung durch fürstliche Kammer und Harzklub wurde 1896 ein mächtiger Eisenturm in Kreuzform errichtet. 200 Stufen führen auf den 38 m hohen Turm, der einen weiten Ausblick bietet.

Erdgeschichte Von Berga aus in den Harz verlaufen Straße und Eisenbahn in einem Tal mit jungen **fluviatilen Ablagerungen**. Die Heimkehle befindet sich an deren Rand, wo Zechstein aus dem harzbegleitenden Buntsandstein austritt. Der Alte Stolberg wird im wesentlichen aus **Zechstein** der Leine–Aller–Folge gebildet. Hinter Stempeda überqueren wir **pleistozäne Schwemm- und Schuttmassen** im Thyratal. Die Stadt Stolberg liegt in der im südöstlichen Harz liegenden Masse unterkarbonischer Resedimente aus umgelagerten Altbeständen. Der Große Auerberg wird aus **Auerberg-Porphyr** des Rotliegenden gebildet.

Pflanzenwelt Die durch den verwitternden Zechstein gebildeten basischen Böden sind Grundlage für die reiche Flora des „Alten Stolberg". Der kleine Höhenzug trägt **Traubeneichen-Buchenwald** mit vielen anderen Gehölzen. Stellenweise kommt es zu Auflichtungen mit licht- und wärmeliebenden und Trockenheit vertragenden Pflanzengesellschaften mit z. B. Berg-Gamander, Blau-Schwingel, Berg-Steinkraut und andere **Halbtrocken- und Trockenrasenarten** wie Sonnenröschen, Wundklee, aber auch prächtige Stauden wie Türkenbundlilie und Skabiosen-Flockenblume fehlen nicht. Schwalbenwurz, Astlose Graslilie, Blutroter Storchschnabel sowie Strauß-Wucherblume vervollständigen die Farbpalette der Staudenvielfalt, und die umfangreichen Dolden und großen Fiederblätter des Breitblättrigen Laserkrautes leiten über zu der Vielfalt der Strauchflora. Auf dem Wege von Stolberg zum Auerberg führt der Weg durch Buchenwald, in den stellenweise Fichten eingebracht wurden. Ein wunderschöner Mischwald mit 150jährigen Buchen und Fichten mit reichem Unterwuchs befindet sich am Weg von der Josephshöhe zum Gasthaus Auerberg.

Tierleben Die reichgegliederten Landschaften des Alten Stolberg bieten der Vogelwelt günstige Brut- und Nahrungshabitate, aber auch Schmetterlinge, Käfer und andere Insekten sind in Fülle zu beobachten. Die Wildarten entsprechen im ganzen dem beschriebenen Wandergebiet.
→ Tierleben im Harz.

Erweiterungstouren Begehen des über 40 km langen Karst-Lehrpfades von der Heimkehle aus. Ganztagswanderung oder zweitägig, für geologisch interessierte

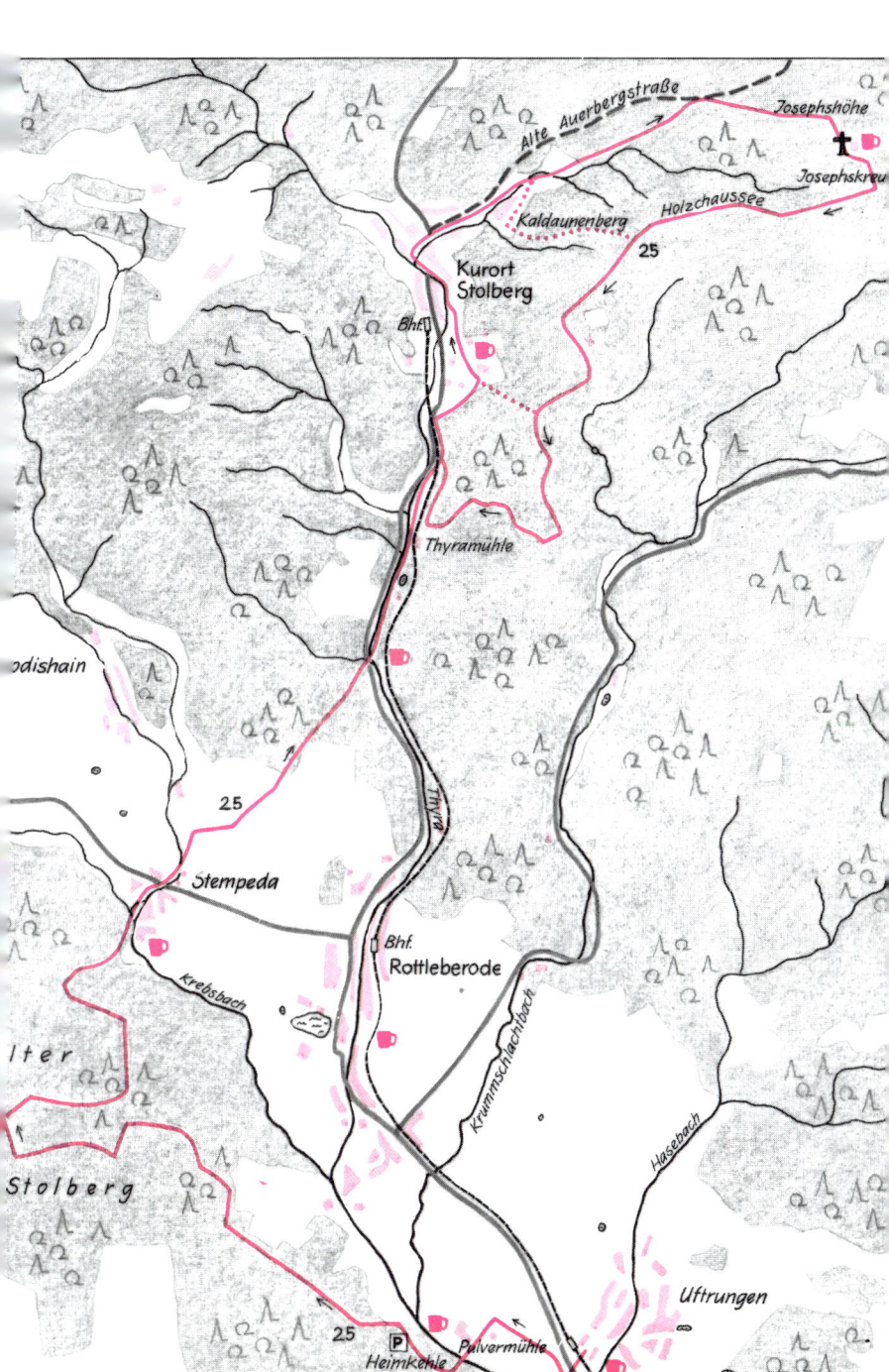

Im östlichen Unterharz

Wanderer. Übernachtung bietet sich dann in Morungen oder anderen Orten an. Vom Auerberg aus nach Straßberg über Frankenteich 8 km, in Straßberg sind Bahnhof der Selketalbahn und Bushaltestelle.

Tour 26

Von Roßla durch den Bauerngraben nach Questenberg und Bennungen

Anfahrt
   Bahn Bahnhof Roßla (Linie 660)
   Bus Haltestelle Roßla, von Kelbra, Sondershausen, Kyffhäuser, Stolberg, Hasselfelde, Wernigerode, Sangerhausen und Breitungen
   PKW B 80 bis Roßla oder zum 1 km vor Agnesdorf an der Straße nach Hayn und Harzgerode gelegenen Parkplatz
Wanderstrecke   15 km / 4 Stunden
Profil   Von Roßla über Weinberg leichte Wegstrecke. Zum Hohen Kopf leichte bis mittlere Steigung, zum Bauerngraben leicht steigend und fallend, 2 km ebene Wegstrecke, dann leichter bis mittlerer Anstieg nach Questenberg. Durch das Nassetal 100 m Abstieg auf bequemem Weg. Über Wickerode bis Bennungen sehr leichter Abstieg.
   Orientierung   ↦ Tourenkarte S. 130
   Wegemarkierung   von Roßla bis zum Hohen Kopf grüner Querbalken, von Questenberg nach Bennungen grüner Punkt
   Rast am Wegesrand möglich
   Einkehr Weinberg, Questenberg, Wickerode, Bennungen und Roßla

Stolberger Fachwerk

Die Wanderung beginnt in **Roßla** und führt auf dem mit grünen Balken markierten Weg zum **Weinberg**, wo man einen sehr schönen Ausblick auf den Kyffhäuser hat. Weiter geht es in nördlicher Richtung durch die Feldflur und abwechslungsreichen Mischwald zum **Hohen Kopf**. Hier trifft man nach 2 km auf einen mit rotem Querbalken bezeichneten Weg, der in östlicher Richtung bis Questenberg führt.
Stellenweise öffnet sich der Wald und gibt den Ausblick auf das im Norden liegende Breitungen frei. Nach 2 km ist der Talkessel des **Bauerngrabens** erreicht. So wird ein **episodischer See** genannt, der zwischen Breitungen und Agnesdorf im Norden und Roßla im Süden liegt. Dieser See ist ein merkwürdiges Phänomen im Südharzer Karstgebiet (↦ Erdgeschichte).
Die Wanderung führt auf dem Weg weiter nach Osten vorbei an vielen Erdfällen bis zur Straße, die nach 1 km erreicht ist. Nach Überqueren der Straße wird ein Parkplatz sichtbar, der von Besuchern des Bauerngrabens genutzt wird, die mit dem Auto kommen. Der Weg folgt weiter der Markierung roter Balken und erreicht nach etwa 2 km **Questenberg**. Auf dem Questenfelsen befindet sich die Queste, ein in die Erde versenkter Eichenstamm als Stätte des jährlichen Questenfestes. Auf der gegenüberliegenden Seite sieht man die Ruine der Questenburg. Man verläßt Questenberg auf dem mit grünem Punkt markierten Weg durchs **Nassetal**.
Es weist als Durchbruchtal durch den Zechsteingips typische Karstformen auf. Drei kleine Teiche östlich der Nasse sind Überbleibsel aus der Zeit des Kupferbergbaus. Die Talhänge zeigen steile Absturzwände mit Seitentälchen und Abrißplatten. Erdfälle, Höhlen, Trockentälchen sind typisch für das Karstrelief.
An **Wickerode** vorbei gelangt man nach 5 km nach **Bennungen**. Von hier aus geht es zu Fuß, mit Bahn oder Bus zum Ausgangspunkt nach **Roßla** zurück.

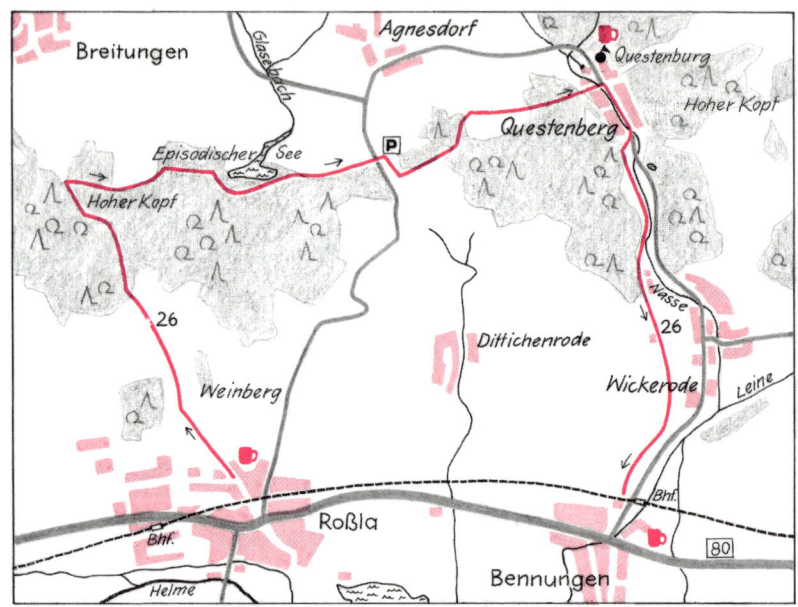

Kulturgeschichte Roßla hat 3200 Einwohner und liegt an der Helme zwischen der fruchtbaren Goldenen Aue und dem Südostrand des Harzes. Erstmals urkundlich erwähnt wurde der Ort 996. Ur- und frühgeschichtliche Funde weisen auf eine noch frühere Besiedlung hin, die besonders auf die klimatisch günstige Lage im Harzvorland, wichtige Verkehrsverbindungen und früh genutzte Kupfererzvorkommen zurückzuführen ist.

Die Grafen von Stolberg bauten die Wasserburg Roßla zu einem Stammsitz aus. Um 1709 wurde sie Residenz der Linie Stolberg-Roßla.

Questenberg wurde erstmals 1275 genannt. Bereits in der Bronzezeit wurden Kupfererze gefördert. Bis 1897 betrieb man die Kupfergewinnung.

Die **Questenburg**, Ruine mit einigen erhaltenen Bauresten, wurde um 1250 erbaut und befand sich seit dem 15. Jh. im Besitz der Grafen von Stolberg, die bis hierher ihr Einflußgebiet ausdehnten. Drei vorgeschichtliche Wallburgen reichen in noch frühere Zeiten zurück. Der Ort Questenberg liegt unmittelbar in der Nähe. Als Zeichen ehemaliger Gerichtshoheit steht heute noch in Ortsmitte ein „Roland". Darüber erhebt sich die Dorfkirche aus dem 16. Jahrhundert.

Erdgeschichte Der **Bauerngraben** ist ein episodischer, also in unregelmäßigen Abständen mit Wasser gefüllter See. Bei Füllung kann das Becken eine Fläche von 3,4 ha bei 340 m Länge und 100 m Breite, einen Wasserinhalt von etwa 200 000 m³ und eine Tiefe von 10 bis 15 m aufweisen. Der südliche Rand bildet einen 60 m hohen Steilhang. Gespeist wird der Bauerngraben vom Glasebach, aber bei leerem Becken verschwindet der Glasebach in einem Schluckloch, dem Glasebach-

Im östlichen Unterharz

Ponor. Das unregelmäßige Füllen und Leeren des Beckens hat zu vielen Deutungen geführt. Schließlich wurde festgestellt, daß Verstopfungen des Abflusses durch Geröll, Schlamm und organische Substanzen auftreten, die nach einiger Zeit vom sickernden und fließenden Wasser wieder ausgeräumt werden. Der Inhalt des Sees stürzt dann in die Abzugsbahnen und die unterirdischen Höhlen, so daß sich der Bauerngraben rasch leert. Bei erneuter Verstopfung der Abzugslöcher (Fachbegriff: Ponore) tritt Grundwasser aus dem Breitunger Auslaugungstal ins Becken und das Wasser des Glasebachs staut sich, so daß der Bauerngraben verhältnismäßig rasch wieder zum See wird.

Pflanzenwelt Liegt der **Bauerngraben** trocken, ist der Boden mit vielerlei Pflanzen bedeckt: vor allem Wasser-Ampfer in der Nähe des Abflusses, während im Ortsteil bis mannshohes Rohrglanzgras vorherrscht. Riesige Flächen des Talgrundes werden durch Wildschweine regelrecht umgestülpt. Reste von Rhizomen des Sumpf-Ziestes, auch Schweinsrübe genannt, liegen in den aufgebrochenen Stellen. Am Rande des Beckens stehen Wilde Karden, Rainfarn, Hain-Kletten und andere Stauden, nach oben in Halbtrockenrasen übergehend. In Mäandern windet sich der Glasebach in den östlichen Teil des Beckens und verschwindet mit zwei Armen in Löchern zwischen Gipsgeröll, das vom dahinterliegenden Steilhang herabgerollt ist. Es ist also eine richtige Bachschwinde, wie sie nicht selten im Gipskarst auftreten.

Tierleben In den blütenreichen Trocken- und Halbtrockenrasen sind viele **Schmetterlinge** zu finden, deren Raupen in der Regel nur an eine oder wenige Futterpflanzen angepaßt sind. Auch andere Insekten sind verbreitet.

Die Vogelwelt zeigt sich in den deckungsreichen Strauchfluren arten- und individuenreich. Im Eichen-Buchenwald leben mehrere Spechtarten, darunter der sperlingsgroße Kleinspecht, auch Mittel-, Grau- und Grünspecht. Hohltaube und Kleiber nutzen ihre Höhlen. Die Elster baut ihre Nester an den Waldrändern oder in Baumgruppen. Mäusebussard und Roter Milan brüten im Wald, erbeuten ihre Nahrung jedoch in der offenen Landschaft (→ Tierleben im östlichen Unterharz)

Erweiterungstouren

→ Tour 29 Morungen-Mooskammer-Großleinungen, Karstwanderweg bis Pölsfeld bzw. Heimkehle

Der Glasebach

Tour 27

Von Morungen über den Höhenzug Mooskammer nach Großleinungen

Anfahrt
Bahn bis Bennungen oder Schleusingen, Weiterfahrt mit Bus
Bus Haltestelle Morungen
PKW B 80 oder B 86 bis Sangerhausen, weiter über Wettelrode nach Morungen
Wanderstrecke 5 km / 1 1/2 Stunden, von Morungen zum Höhenzug Mooskammer (Naturschutzgebiet) 1 km, bis Großleinungen 4 km
Profil Vom Waldrand zur Höhe der Mooskammer leichte Steigungen, bis Großleinungen stellenweise steilerer An- und Abstieg.
Orientierung → Tourenkarte S. 133
Wegemarkierung
Rast am Wegesrand möglich
Einkehr Morungen, Großleinungen

Die Landschaft am südlichen Harzrand ist so schön und klimatisch günstig, daß sich ein Besuch oder sogar ein erholsamer Urlaub lohnt. Die Waldgebiete nördlich des Dorfes Morungen bieten viele Wandermöglichkeiten. Am schönsten ist es im Frühjahr, wenn die Knospen der Buchen aufplatzen und die Frühjahrsblüher den Waldboden bunt schmücken, oder im Herbst, wenn die Laubwälder in Herbstfarben leuchten.

Von **Morungen** aus folgt man der Straße Richtung Wettelrode. Nach dem Dorfausgang führt ein mit orangem Punkt markierter Weg in südlicher Richtung zum **Höhenzug Mooskammer,** der nach 1 km erreicht ist. Von hier trägt der Höhenweg einen roten Balken. In der Flur fallen gebüschbestandene Gesteinshalden auf. Es sind Überreste des im Mittelalter betriebenen Kupferbergbaus. Gleich am Waldrand sieht man **Erdfälle** aller Größen. In einem Erdfall von etwa 20 m Durchmesser und 8 m Tiefe mündet ein trockenes Bachbett.

Bei starkem Anfall von Regen- oder Schmelzwasser verschwindet der sich dann bildende Bach in einem **Ponor,** einem unterirdischen Abfluß.

Die Mooskammer hat nur eine Länge von 4,5 km und eine durchschnittliche Breite von 500 m. Der Weg auf den **nördlichen Abhang** führt verhältnismäßig steil hinauf. Immer wieder erscheinen Erdfälle, kleine Schluchten und Gräben. Der Nordhang ist mit Buchen, Hainbuchen und Traubeneichen bewaldet. Nach Süden zweigt ein Weg mit der Kennzeichnung oranger Querbalken ab, der zum **Südhang der Mooskammer** und weiter in die Helmeniederung führt.

Von hier aus blickt man in die Goldene Aue, sieht im SO Sangerhausen liegen und südwestlich erhebt sich der Kyffhäuser mit dem Denkmal. Die Wanderung führt zurück auf den mit rotem Balken **markierten Weg** und erreicht am Nordostrand entlang nach 3 km **Großleinungen.**

Rückweg nach Morungen: den gleichen Weg zurück, oder Rückweg mit dem Bus.

Kulturgeschichte Die **Mooskammer** und die umliegenden Orte befinden sich zwischen dem Mansfeld-Harzgeröder Bergland und dem Helme-Unstrut-Tal. Die sich südlich des Harzes erstreckende Goldene Aue und das Helme-Unstrut-Tal sind alte Kulturlandschaften, die frühzeitig ackerbaulich genutzt wurden.

Dazu kam die uralte Kupfererzförderung, die man bis in die Bronzezeit zurückführt.

Morungen wurde 840 erstmals urkundlich genannt. Auf der Morungsburg kam um 1150 der Minnesänger Heinrich von Morungen zur Welt.

Im östlichen Unterharz

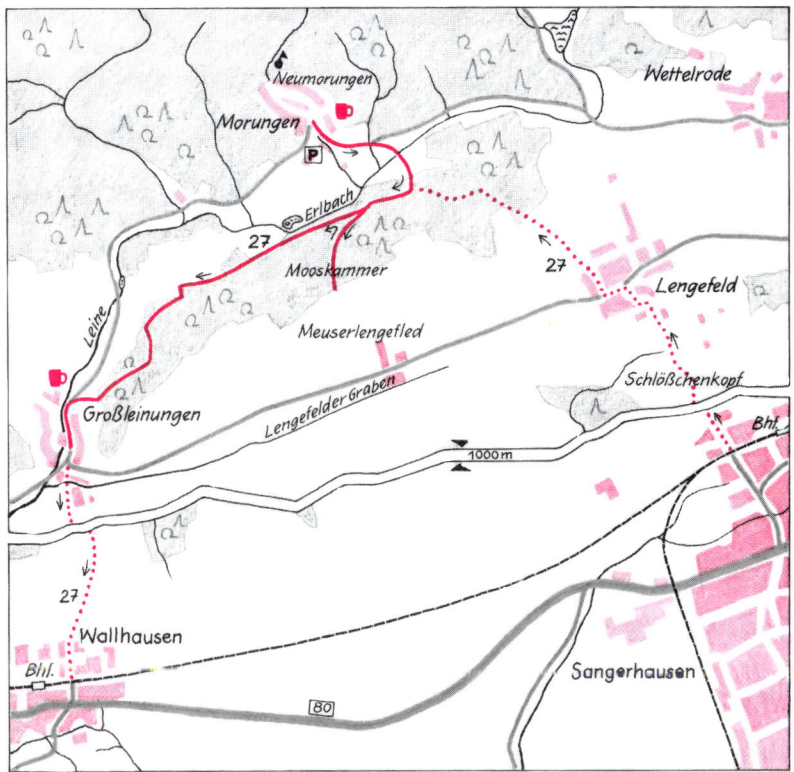

Erdgeschichte Den Untergrund der Moos-kammer bilden Rote Letten, Sand- und Rogensteine des unteren **Buntsandsteins,** am nördlichen Rand ein schmaler Streifen bunte Letten sowie Gips des oberen **Zechsteins.** Unterschiedlich mächtig liegt pleistozäner **Löß** auf. So differenziert wie die Gesteine und Bodenformen sind die Böden ausgebildet. Lößböden mit Toneinlagerungen sind tiefgründig; auf Zechsteinkalk und -gips liegen **flachgründige Skelettböden** mit hohem Steinanteil. Im Buntsandstein kommen sandige oder tonige flach- bis mittelgründige Böden vor, oftmals kalkfrei, sofern nicht Rogenstein ansteht. Durch Überschiebungen sind die Böden im Stein- und Kalkanteil vermischt.

Pflanzenwelt Die Vielfalt der Waldgesellschaften war Anlaß, dieses Gebiet unter **Naturschutz** zu stellen. Der Nordhang ist von **Buchenwäldern** unterschiedlicher Vergesellschaftung bewachsen. An den wärmebegünstigten Südhängen findet man **Winterlinden-Traubeneichen-Mischwald** mit Hainbuchen, aber auch Feldahorn und Vogelkirsche. Wiesenwachtelweizen, Drahtschmiele und Heidelbeere zeigen ärmere Böden an. An steileren Nordhängen, im Mischwald der tief eingeschnittenen, kleinen Täler und Erdfälle wachsen Erlen, Bingelkraut, Rauhe Trespe, Alpen-Johannisbeere sowie Schwarzer Holunder. Es wachsen auch **geschützte Pflanzen** im Wandergebiet wie die Hirschzunge, das Große Zweiblatt als Orchideenart und die Waldhyazinthe. Zur Zeit der **Frühjahrsblüher** ist die Wanderung ebenfalls empfehlenswert.

Tierleben Bei feuchtem Wetter verläßt der **Feuersalamander** sein Versteck. Er laicht sogar in kleinen Gräben und Bächen. Auch Teichmolch und Bergmolch findet man in der Laichzeit selbst in kleinsten Gewässern. Der **Fadenmolch** erreicht im Harz seine östliche Verbreitungsgrenze, ist aber im Südharz verbreitet. Neben dem Grasfrosch kommt im milden Südvorharzklima sogar der Springfrosch vor, und neben der Erdkröte ist die seltene **Geburtshelferkröte** gelegentlich zu finden. Zaun- und Waldeidechse leben beide im Gebiet. Erstere liebt vor allem wärmere Flächen, während die Waldeidechse auch mit kälteren Bereichen vorlieb nimmt. In hohen Bäumen am Waldrand werden Krähennester gern von **Greifvögeln** besetzt. Man sieht dann Mäusebussard und Roten Milan über der Feldflur schweben oder den Turmfalken rüttelnd nach Mäusen spähen.

Erweiterungstouren

- Von Großleinungen (Weg mit grünem Balken) über Wallhäuser Berg nach Wallhausen, 4 km bis Bahnhof
- Vom Bahnhof Sangerhausen auf markiertem Weg (grüner Balken) über den Schlößchenkopf und Lengefeld bis zum Kamm der Mooskammer, 6 km
- → Tour 30 von Morungen (grüner Balken) zur Wippertalsperre 9 km, von der Talsperre weiter nach Wippra (roter Querbalken) 7 km
- Von Großleinungen über Meuserlengefeld und Lengefeld zurück nach Morungen, 7–8 km
- Von Großleinungen über Pfeiffersheim nach Sangerhausen (Rosarium, Spenglermuseum) und von dort zurück nach Morungen, 12–15 km

Tour 28

Rundwanderung von Wippra über Morungen durchs Horletal zur Wippertalsperre und durchs Wippertal zurück

Anfahrt

Bahn Stichbahn Klostermansfeld-Wippra, eine Anschlußstrecke der Linie Erfurt–Sangerhausen–Magdeburg

Bus Linienverkehr von Sangerhausen und Hettstedt

PKW Der Ort liegt an einer Verbindungsstrecke B 80 – B 242 von Sangerhausen bis östlich Hermerode

Fahrrad über Verkehrsstraßen zu erreichen

Wanderstrecke 22 km / 7,5 Stunden

Profil von 260 m auf 425 m an der Kohlenstraße ansteigend, dann auf 275 m vor Morungen fallend; zurück über 435 m an der Kohlenstraße

Orientierung → Tourenkarte S. 135

Wegemarkierung grüner Querbalken bis Straße Wettelrode–Morungen, roter Querbalken bis Morungen, Rückweg grüner Querbalken.

Rast Forsthaus Wildstall, Wettelroder Kunstteich, Morungen, Schutzhütte am Knüllweg

Einkehr Morungen, Kurort Wippra

Besondere Hinweise Bergbauinteressierte können vom Kunstteich Wettelrode das Bergbaumuseum Röhrigschacht/Wettelrode in zwei km Entfernung besuchen; eventuell Rückfahrt nach Wippra mit ört-

Im östlichen Unterharz

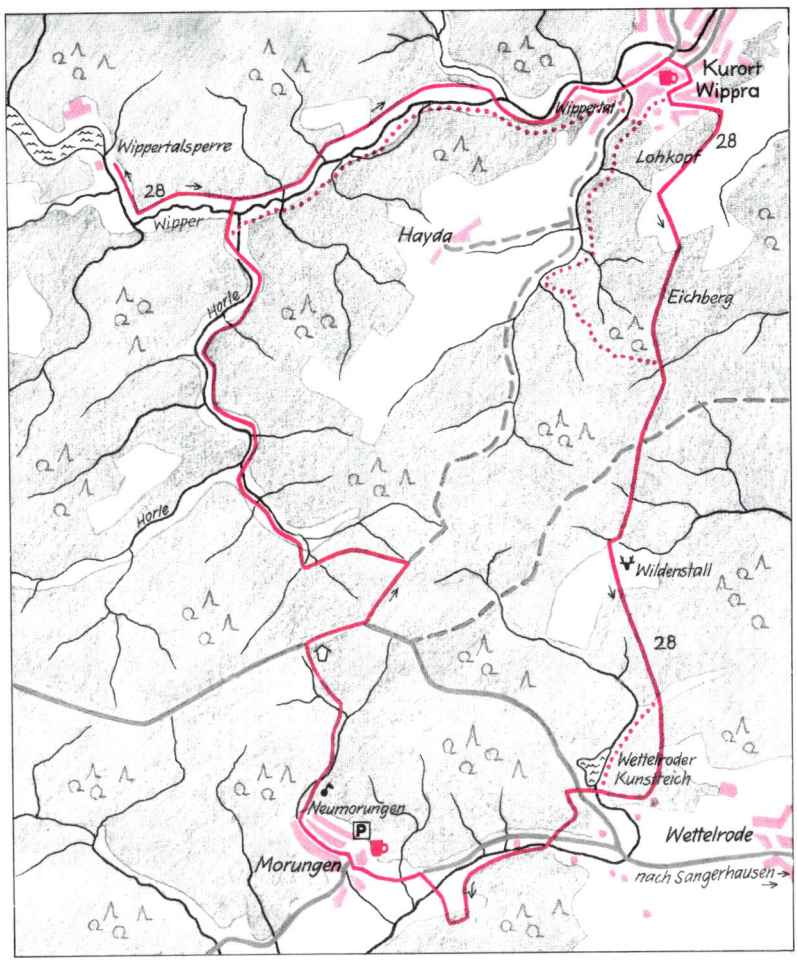

lichen Buslinien über Sangerhausen (umsteigen).

Von der Wipperbrücke in Ortsmitte **Wippras** (Wanderknotenpunkt mit Orientierungstafel) den markierten Wanderweg in Richtung Südwest gehen und nach 500 m Wegstrecke am **Forstamt im Hasseltal** aufwärts wandern; etwa 650 m nach der Abzweigung Hayda nach links über ein Seitentälchen das Hasseltal verlassen und durch die Forstorte Bettlershain, Müllershain und Nasse Wege zum **Wegestern an der Kohlenstraße**. Den Weg nach Süden zum **Forsthaus Wildstall** gehen und geradeaus weiter bis zu einer Senke, die zum **Wettelroder Kunstteich** (Freibad) führt. Die Verkehrsstraße wird überquert und auf deren Westseite am Südhang des Giebichenberges zur Straße nach **Morungen** gewandert, der man zum Ort folgt. Durch **Morungen** fließt der Molkenbach, dem man nach Norden folgt. Gleich am Ortsausgang biegt der mit grünem Balken markierte „**Knüllweg**" ab. Durch schönen Buchenwald, im Tal steht ein Eschen-Erlenwald mit Berg- und Spitzahorn, steigt der Weg leicht aufwärts und wird vor Erreichen der Kohlenstraße (Straße Sangerhausen-Horla) etwas steiler. Eine Schutzhütte lädt dort zur Rast ein. Auf der Straße führt die Wanderung zunächst 500 m nach rechts, biegt dann links in die Forststraße ein und zweigt nach 600 m wieder scharf links ab. Man wandert durch das **Tal der Horle** und trifft nach 3,5 km auf das **Wippertal.** Von dort aus folgt man bis zur 1,5 km entfernten **Wippertalsperre** der Wegemarkierung roter Querbalken.

Die Berghänge, vor allem der nördliche Hang, sind mit von Birke geprägtem Wald bedeckt. Zusammen mit Lärchen bietet er vor allem im Frühjahr durch das helle Grün der zarten Blätter und Nadeln ein wunderschönes Bild. Von der Talsperre zum Kurort **Wippra**, dem Ausgangspunkt im Wippertal, sind es 5,5 km Weg, die mit rotem Balken gekennzeichnet sind. Die Wipper fließt in großen Mäandern durch ein Wiesental, das hier und da mit Erlen oder Weiden bestanden ist.

Kulturgeschichte Vor- und frühgeschichtliche Funde im Wippertal bis **Wippra** weisen auf frühe sporadische Besiedlungen. Der Ort wird im Hersfelder Zehntverzeichnis 840 als Uuipparacha erstmals erwähnt. Zwei kleine Herrenburgen des 10./11. Jahrhunderts werden als Sitz eines Bruderpaares gedeutet, das später auf dem Schloßberg unmittelbar nördlich des Ortes eine geräumigere Burg errichtete, die bis 1486 bestand. Um 1045 werden Edle Herren von Wippra erstmals urkundlich genannt, 1175 starb das Geschlecht aus. Der Bergbau hatte für Wippra nicht die überragende Bedeutung wie für die meisten Harzorte. Land- und Forstwirtschaft waren von alters her vorherrschend.

Vorübergehend wirkte sich der Kupferschieferbergbau günstig aus, weil ein Teil der Einwohner Wippras als Berg- und Hüttenleute im Mansfelder Revier Arbeit fand. Heute ist Wippra ein Kurort mit 1800 Einwohnern. Der Fremdenverkehr ist ein wesentlicher Wirtschaftsfaktor geworden. Land- und Forstwirtschaft herrschen vor, während Industrie kaum eine Rolle spielt. Ende des 9. Jahrhunderts wird **Morungen** als Morunga im Hersfelder Zehntverzeichniss erstmals erwähnt. Es ist die Heimat des Minnesängers Heinrich von Morungen (um 1150 bis 1220). Drei mittelalterliche Burganlagen umgeben den Ort: Burg Altmorungen am Südhang des Bornberges westlich des Ortes, dicht östlich eine weitere Burganlage ohne Namen und die Burg Neu-Morungen nördlich desselben. Die Wippertalsperre ist eine Brauchwassertalsperre. Sie wurde 1954 eingeweiht und sollte Zuschlagwasser für das Walzwerk Hettstedt liefern. Auf der Wasserfläche schwimmt eine Netzkäfiganlage zur Mast von Regenbogenforellen. Die Sperrmauer ist 18 m hoch, 126 m lang und hat eine Stärke von 17 m, das Fassungsvermögen beträgt 2,5 Mio m^3.

Erdgeschichte Die Wanderung führt durch alle Gesteinszüge der metamorphen Zone von Wippra. Wirtschaftlich gewonnen wurden vor allem umgewandelte körnige **Diabase**, die daher durch zahlreiche Steinbrüche aufgeschlossen sind.

Nördlich der Straße Wettelrode – Morungen streicht der **Untere Zechstein** mit dem Kupferschiefer aus; zahlreiche Pingen deuten auf eine rege Bergbautätigkeit hin. Bedeutungsvoll war auch ein Gangerzbergbau, der Pingenzüge an beiden Flanken des Morunger Tales hinterlassen hat.

Im östlichen Unterharz

In der ersten Abbauphase sind vor allem **Kupfererze** gewonnen worden. Ab Mitte des 19. Jahrhunderts stand dann **Baryt** (Schwerspat) im Zentrum bergbaulicher Interessen.

Pflanzenwelt Herrlicher **Buchenwald**, im Frühjahr bunt durch Blüten, im Sommer durch das dichte Blätterdach angenehm kühl, im Herbst besonders schön durch die Laubfärbung, ist im Bereich der Wanderroute vorherrschend. Hier und da sind Fichtenaufforstungen eingesprengt. Die Lage im wärmeren und trockeneren Ostharz zeigt sich in der Flora der Wälder und vor allem der offenen Landschaft. Im Wippertal und seinen Seitentälern sind Erlen-Eschen-Bestände vorherrschend, auch Grauerle, Berg- und Spitzahorn sind Begleiter. Schattenpflanzen wie Giersch, Echte und Hain-Sternmiere, Bingelkraut und Waldziest wachsen im Bestand, aber auch am Waldrand. Im zeitigen Frühjahr erscheint der Aronstab. Die stattliche Hohe oder Waldprimel ist ein Laubwaldbegleiter, während die Wiesenschlüsselblume auf Halbtrockenrasen, trockenen Wiesen und Böschungen blüht. Die Ränder des Waldes und der Saum des Wippertales sind mit einer reichen **Strauchschicht** bewachsen.

Tierleben Auch in der Wipper kann man **Graureiher** stehen sehen, die unbeweglich auf Fische warten. Meist sind kleine Fische die Beute.

Aber gerade diese Kleinfische sind bedeutungsvoll für das Leben im Bach und manche sind schon im Bestand gefährdet.

Groppe, Schmerle und Ellritze, besonders aber die **Bachforelle** gehören zum Lebensbereich der Gebirgsbäche. Wasserinsekten und deren Larven, Wasserassel, Flohkrebse sind ihre Nahrung. Die **Wasseramsel**, der einzige Singvogel, der tauchen und schwimmen kann, lebt im gleichen Bereich und ist auf schnell-fließende, saubere Bäche angewiesen. Bergbachstelze und Zaunkönig leben im Ufergestrüpp und in den Sträuchern zwischen Talrand und Hochwald singt und klingt es im Frühjahr von vielen anderen Vogelarten.

Erweiterungstouren

a) → Tour 29 Mooskammer, Sangerhausen
b) von Wippra nach Rammelburg,
c) von Morungen nach Grillenberg

Am steilen Harznordrand

Am steilen Harznordrand

Einführung

Der nördliche Harzrand zwischen **Hahausen** und **Thale** gehört zu den vielschichtigsten und abwechslungsreichsten Teilen des Harzes. Hier treten die Formationen der Aufrichtungszone (siehe geologische Darstellung) nebeneinander zutage, hier münden die **Flußtäler** der Innerste, Grane, Gose, Oker, Radau, Ecker, Ilse, Holtemme, Bode, hier wuchsen die an Geschichte und Fachwerkarchitektur reichen Städte Goslar, Bad Harzburg, Ilsenburg, Wernigerode, Blankenburg und Thale, hier gibt es Klöster und Kirchen, Kapellen, Burgen, Stadtbefestigungen aus überwiegend romanischer Zeit. Neben einer durch wechselndes Grundgestein und steil aufragende Bergflanken besonders vielseitigen Flora findet man Gefährdung durch eine Industrie, die bereits im Mittelalter Bedeutung erlangte: **Bergbau** an Silber und Erz in Goslar, Blei- und Zink**hütten** in Oker, Kupferhütte und Eisenhammer in Ilsenburg, desgleichen Saigerhütten in Wernigeorde, Eisengießerei in Blankenburg, -verhüttung in Thale. In den letzten Jahren kommt hinzu eine Verkehrsüberlastung auf der Bundesstraße 6 zwischen Quedlinburg und Goslar durch PKW und Fernlastverkehr. Dennoch ist dies die attraktivste und am häufigsten aufgesuchte Region des Harzes: von hier aus beginnt der Sturm auf den Hochharz.

Kulturgeschichte

Dem Wanderer zu empfehlen sind hier besonders die ins Gebirge aufsteigenden Flußtäler der Oker, der Ilse, der Holtemme (Steinerne Renne) und der unteren Bode

Hexenkessel im Bodetal

sowie die Städte mit ihren mittelalterlichen Stadtkernen und ihrer Umgebung.

Bedeutung erlangte frühzeitig **Goslar** als Kaiserpfalz und Schauplatz glänzender Reichstage sowie als reiche Hansestadt. In einer langandauernden Fehde mit dem Braunschweiger Herzog Heinrich dem Jüngeren verlor es alle seine Privilegien und Einkünfte und gewann erst im 19. Jahrhundert als Mittelpunkt einer Industrieregion an Bedeutung zurück. Es ist sehenswert durch die Kaiserpfalz, die guterhaltenen Stadtbefestigungen, die zahlreichen Kirchen und Museen, die kostbar verzierten Fachwerkhäuser ('Brusttuch' mit 'Butterhanne').

Das hübsche **Bad Harzburg** mit dem kegeligen Burgberg erlangte nach der Zerstörung der Burg im 11. Jahrhundert, nach Wiederaufbau und wechselnder Herrschaft und Verfall Bedeutung durch den Salzhandel im 16. Jahrhundert. Bereits 1895 galt es als 'Badeort ersten Ranges und die vornehmste und eleganteste (und deshalb auch nicht immer billige) Sommerfrische des Harzes' – diesem Ruf ist es bis heute treu geblieben.

Ilsenburg – einst halberstädtischer Dombesitz, später an Wernigerode – ist mit Stadt und Kloster und Schloß, dem Eckerstausee, mit Forellenteich und Hüttenmuseum, mit dem romantischen Ilsetal in Richtung Brocken, in dem besonders die ragende Klippe des Ilsesteins begeistert, Anziehungspunkt für Urlauber und Touristen zu jeder Jahreszeit. Das Dorf **Drübeck** war einst Sitz eines Stiftsklosters mit einer sehenswerten romanischen Kirche. Im Klosterhof steht eine besonders ausladende Linde.

Die 'bunte Stadt am Harz' **Wernigerode** hat mit Fachwerkaltstadt, mit Rathaus und Schloß ein Fluidum, das jährlich Hunderttausende anlockt. Von hier aus bieten sich besonders schöne Wanderungen in die nähere Umgebung bis hinauf in den Hochharz an.

Das Harzer Bergtheater

Die einst braunschweigische Fürstenresidenz **Blankenburg** – Blütenstadt am Harz – verfügt über einen sehenswerten, mittelalterlichen Stadtkern und ein ausgedehntes, gründerzeitliches Umfeld. Die **Ruinen** der Heimburg und des **Regensteins**, die Regensteinsmühle, das als 'Kultur- und Forschungsstätte zur Musik des 18. Jahrhunderts' weltberühmte Kloster Michaelstein, die Teufelsmauer und Kleines Schloß mit Terrassengarten sowie Großes Schloß sind lohnende Ausflugsziele. Ein Moorheilbad gibt es auch.

Thale mit seiner Eisenindustrie ist weniger als Ort denn als Ausgangspunkt zum Besuch des Harzer Bergtheaters und zu Reisen in das wildromantische Bodetal mit Roßtrappe und Hexentanzplatz bekannt geworden, doch weist es auch im Altstadtbereich malerische Partien, einen romanischen Wohnturm und Kirchen auf.

Von hier aus ist es auch nicht mehr weit nach Quedlinburg. Ein Besuch dieser sehenswerten Stadt ist sehr zu empfehlen (→ Tour 36). Vorgelagert bei der Ortschaft Neinstedt findet man die schönsten Partien der sich bis in den Raum Ballenstedt hinziehenden Teufelsmauer. In gleicher Entfernung liegen am Harzrand die Ruinen Lauenburg und Stecklenburg. Die Nordkante setzt sich fort über **Bad Suderode** und **Gernrode** mit der tausendjährigen romanischen Klosterkirche St. Cyriakus, über die kuriose gründerzeitliche **Roseburg** zu dem durch sein Askaniergeschlecht bekannten **Ballenstedt** und verklingt hinter dem Eintritt des Selketals bei **Meisdorf** im Bogen auf Hettstedt zu – längst Teil des östlichen Unterharzes in seinen Ausläufern auf ein zerwühltes Industriegebiet hin.

Am steilen Harznordrand

Erdgeschichte

Ein Besuch **Goslars** ruft bei vielen Lesern geschichtliches Wissen über die alte Kaiserstadt wach und weckt Erwartungen an die Bekanntschaft mit mittelalterlichen Kulturerzeugnissen. Der Glanz des Mittelalters in dieser Region ist fest mit dem Bergbau verbunden, der am „Hausberg" des Städtchens, dem **Rammelsberg**, umging. Schon bald nachdem man 1968 die 1000jährige Bergbaugeschichte dieses Ortes feierte, bewahrheiteten sich frühere Vermutungen auf älteren Abbau, und man stieß bei Düna im südlichen Harzvorland auf Erz- und Schlakkenfunde der Zeit um 300, die unzweifelhaft dem Rammelsberg entstammen.

Goethe, der mehrfach den Raum um Goslar aufsuchte, nannte ihn **„klassische Quadratmeile der Geologie"**. Hier bei Goslar fand er auf engstem Raum die größte Vielfalt an Gesteinen und geologischen Erscheinungen in der Aufrichtungszone des Harznordrandes. Goethe stand in Kontakt mit Bergrat von Trebra und wollte sogar selbst ein Lehrbuch der Geologie verfassen.

Am Rammelsberg sind unter- und mitteldevonische Gesteine verbreitet. Mit der Sedimentation von Tonschiefern im unteren Mitteldevon (Untere Wissenbacher Schiefer) setzten sich in einem begrenzten Zeitraum Schwefelverbindungen vor allem von Buntmetallen ab. In der dadurch entstandenen **Erzlagerstätte** Rammelsberg kamen insgesamt 27 bis 30 Millionen t Erz zum Absatz, die einen durchschnittlichen Metallgehalt von 14% Zink, 6% Blei, 1% Kupfer, 120 g/t Silber, 1 g/t Gold und 20% Schwerspat beinhalteten, im Laufe von Jahrhunderten abgebaut wurden und den Reichtum und Ruhm der Stadt begründeten.

Der **Okergranit** stellt einen in sich geschlossenen asymmetrischen Plutonkörper (→ S. 17/18) dar, dessen nördlicher Teil durch die Harznordrandstörung abgeschnitten und in die Tiefe versetzt wurde.

Das an Ausdehnung und Bedeutung gegenüber dem Brockenpluton (→ S. 17) wesentlich kleinere **Rambergmassiv** südlich Thale wird von einem normalkörnigen Zweiglimmergranit (er enthält einen hellen und einen dunklen Glimmer), einem porphyrartigen Granit der Kernzone und randlich gelegenen Quarzglimmergesteinen aufgebaut. Eine morphologisch sehr reizvolle Landschaft bildete sich unmittelbar nördlich der **Harznordrandstörung**. In dieser Aufrichtungszone ist die Schichtfolge des Deckgebirges durch die Heraushebung der Harzscholle und eine starke Pressung gegen das nördliche Harzvorland steilgestellt, westlich Blankenburg in zunehmendem Maße sogar bis zur Überkippung. Die unterschiedliche Widerständigkeit der einzelnen Gesteine gegenüber der Verwitterung hat ein ausgeprägtes Relief entstehen lassen, das in einer Anschaulichkeit als Beispiel einer **Schichtrippenlandschaft** auch in der internationalen Fachliteratur Eingang fand.

Der Bereich der Aufrichtungszone am Harznordrand ist zugleich das Gebiet, in dem der Aufstieg der Harzscholle über ihr nördliches Vorland zeitlich verfolgt und die einzelnen Hebungsakte fixiert werden konnten. Sie sind in der Wissenschaft als die subherzynen Bewegungsphasen bekannt.

Im Raum Blankenburg–Ballenstedt treten zusätzlich noch feste Sandsteine der Kreidezeit an die Aufrichtungszone heran und haben mit ihren Verwitterungsformen die oftmals bizarren Gebilde der **Teufelsmauer** geschaffen → Tour .

Pflanzenwelt

Während am Südharzrand der Gipskarst dominiert, ist der Nordrand des Harzes außerordentlich vielfältig strukturiert. Vom Ramberggranit, der bei Thale den Gebirgsrand berührt, bis zu Muschelkalk, Mergel und Sandsteinen in der Aufrichtungszone, bis zu Lößdecken, Terrassenbildungen und fluviatilen Ablagerungen in den aus dem Gebirge austretenden Tälern und am Harzrand sind vielfältige bodenbildende Gesteine zu verzeichnen. Dementsprechend ist die Pflanzendecke außerordentlich artenreich. Die klimatischen Verhältnisse, geringe Niederschlagsmengen, hohe Sonnenscheindauer und jährliche Durchschnittstemperaturen von 8–9° ermöglichen Pflanzen aus östlicher und südöstlicher Flora ein Vordringen bis zum Harz, so das **Adonisröschen** und das Große Windröschen, die **Wiesenkuhschelle**, aber auch **Federgras**, das Steppenelemente bis in den Harz bringt. Dazu kommen **Orchideen** von der Fliegen- und Bienenragwurz über das Purpur-Knabenkraut bis zur Wendelorchis. Am Nordostrand des Harzes verläuft auch die nördliche Verbreitungsgrenze der **Silberdistel**. Die unscheinbarere Golddistel steht weitverbreitet auf Halbtrockenrasen. An Waldrändern blühen im Frühjahr Schlehenhecken, die vielen Tieren vorzügliche Deckung geben. Aufgegebene Äcker in Waldnähe haben sich in eine Wildnis verschiedener **Wildrosenarten** verwandelt, als Vorstufen des Waldes. Die harzbegleitenden Sandsteinzüge sind meist mit **Kieferforsten** bedeckt, nur an den Rändern floristisch interessant mit Tausengüldenkraut, Taubenskabiose, Thymian und Aufrechtem Ziest. Die Randberge tragen **Laubwald** aus Buche-Hainbuche, Traubeneiche und anderen Baumarten, je nach Standort. Deren Pflanzenwelt entspricht der anderer Laubmischwälder → Pflanzenwelt im Harz.

Golddistel

Tierleben

An den Sandsteinfelsen der Teufelsmauer klettern Zauneidechsen, die man auch in den Trockenrasen der Muschelkalk- und Mergelzüge beobachten kann. Sie sind Beutetiere der Schlingnattern, in den Schlehenhecken und Steinhaufen der Feld- und Waldränder hier und da vorkommend. Die stachligen Gebüsche tragen oft Nester des Raubwürgers oder des Neuntöters. Aufgespießte Mäuse, Käfer, Eidechsen weisen auf ihr Dasein hin. An Sandstellen herrscht ein reges Leben. Solitärbienen, meist kaum beachtet, errichten ihre Brutgänge, in die sie erbeutete Insekten für ihre Brut eintragen. Auf den warmen Böden fühlen sich **Schnarrheuschrecken** wohl, Laufkäfer hasten vorbei, grünglänzende **Sandlaufkäfer** fliegen auf, lassen sich nach einem kurzen Stück nieder und fliegen wieder ein Stück weiter. Die Masse der **Insektenarten**, der **Spinnen**, der **Schnecken** ist kaum zu zählen. An **Schmetterlingen** fallen vor allem auf der stattliche Segelfalter und der **Schwalbenschwanz**, die beide leicht verwechselt werden. Der Stieglitz fliegt samentragende Pflanzen an, oft mit der ganzen flüggen jungen Brut, und das Braunkehlchen hält Ausschau von einem hochragenden Stengel, bevor es weiter flüchtet. Der **Rote Milan** schwebt, manchmal seitlich abkippend und dann wieder elegant weiterschwebend, über dem Harzvorland. Auch über den ortsumgebenden Feld- und Wiesenflächen der Orte auf der Hochfläche des Harzes ist er zu beobachten. Der **Mäusebussard** fehlt nie, und oft kreist ein Paar in großen Bögen umeinander. Aber auch der Turmfalke, seltener der Baumfalke, gehen hier auf Mäuse- bzw. Vogel- und Insektenjagd. Feldmäuse sind häufig, aber auch echte Mäuse wie die Brandmaus nicht selten. Der Feldhase fühlt sich hier wohler und ist häufiger als in den Wäldern. Aus dem Wald treten Reh- und Rotwild zur Äsung auf Wiesen und waldnahe Felder aus. Schwarzwild kann oft beträchtliche Schäden anrichten. Das Tierleben der Wälder ist beschrieben in → Tierleben des Harzes.

Tour 29

Die alte Kaiserstadt Goslar und ihre Sehenswürdigkeiten

Anfahrt
Bahn Anschlüsse von Braunschweig, Hannover, Göttingen und Kassel
Bus Goslar ist Ausgangspunkt vieler Buslinien
PKW über A 7 oder B 6 zum Harzrand, dann weiter über B 82 bzw. B 241.

Am steilen Harznordrand

Wanderstrecke etwa 5 km / 2 Stunden (ohne Besichtigungen)
Orientierung → Stadtplan Seite 145

Kulturgeschichte Die alte Kaiserstadt **Goslar** verdankt ihren Ursprung sicher nicht den deutschen Kaisern, die hier einst residierten, sondern wohl zu allererst dem **Rammelsberg**, an dessen Füßen sie liegt. Die Sage erzählt von einem Ritter Ramm, dessen ungeduldiges Pferd die Erde aufgescharrt und dabei einen Erzgang freigelegt habe. 968 wird zum ersten Male von den silberhaltigen Blei- und Kupfererzen des Rammelsberges berichtet. Alte Hüttenspuren aber besagen, daß hier schon mindestens 600 Jahre früher Erze abgebaut wurden.

Viel verdankt die Stadt auch dem **Sachsenherzog Heinrich**, demselben, der am Vogelherd die Nachricht von seiner Wahl zum deutschen König erhalten haben soll. Er gründete um 926 unweit von Goslar an der Oker die Pfalz Werla. Sie wurde von seinen Nachfolgern sehr bald nach Goslar verlegt, um als Kaiserpfalz für zwei Jahrhunderte einer der Mittelpunkte des ersten deutschen Reiches zu sein.

So trugen die ergiebigen Erzgruben des Rammelsberges zur raschen Entwicklung der Stadt bei wie die Repräsentationsbauten der Kaiserzeit. Von beiden sind nur Reste übrig geblieben. Die Grube Rammelsberg mußte 1988 nach mehr als 1000 Jahren Betriebszeit wegen Erschöpfung der Erzvorräte geschlossen werden. Z. Zt. entsteht hier ein **Bergbaumuseum**. Das **Pfalzgebäude**, im 19. Jahrhundert wieder aufgebaut, ist neben der Vorhalle des nicht wieder aufgebauten Kaiserdomes das einzige, was von den frühmittelalterlichen Bauten Heinrichs III. oder Friedrichs I. übrig geblieben ist. Im Machtkampf zwischen Friedrich I., Barbarossa, und seinem Vetter, dem Welfenherzog Heinrich dem Löwen, unterlag zum Glück für die Stadt der Welfe, der längst begehrlich auf

Die Kaiserpfalz

die Schätze des Rammelsberges geblickt hatte. So bescherten dessen reiche Erzvorräte der Stadt eine erste Blüte. Zahlreiche Kirchen- und Kapellenbauten, fast alle im 12. Jahrhundert begonnen, zeugen heute noch von Wohlstand und Frömmigkeit der Goslarer Bürger des frühen Mittelalters. Als nach 1250 das Interesse des Kaisertums an der Stadt erlosch und der Pfalzbereich langsam verfiel, blühte die bürgerliche Stadt auf. Der Bergsegen des Rammelsberges bildete die Grundlage für jenen Wohlstand, der sich heute in den prächtigen Fachwerkbauten, den großartigen Gildehäusern, dem gotischen Rathaus und den wehrhaften Mauern und Türmen offenbart. Doch als 1552 die Welfen ihr Ziel erreicht und sich die Einkünfte aus dem Rammelsberg gesichert hatten, ging es mit der immer noch reichsfreien Stadt Goslar bergab. Mit Gose-Bier und Schiefer aus den Ratsschiefergruben war kaum Reichtum zu erwerben. Sehr langsam nur erholte sich die Stadt aus einer lange anhaltenden Zeit der Bedeutungslosigkeit.
Heute hat Goslar etwa 50 000 Einwohner und eine vielfältig gegliederte Wirtschaft. Der **Fremdenverkehr** spielt wirtschaftlich eine bedeutsame Rolle. Seit über 100 Jahren ist der Harz als ideales Wandergebiet entdeckt und erschlossen. Goslar wurde dabei immer mehr zum Einfallstor für die vor allem aus Norddeutschland kommenden Touristen, die neben einem behaglichen Aufenthalt in der mittelalterlichen Stadt Entspannung und Erholung in der so urwüchsig anmutenden Natur der Harzberge suchen.

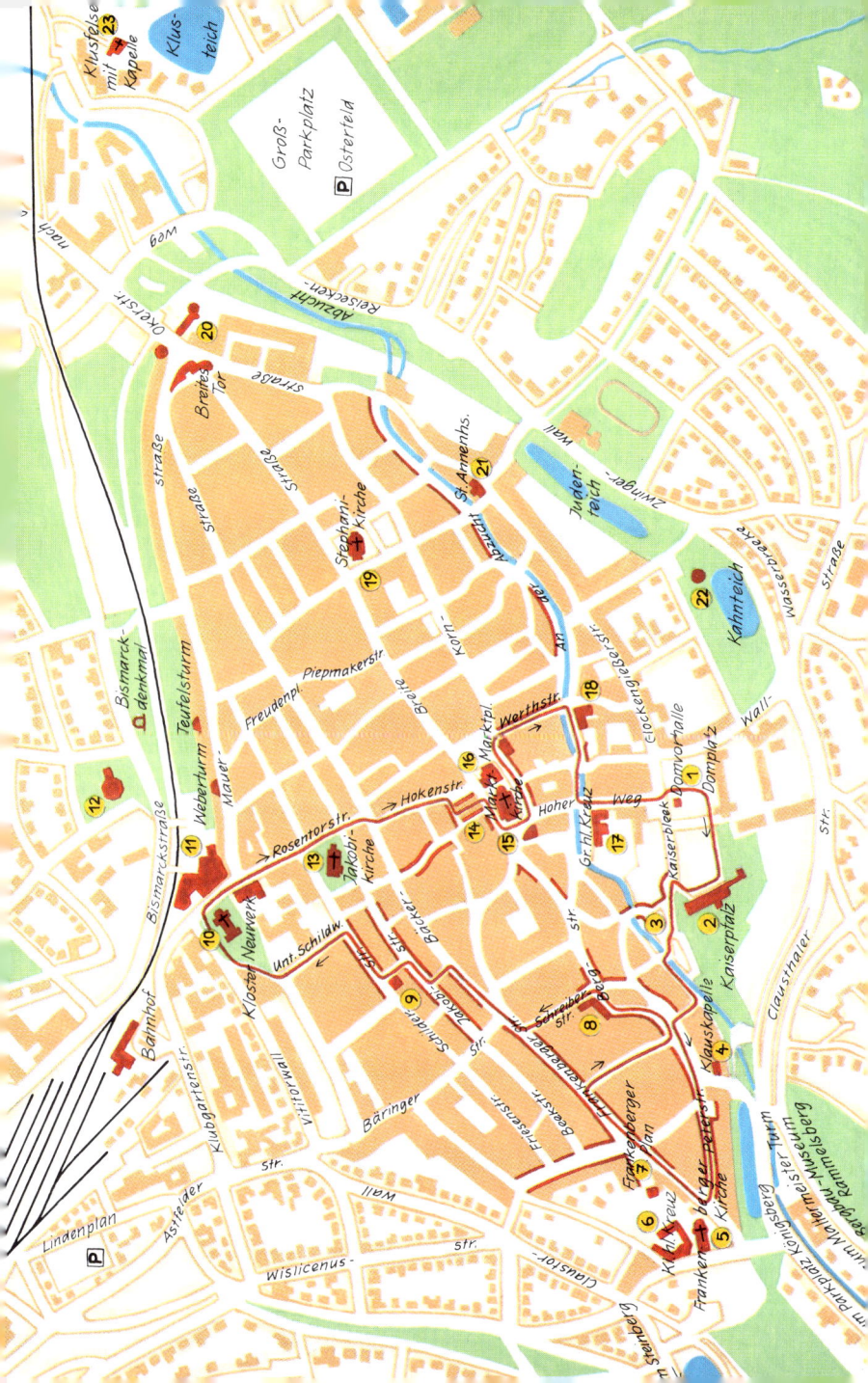

Stadtführung zu den Museen und Sehenswürdigkeiten

1 **Domplatz** = Ausgangspunkt Parkplatz an der Kaiserpfalz. In der Pflasterung des Platzes ist der Grundriß des 1819 abgerissenen Domes erkennbar. Die noch vorhandene Domvorhalle (im Inneren Kaiserstuhl Ende 11. Jahrh.) lohnt eine Besichtigung.

2 **Kaiserpfalz** mit Ulrichskapelle Um 1050 als großzügiger Repräsentationsbau Heinrichs III. angelegt, im 19. Jahrhundert restauriert. Die achteckige Pfalzkapelle St. Ulrich birgt in einem steinernen Sarkophag das Herz Kaiser Heinrichs III. Die Reiterstandbilder Barbarossas und Wilhelms I. wurden 1900 aufgestellt.

3 **Liebfrauenberg** und **Heerwinkel** Typische Fachwerkhäuser, z. T. mit kunstvoller Schieferverkleidung. Malerisches Straßenbild an der Abzucht.

4 **Klauskapelle** Früher Kapelle der Bergleute, am Ausgang der zur Grube Rammelsberg führenden Bergstraße gelegen. Gegenüber die ehemalige Bergschmiede.

5 **Frankenberger Kirche** Zur Frankenberger Kirche führt die Peterstraße mit alten Fachwerkhäusern. Sie liegt im früheren Bergmannsviertel der Stadt und war stets die Kirche der Bergleute. Ihr Turm ist in die Stadtmauer einbezogen.

6 **Kleines Heiliges Kreuz** Hospital aus dem 15. Jahrhundert, jetzt Altersheim.

7 **Frankenberger Plan** Mit schönem Brunnen. Den Eingang zum früheren Kloster Frankenberg bildet ein gotischer Torbogen.

8 **Siemenshaus** Stammhaus der Familie Siemens. Größtes Bürgerhaus der Stadt. Besichtigung möglich. Gegenüber das Haus des Glockengießers Mangnus Karsten, heute Hotel zur Börse.

9 **Mönchehaus-Museum** Früheres Akkerbürgerhaus, jetzt Museum für moderne Kunst.

10 **Neuwerk-Kirche** Romanische Basilika aus dem 13. Jahrhundert, unverändert erhalten.
Daneben Neuwerk-Kloster mit barockem Portal, heute Bergamt bzw. Standesamt. Rest des Rosentores.

11 **Achtermann** Teil der Stadtbefestigung mit mächtigem Zwinger. Jetzt Hotel.

12 **Kirchenruine St. Georg** Grundmauern einer achteckigen Augustiner-Klosterkirche, die 1527 in einer Auseinandersetzung mit dem Braunschweiger Herzog von den Goslarern zerstört wurde.
Von hier ebenso wie vom Bismarck-Denkmal unterhalb schöner Ausblick auf die Stadt. In der Stadtbefestigung im Vordergrund Weber- und Teufelsturm.

13 **Jacobikirche** Mehrfach umgebautes, frei stehendes Kirchengebäude aus dem 11. Jahrhundert, das heute der katholischen Gemeinde dient. Im Inneren barocke Altäre aus der 1818 abgebrochenen Kirche des Augustiner-Chorherrenstifts Riechenberg

14 **Schuhho**f Kleiner Platz mit dem Gildehaus der Schuhmacher sowie der Hirsch-Apotheke mit historischem Inventar.

15 **Marktkirche** Auffallend durch ihre ungleichen Türme. Im Inneren Glasmalereien mit Darstellung der Märtyrerlegende der Schutzpatrone Cosmos und Damian, um 1260.
Gegenüber an der Straßenecke das Brusttuch, ein reich mit figürlichen Schnitzereien ausgestattetes Bürgerhaus. Berühmt unter den oft derbdrolligen Figuren die „Butterhanne".

16 **Rathaus und Marktplatz** Eine Besichtigung lohnt das seit dem späten

Am steilen Harznordrand

Rathaus mit Marktbrunnen

Mittelalter kaum veränderte Rathaus. Der sog. „Huldigungssaal" enthält die wohl schönste spätgotische Innenausstattung eines Profanbaues in Deutschland. Seit etwa 1500 wurden hier die Ratssitzungen abgehalten.

Auf dem Marktplatz der von einem goldenen Reichsadler gekrönte Marktbrunnen, um 1230 gegossen. Bemerkenswert am Marktplatz auch ein Glockenspiel, das an 1000 Jahre Rammelsberger Bergbau erinnert, sowie das Hotel Kaiserworth, einst Gildehaus der Gewandschneider. Das Dukatenmännchen an der Hausecke ist beinahe ein Symbol der Stadt geworden.

Am Marktplatz auch die Tourist-Information.

17 **Großes Heiliges Kreuz** Ältestes und größtes Hospital der Stadt, 1254 errichtet. Das Haus wurde kürzlich renoviert und ist zugänglich.

18 **Goslarer Museum** Heimatmuseum in einem spätgotischen Patrizierhaus. Sehenswert neben der historischen die geologische Sammlung.

19 **Stephanikirche** 1720 neu aufgebaut.

20 **Breites Tor** Das am besten erhaltene Tor der Stadt, durch massige Türme verstärkt. Daneben der Werderhof, das Quartier der städtischen Söldner.

21 **St. Annenhaus** Ältester vollständig erhaltener Fachwerkbau Goslars, Kapelle der Stephanigemeinde.

22 **Zwinger** Frei stehender Befestigungsturm mit 4 bis 8 m starken Mauern mit einem Museum mittelalterlicher Waffen und Foltergeräte.

Ausflugziele in Stadtnähe

23 **Klusfelsen am Petersberg** Aussichtspunkt, geologische Erläuterungstafel.

24 **Steinberg** mit Aussichtsturm (424 m NN) und geologischer Erläuterungstafel

25 Okertal von Oker aufwärts in etwa 2 Std. → Tour 33

26 Granestausee vom Parkplatz am Königsberg leicht erreichbar. → Tour 2

Ausblicke auf Goslar bieten sich:
- vom **Petersberg** im Osten. Daneben der Klusfelsen mit geologischer Erläuterungstafel
- vom **Bismarckdenkmal** auf dem Georgenberg im Norden
- vom **Steinberg** im Westen
- vom **Maltermeisterturm** am Rammelsberg im Süden (mit PKW erreichbar),

Wanderziele von Goslar aus sind u. a.:
- **Gut Grauhof** mit barocker Klosterkirche, vom Krankenhaus Jürgenohl (1,5 km)
- **Rammelsberg** mit Ramseck (4,5 km)
- **Bergbaumuseum Rammelsberg** (Roederstollen) (3 km)
- **Steinbergturm** (472 m NN) (3 km), hier geolog. Erläuterungstafel
- **Ratsschiefergruben** an der Alten Harzstraße (4,5 km), hier geologische Hinweistafel
- **Okertal**, von der Oker aufwärts bis Romkerhalle (6 km) (→ Tour 33 Okertal-Kästenklippe)
- **Granetalsperre**, vom Parkplatz Königsberg in $^1/_2$ Std. (→ Tour 2 Granetalsperren-Rundweg)

Tour 30

Rundwanderweg durchs reizvolle Okertal

Anfahrt

Bahn Bhf Oker der Strecke Goslar–Bad Harzburg–Braunschweig
Bus Hst. Oker-Waldhaus der Strecken Goslar und Bad Harzburg in Richtung Altenau

PKW Parkplätze am Waldhaus an der B 498
Ausgangspunkt Waldhaus im Ortsteil Ober-Oker, vom Bhf. Oker ca. 3 km entfernt
Wanderstrecke 10 km / 3,5 Stunden
Profil Waldhaus 240 m – Whs. Romkerhalle 335 m – Kästeklippe 605 m
Orientierung → Tourenkarte S. 150
Wegemarkierung Strecke Waldhaus–Romkerhalle rotes Dreieck + weißes X, Strecke Romkerhalle–Kästeklippe gelber Punkt, Abstieg zum Waldhaus nicht markiert.
Rast überall am Wegesrand
Einkehr Gaststätte Romkerhalle und Wirtshaus Käste

Das Okertal gilt einhellig als das schönste Tal des Oberharzes. Vom Parkplatz der **Gaststätte Waldhaus** an der Oker linksseitig talaufwärts erreicht man nach ca. 1,1 km die **Adlerklippe**, danach Abstieg ins Tal und über die Holzbrücke oder 250 m oberhalb die Steinbrücke zur rechtsseitig verlaufenden B 498. Auf dieser bergan bis kurz vor die Bushaltestelle Holzschleiferei Wollbrock, von hier auf schmalem Fußweg ins Tal und über die Fußgängerbrücke wieder zum linksseitigen Okertal-Hangweg. Vorbei am Okerstau und der Verlobungsinsel mit vielfotografierter Inselbrücke erreicht man die B 498 unmittelbar oberhalb der Gaststätte **Romkerhalle**. Gegenüber der Gaststätte der 60 m hohe künstliche Wasserfall. Empfehlenswert ist der weitere Weg durchs **Kleine Romketal** am gleichen Talhang 75 m oberhalb des Wasserfalls. Man kann auch einen Fußpfad steil bergan unmittelbar am Wasserfall bis zur Aussichtsplattform an dessen Beginn wählen und von da auf dem Romker Weg in östlicher Richtung bis zum Kleinen Romketal weiterwandern. Von hier erfolgt ein Steilanstieg zur **Feigenbaumkanzel** (sehr schöne Aussicht), und daneben und flach ansteigend über Mausefalle

Am steilen Harznordrand

Romkerhaller Wasserfall

und Hexenküche zur **Kästeklippe**, z. T. mit herrlichen Aussichten auch von weiteren namenlosen Klippen; vom Wirtshaus Käste der Brockenblick!

Für den Abstieg zum Waldhaus ab Wirtshaus 300 m auf der Kästestraße westlich um den **Huthberg** gehen und auf den nach Nord absteigenden Fußweg zum **Treppenstein** wechseln, dann auf dem **Romkerweg** nach Nord zu den Ziegenrückenklippen wandern und schließlich auf der **Kästestraße** die Alte Harzstraße querend zum Ausgangsort zurückkehren.

Empfehlung von der Aussichtsplattform Romkerhaller Wasserfall sind bequeme Abkürzungen der Wanderung ohne Steilanstiege über den Romkerweg möglich, einmal in östlicher Richtung (blaues Dreieck) unterhalb der Großen Kurfürst-Klippe zum Treppenstein, oder in nördlicher Richtung (roter Punkt) zur Alten Harzstraße

parallel oberhalb der B 498 mit Aussichtskanzel gegenüber der Marienwand, Harzchausseewand, Eschwegefelsen und dem 20 m hohen namenlosen Fels rechts am Hang.

Von der Kästeklippe auf der Kästestraße östlich um den Huthberg (gelber Punkt) gelangt man über die Stiefmutterklippe und den Elfenstein oder den Papenberg nach Bad Harzburg (insgesamt 14 km).

Kulturgeschichte Als Perle des Oberharzes wurde das **Okertal** ähnlich dem Bode- und Selketal im Unterharz von vielen namhaften Besuchern aufgesucht, beispielsweise von Goethe auf zwei seiner Harzreisen.

Der Ort **Oker** entstand 1527 durch Zusammenführen kleinerer Hütten am Harzrand zu einem zentralen Hüttenbetrieb durch Herzog Heinrich den Jüngeren von Braunschweig-Wolfenbüttel; 1952 Verleihung des Stadtrechts. Die Anlagen der Hüttenwerke erstreckten sich bis fast 2 km in das Okertal hinein, in dem vor allem Erze des Rammelsberges verhüttet wurden und die aus Schmelzbetrieben, einer Goldschmiede- und Kupferextraktionsanstalt, Kupfervitriolsiedereien und Schwefelsäurefabriken bestanden. Daneben existierten noch 2 Kunstdüngerfabriken und die an der Wanderstrecke im Okertal liegenden 6 Holzschleifereien. Der braunschweigische Herzog Julius hatte die Industrieansiedlungen im Tal und die Nutzung der Wasserkraft (Kleiner und Großer Juliusstau im Bereich der Okertalsperre) sehr gefördert. Daran erinnert ein **alter Mühlstein** mit seinem Monogramm (H-I-B) und der Jahreszahl 1575, der in die alte Steinbrücke über die Oker oberhalb der Adlerklippengruppe eingelassen wurde.

Als erster Fahrweg durch das blockreiche Okertal wurde 1817 die **Alte Harzchaussee** angelegt. Erst 50 Jahre später wurde die jetzige Talstraße ihrer Bestimmung übergeben.

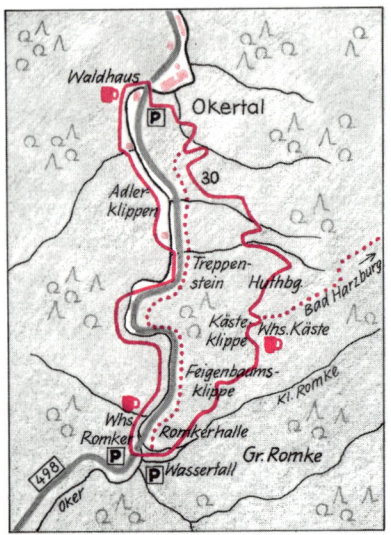

Erdgeschichte Die landschaftlich imposantesten Eindrücke des Gebietes werden vom Granit geprägt, sowohl von den großartigen Klippen als auch den gewaltigen Blöcken, die das Flußbett zieren. Der **Okergranit** stellt trotz der Nähe zum Brockenmassiv einen von diesem getrennten, in sich geschlossenen asymmetrischen Plutonkörper dar.

Die Harznordrandstörung hat seine nördliche Hälfte abgeschnitten und in die Tiefe versetzt. Seine Klüftung verläuft ähnlich der im Brockenpluton, die die Wollsackverwitterung bedingt.

Die **Sedimentgesteine**, in die der Granit eingedrungen ist, sind durch Hitzewirkung und Stoffzufuhr vom Magma aus kontaktmetamorph verändert worden. Das ist am quarzitischen **Kahlebergsandstein**, der auf der Wanderstrecke bis zu den Adlerklippen ausschließlich vorkommt, am wenigsten sichtbar (nur unmittelbar in Granitnähe tritt sichtbare Kornvergröberung bis -auflösung zu Hornfelsquarzit und strukturlosen Quarzgesteinen auf). Die mitteldevonischen Tonschiefer wurden zu Tonschieferhornfelsen, die mittel- und oberdevonischen Kalksteine zu Kalksilikat- und Granathornfelsen bis Marmoren verändert.

Interesse erwecken immer wieder **Tonschiefer-Kalksteinknoten-Horizonte**, die durch das schnellere Herauswittern der Kalksteine typische Lochstrukturen zeigen, und die kontaktmetamorphen Fleckenkalksteine mit neugebildeten, bis 3 mm großen bräunlich-grünlichen Granaten (unter anderem am Wasserfallfelsen).

Von Fachwissenschaftlern viel besucht werden die **Oberdevonschichten** am Wasserfallfelsen mit Schleppfaltenbau und Sattelaufschiebung im oberen Teil sowie das anschließende Profil am Romkerweghang, das vom Mitteldevon bis zum Unterkarbon reicht. Es sind Aufschlüsse der Südostflanke des Oberharzer Devonsattels.

Der Wanderweg führt mit den letzten 900 m Abstieg vor Erreichen der B 498 über eiszeitliche Blockmassen des Teufeltals, die vorwiegend Granitmaterial enthalten.

Pflanzenwelt → Pflanzenwelt Teilgebiet

Tierleben → Tierleben Teilgebiet

Tour 31

Rundwanderweg von Ilsenburg durchs Ilsetal zur Plessenburg

Anfahrt

Bahn Bhf. Ilsenburg der Strecke Halberstadt–Wernigerode–Ilsenburg (-Stapelburg)

Bus Hst. Ilsenburg-Forellenteich der Linien aus Wernigerode, Bad Harzburg und Veckenstedt

Am steilen Harznordrand

PKW Über die B 6 nach Ilsenburg/Parkplatz im Ilsetal

Fahrrad Ein Radwanderweg am Harzrand entlang wird z. Z. projektiert

Ausgangspunkt Forellenteich, Bhf. in 15 Min. über Fußweg am Kitzsteinsteich–Faktorei–Croatenstr. erreichbar

Wanderstrecke 15 km / 5 Stunden

Profil von Forellenteich 260 m bis auf 568 m am Unt.-Gebbertsberg-Hangweg – Plessenburg 548 m

Orientierung → Tourenkarte S. 68/69

Wegemarkierung von Ilsenburg nach Plessenburg rotes Dreieck; Rückweg roter Punkt

Rast Schutzhütten am Zanthierplatz und Beginn Ilsefälle

Einkehr Gaststätten Plessenburg und Ilsestein,

Diese Tour ist eine sehr empfehlenswerte Wanderung, auf der man sowohl den Charakter des ehemaligen Hüttenortes Ilsenburg als auch eine reizvolle Landschaft am Harznordrand mit starker Reliefausprägung erleben kann.

Vom Marktplatz am **Forellenteich** links am Rathaus vorbei durch Breitscheid-/Böttcherstr. und Mühlenstr. wandert man im Ilsetal aufwärts. Nach 200 m Wegstrecke öffnet sich der Blick links auf den ca. 20 m höher gelegenen Gebäudekomplex Schloß und Kloster Ilsenburg, einer Dominante des Ortes. Nach etwa 700 m ist der Zentrale Wanderpunkt „Blochhauer" erreicht, von dem aus die **Wegemarkierung** einsetzt. Der PKW-Parkplatz liegt noch weitere 700 m im Ilsetal aufwärts, 1/2 Stunden Fußweg vom Forellenteich.

Ab **Blochhauer** lassen sich fast durchgehend Fußwege und Wanderpfade abseits der Fahrstraße benutzen; allerdings ist der rechtsseitig der Ilse vorhandene Pfad im unteren Teil gegenwärtig noch nicht wieder hergerichtet worden und nur auf eigene Gefahr begehbar. Mehrere Fußgängerbrücken über die Ilse ermöglichen den Wechsel. Nach ca. 2,5 km Gesamtwegstrecke am Fuße des Ilsesteins vorbei ist bequeme Rast am **Zanthierplatz** möglich: beste Sicht zum Ilsestein; Fotostandpunkt! Weiter talaufwärts durch Buchenwälder linksseits der Ilse an den Ilsenburger Trinkwasseranlagen vorbei bis Einmündung Großes Sandtal, an der das Ilsetal rechtwinklig einbiegt. Man quert dann Wasserlauf und Straße und biegt etwas unterhalb wieder in das Ilsetal ein. Es beginnt ein Steilanstieg von durchschnittlich 15%, der bis zur **Forststraße** im Bereich Rote Brücke erst linksseitig, dann rechtsseitig der Ilse mit ihren imposanten Fällen durchschritten wird. Dickstämmige Fichten im engen Taleinschnitt inmitten des Buchenbestandes schirmen das Sonnenlicht ab, das erst ab spätem Vormittag Aufhellung bringt. Eine Sitzgelegenheit existiert am Heine-Felsen, die **Bremer Schutzhütte** liegt oberhalb der Fälle.

Okerfälle

70 m südlich der Bremer Brücke, über die die Forststraße die **Ilse** quert, zweigt nach links der **Untere Gebbertsberg-Weg** ab, auf dem das Ilsetal verlassen wird. Der Weg führt bergan und bietet schöne aussichten ins Ilsetal und die nördlich, westlich und südlich liegenden Berge; guter Fotostand auf der Unteren Gebbertsberg-Klippe. Nach Querung der Bestandsgrenze nördlich Laubwald-/südlich Nadelwaldzone führt der Weg bis zur **Plessenburg** im Fichtenwald weiter.

Als Rückweg nach Ilsenburg wird der Hangweg über **Paternosterklippe** und **Ilsestein** empfohlen. Er beginnt am Sattel, der sich zwischen den Talschlüssen von Loddenke- und Tänntal gebildet hat, und der in 250 m Entfernung auf der Zufahrtstraße zur Plessenburg nach Nord erreicht wird; er verläuft oberhalb einer kleinen Bergwiese am rechten Loddenketalhang. Vom Ilsenstein an wird die Zufahrtstraße zur Gaststätte für den Abstieg ins **Ilsetal** genutzt. Wanderer, die gut zu Fuß sind, können von der Haarnadelkurve dieser Straße an einen abkürzenden steilen Fußpfad in Richtung Nordost benutzen. Auf der Zufahrtstraße (nur für Anlieger) erreicht man die Ilsetalstraße an der Prinzeß-Ilse-Quelle auf dem Fußpfad am Blochhauer.

Besondere Hinweise Für den Rückweg von der Plessenburg kann auch der Wanderweg über Stumpfrücken – Gehrental – Blochhauer (gelber Punkt) benutzt werden. Es sollte auch ein Besuch von Schloß und Kloster Ilsenburg vom Blochhauer aus über den Schloßpark auf der Anhöhe rechtseitig der Ilse erfolgen.

Kulturgeschichte Gräben, Wälle und ein Halsgraben sind die einzigen Reste einer frühen Reichsburg, der Elysinaburg, die Kaiser Otto III. 998 Bischof Arnulf von Halberstadt mit allem Besitz zur Errichtung eines Benediktinerklosters überlassen hat. Sein Nachfolger, Kaiser Heinrich II., bestätigte die Schenkung 1003. Seit 1009 ist dieses **Kloster Ilsenburg** nachweisbar. Nach Zerstörungen im Bauernkrieg 1525 wurde das Kloster 1545 reformiert und 1547 bis 1626 in eine evangelische Klosterschule umgewandelt. Ab 1609 richteten sich die Grafen von Wernigerode in den Klostergebäuden einen Wohnsitz ein und bauten die Anlage im 18. und 19. Jahrhundert zu einer Zweitresidenz aus. Der seit 1862 existierende **Schloßkomplex** im neoromanischen Stil ist ein Werk Graf Bothos von Stolberg-Wernigerode, eines Bruders des Fürsten Otto.

Das Dorf Ilsenburg, seit Beginn des 16. Jahrhunderts Flecken und seit 1959 Stadt, entwickelten sich aus der Ansiedlung Höriger in unmittelbarer Nähe der alten Reichsburg und späteren Klostergründung. Die Halberstädter Bischöfe versuchten geschickt, ihren Einfluß in der Region durch An- und Umsiedlungen auf ihr Gebiet zu festigen. So ließ Burchard II. 1140 die Kreuzkirche im nahegelegenen Ort Walingerode, später Wollingerode genannt, bauen, um Anspruch auf die Gerechtsame der Corveyer Mission durch seine Seelsorge erheben zu können. Corveyer Mönche hatten diesen Ort 836 am Wienberg im Westteil des heutigen Stadtgebietes gegründet. Die Bewohner weiterer Dorfgründungen dieser Mission talabwärts siedelten man nach und nach in Klosternähe um; die Dorfstellen wurden wüst (Backenrode, Betsingerode, Berdingerode, Bonkenrode). So dehnte sich Ilsenburg über den Talbereich rasch weiter aus.

Eisenerzeugung im Rennofenverfahren wurde bereits im 11. Jahrhundert betrieben. Einen bedeutenden Aufschwung erfuhr das Eisenhüttenwesen erst mit Einführung des Hochofenbetriebes. 1543 wurde der „Hohe Ofen" in Ilsenburg als erster im ganzen Harzgebiet in Betrieb genommen. Die lokalen Vorteile für die

Am steilen Harznordrand

Hüttenindustrie, die der Raum Ilsenburg bot, wurden sowohl von Fachleuten wie dem Fürstenhaus erkannt, das speziell den Eisenerzbergbau und die Verhüttung lukrativ pflegte. Daneben existierten noch eine Kupferhütte und Messingindustrie. Die Vorteile Ilsenburgs liegen in den günstigen Bedingungen der **Wasserkraftnutzung** und dem umfangreichen Waldbestand für **Köhlereien.** Der Holztranport wurde durch Flößen gelöst, die im Ilsetal vom nördlichen Brockenfuß an mit Kellbeck und Schlüsiebach betrieben wurde.

Der 30-jährige Krieg störte die wirtschaftliche Entwicklung sehr. Der Bedarf an Eisenwaren brachte jedoch die Hüttenindustrie rasch wieder auf volle Touren, so daß Zar Peter der Große 1696 bei seinem Besuch Ilsenburgs eine hohe Konzentration gutgehender Betriebe und Werkstätten wie in keinem anderen Gebiet vorfand. Einen fundierten Überblick vermittelt das **Hüttenmuseum Ilsenburg.**

Der enorme Holzbedarf der Hüttenindustrie führte zu einer weitgehenden Entwaldung des Gebietes bis in die Hochlagen. Durch das Wirken des **Oberforstmeisters** Hans Dietrich von **Zanthier** (1717–1778) wurden die Voraussetzungen für eine intensive Forstwirtschaft geschaffen. 1763 gründete er in Ilsenburg die erste deutsche Forstschule, die er bis zu seinem Tode leitete (Mühlental 2; oberhalb des Grundstücks eine kleine Parkanlage mit „Gesteinslehrpfad").

Der Fremdenverkehr erhielt Aufschwung, als 1803 der große Gasthof „Zu den roten Forellen" entstand.

Die **Plessenburg** wurde als Jagdschloß 1776 errichtet und trägt den Namen des Prinzen Friedrich Erdmann zu Anhalt-Köthen-Pleß. In unmittelbarer Nähe steht das Forsthaus Plessenburg.

Erdgeschichte Der Hauptteil des Ortes Ilsenburg liegt über einer Gesteinsfolge des Erdmittelalters, die zum Harzvorland gehört und im Talbereich von jüngsten Flußschotterablagerungen der Ilse verdeckt wird. Südlich des Schlosses zeigt eine Senke mit Erdfällen harzrandparallel die Verbreitung des Zechsteins an, in dem überwiegend **Kalksteine** und **Dolomite** verbreitet sind und mit dem die Vorlandschichten enden.

Die im Erdaltertum gebildeten Harzgesteine grenzen südlich der bedeutungsvollen Harznordrandstörung an diese Harzvorlandschichten an, sie wird 100 m oberhalb des Blochhauers überschritten. Am Kammerberg (rechter Ilsetalhang) treten über 350 m Hangweg **Kieselschiefer** und **Grauwacken** auf, ehe man in die Zone des **Acker-Bruchberg-Quarzits** eintritt. Diese Quarzite als sehr widerständige Gesteine bauen analog dem Granit höchste Höhen des Oberharzes auf und prägen über 7 km Länge zwischen Halberstädter Berg bei Drübeck und Wartenberg östlich Bad Harzburg den Charakter der nördlichen Harzrandberge um Ilsenburg. Der Steinbruch unterhalb des Martin-Andersen-Nexö-Heims am linken Talhang vermittelt einen frischen Eindruck von den Quarziten, die eine kontaktmetamorphe Beeinflussung vom nahegelegenen Granit aus zeigen.

Die Abzweigung der Fahrstraße zum Ilsestein liegt bereits im Verbreitungsgebiet des **Granits,** in dem der gesamte südliche Wanderroutenbereich verläuft. Neben den vorherrschend grauen und roten treten auch grünliche Granittypen auf mit Hornblenden und Augiten. Hier im Nordteil des Granitgebietes sind vor allem drusenreiche Gesteine aus gasreichen Magmen entstanden, bei denen sich in den ehemals gasgefüllten Hohlräumen schöne Quarz- und seltener Feldspatkristalle, aber auch Hämatite, Manganoxyde und viele andere Minerale finden lassen.

Der Reiz der Landschaft wird wesentlich durch die vor allem auf den Bergen und an den Talrändern befindlichen **Granitklippen**

Am Harznordrand

geprägt. Die am rechten Ilsetalhang zwischen Mündung des Großen Sandtalbaches und Loddenke lagernden Granitblockmassen sind durch Fließgewässer angehäuft worden.

Pflanzenwelt Während sich über den Harzvorlandschichten eine artenreiche kalkliebende Pflanzenwelt entwickelte, die durch die reichlichen Niederschläge viele atlantische Florenelemente, wie **Bingelkraut, Leberblümchen** und **Tollkirsche** enthält, ist im Harzgebiet eine artenarme Pflanzenwelt auf saurem Bodensubstrat beheimatet. Die Buchenbestände des nördlichen Harzrandes enthalten in den Tälern nur selten Elemente der natürlichen Weichholzauen. Die schüttere **Bodenvegetation** wird von der Schmalblättrigen Hainsimse, dem Einblütigen Perlgras, dem Wolligen Reitgras, der Drahtschmiele und Heidelbeere gebildet.

Ein typischer Buchenwaldkomplex stellt das **Naturschutzgebiet „Rohn- und Westerberg"** dar, das als Besonderheit das Auftreten der Waldkiefer auf Klippenstandorten aufweist. Es sind natürliche Reliktvorkommen am Westrand ihres Verbreitungsgebietes, die man eindrucksvoll während des Herbst- und Frühjahrsaspektes von Paternosterklippe und Ilsestein am Gegenhang einsehen kann. Aus Artenschutzgründen gehört auch der Bereich um den Ilsestein zu dem hauptsächlich westlich an das Ilsetal angrenzenden Schutzgebiet.

Tierleben Eine starke Population des **Feuersalamanders,** das Vorkommen der **Wasseramsel** und ein guter **Fledermaus**besatz sind für das Ilsetal typisch.

Wer aufmerksam pirscht und „äugt" mag auch Mufflons und Wanderfalken entdecken, während in der Ilse auch Bachforellen und am Ufer Bergstelzen zu sehen sind.

Am steilen Harznordrand

Tour 32

Rundwanderweg Wernigerode–Steinerne Renne–Plessenburg

Anfahrt

Bahn Hbf Wernigerode, umsteigen in die Harzquerbahn, bis Bhf. Steinerne Renne fahren

Bus mit Busfernlinien zum Busbhf. Wernigerode, umsteigen in Stadtlinie A oder D bis Endstation Floßplatz

PKW Parkplatz ca. 1 km westlich Floßplatz im Holtemmetal

Ausgangspunkt Wernigerode Floßplatz oder Bhf. Steinerne Renne

Wanderstrecke 15 km / 5 Stunden

Profil Floßplatz 285 m – Plessenburgstr. 585 m – Plessenburg 548 m

Orientierung → Tourenkarte S. 68/69

Wegemarkierung „R 1" bis Gst. Steinerne Renne, roter Punkt bis Plessenburg (bis Gabelung Hohnechausee gemeinsam mit rotem Querbalken), Rückweg grünes Kreuz

Rast an vielen Stellen am Wegrand möglich

Einkehr Gst. Steinerne Renne, Gst. Plessenburg

Dieser beliebteste Rundwanderweg der Wernigeröder führt durch eine reizvolle Landschaft in der näheren Umgebung der Stadt und darüber hinaus; er bietet auch abgekürzt ein lohnendes Wanderziel.

Vom **Floßplatz** in Wernigerode wird die Fahrstraße im **Holtemmetal** aufwärts benutzt. Man bleibt auf der Talstraße, kommt am Bhf. Steinerne Renne vorbei, und kreuzt 3 Mal die Bahnlinie. Nach ca. 2,5 km beginnt der Steilanstieg, nach weiteren 1,5 km erreicht man das **Hotel Steinerne Renne,** zuletzt über eine Holzbrücke, am linken Bachufer. Vom Hotel auf der Fahrstraße bergaufwärts führt der Wanderweg weiter, gabelt sich nach 400 m in die Obere Hohnestraße links und die Plessenburgstraße rechts, der man weiter folgt und nach 8 km Gesamtwegstrecke zur **Gaststätte Plessenburg** gelangt.

Für den Rückweg die Plessenburgstraße noch ca. 80 m nach Nord weitergehen, nach rechts ins Tal abbiegen und bereits nach 50 m wiederum nach rechts auf den Horizontalweg abzweigen, der durchs **Untere Huyseburgerhäu** führt. Nach ca. 1 km Wegstrecke auf dem ansteigenden Weg zum **Oberförster-Koch-Weg** gehen, der zur **Mönchsbuche** und dann abwärts zur **Bielsteinstraße** führt, auf der man zum Ausgangspunkt zurückkehrt.

Besonderer Hinweis Älteren Personen wird für den Aufstieg zur Gst. Steinerne Renne der bequemere **Hippelhangweg** (Markierung „R 1") empfohlen, der oberhalb Bhf. Steinerne Renne links abzweigt und nur etwa 500 m länger ist.

Kulturgeschichte 1231 wird ein adliges Geschlecht „von Hartesrode" genannt, das eine Burganlage im oberen **Hasserode** bewohnte und dem relativ kleinen Ort aus wenigen Mühlen und Tagelöhnerhäusern den Namen gab. 1541 wird diese Siedlung wüst genannt, wurde aber bald wiederbelebt, vor allem, um Bergbau zu treiben. Überregionale Bedeutung erlangte die „**Hasseröder Smalte**", ein aus Kobalterzen hergestellter blauer Farbstoff für die Glas-, Porzellan- und Keramikindustrie, der hier im 17. bis 19. Jahrhundert produziert wurde.

Am 1. 4. 1907 wird Hasserode von der Stadt Wernigerode eingemeindet.

Ein Schwerpunktbetrieb der Granitindustrie entwickelte sich in Nähe des **Bhf. Steinerne Renne.**

Die gebrochenen Steine wurden anfangs über Bremsberge zu einer Verladestelle an der Bahnlinie im Thumkuhlental, später dann zum Werksgelände am Bhf. Steinerne Renne gebracht. Eine über 1,5 km lange Werksbahn am Osthang des Thumkuhlentales verbindet die einzelnen Produktionsstellen etwa im Niveau der 500 m-Höhenlinie mit dem Ausgangspunkt des 600 m langen Bremsberges an der Pißecke, der 40 m oberhalb der Bahnlinie im Holtemmetal endet. Der Wanderweg quert diesen Bremsberg. 1954 wurde im Wasserwerk zusätzlich eine 250 PS-Turbine eingebaut.

Erdgeschichte Die Wanderung verschafft einen guten Überblick über die interessanten geologischen Verhältnisse vom Ostrand des Brockenplutons bis zum Südwestteil Wernigerodes.

Auf den ersten 2 km der Wanderung begegnet man Wernigeröder Schichten, die aus mittel- und oberdevonischen **Tonschiefern mit dunklen Kalksteinen** und zwischengelagerten Kieselschiefern bestehen. Nach der ersten Bahnschienenüberquerung steht man unmittelbar vor dem Kellerberg rechts des Tälchens, an dem **Dachschiefer** der Unteren Wernigeröder Schichten abgebaut wurden. Die Gewinnungsstellen sind völlig verfallen und überwachsen, Tonschieferplatten findet man jedoch noch häufig. Man erkennt sie auch noch an manchem Bauwerk der Stadt.

Kurz vor der zweiten Bahnschienenüberquerung mündet aus nordwestlicher Richtung die „Goslarsche Gleie", in dem 600 m talaufwärts Bergbauhalden zu finden sind, in denen spärlich Mineralien der Hasseröder Gangvererzung auftreten.

Vom Talausgang Goslarsche Gleie an ist das Gestein kontaktmetamorph verändert. Der „Silberne Mann" ist eine mächtige **Quarzgangfüllung**, die einen Felsvorsprung am rechten Talhang bildet, hier aber nur Vererzungsspuren führt. Nach ca. 400 m Wegstrecke wird die Plutongrenze erreicht. Es sind erst **Diorite**, 150 m weiter dann **Granite** zu finden, die häufig Nebengesteinseinschlüsse zeigen. Die Altersfolge älterer Diorit – jüngerer Granit und das Eindringen der magmatischen Gesteine in ihre Sedimentgesteinshülle sind an einem leider etwas verwachsenen **Aufschluß** am linken Holtemmehang gut zu sehen. 150 m oberhalb Silberner Mann wechselt man dazu über die Holzbrücke die Talseite und erreicht nach 400 m einen Wegabschnitt unmittelbar nach Einmündung des Großen Sandtales, der dies erkennen läßt. Der Wanderweg bleibt nunmehr vollständig im Granitgebiet, dessen Randzone vielfach wie hier einen Steilanstieg bedeutet und zur Ausbildung großartiger Wasserfälle Anlaß gab. Es wird der Aufstieg am rechten Talhang empfohlen. **Granitblockfelder** an den Talflanken und **Granitklippen** an den Hangkanten und Bergspitzen prägen das Landschaftsbild.

Granitwerksteingewinnung wird am Kleinen Birkenkopf betrieben, im Steinbruch Großer Birkenkopf wird z.Z. nicht gearbeitet. Vor allem südwestlich (bergwärts) der Plessenburgstraße sind weitere alte aufläsige Granitbrüche zu finden (Wolfsklippen).

Pflanzenwelt Ab Bhf. Steinerne Renne führt der Wanderweg bereits durch nahezu geschlossene **Fichtenforstgebiete** mit vielen schlanken hochgewachsenen Exemplaren im schluchtartigen Auslauf des Wasserfalles. Die Blüten der **Weißen Pestwurz** bilden im zeitigen Frühjahr einen Blickfang. Gehäuft treten **Lebermoose** im Holtemmetal auf. Auf schütter bewachsenen Granitsplitt- und -grusflächen wächst **Keulenbärlapp**. Eine besondere landschaftsprägende Wirkung geht von der weithin sichtbaren **Mönchsbuche** aus.

Tierleben Die **Wasseramsel** nistet im Holtemmetal und ist auf ihren Nahrungsflügen zu beobachten. **Garten- und Siebenschläfer** bewohnen das Granitgebiet der Hochfläche. Auf den Granitschutthalden alter Steinbrüche ist selten die **Kreuzotter**

Am steilen Harznordrand

Bahnhof Steinerne Renne mit Zug

zu finden. Der **Waschbär** als unerwünschter Fremdling hat sich im Steinerne Renne-Gebiet einen Lebensraum erobert.

Tour 33

Wernigerode

Anfahrt
Bahn oder Harzquerbahn bis Hauptbahnhof
Bus bis Busbahnhof, ebendort

PKW und **Fahrrad** Parkplatz Neustädter Anger an der B 6/81
Die Stadt ist zu Fuß zu erkunden
Wanderstrecke etwa 6 km, beliebig variierbar
Orientierung → Stadtplan S. 161

Wernigerode besticht den Besucher durch Heiterkeit und Offenheit. Von weither – bereits hinter Gröningen auf der B 6 – erblickt man das Schloß; die Täler zwängen nicht ein, geben behutsam Raum, verlocken zum Erkunden – immer wieder grüßt der ‚Vater Brocken' herunter. **Fach-**

157

werk ist selbstverständlich, doch es erschlägt den Besucher nicht mit seiner Pracht: Wernigerode ist Ausgewogenheit, Reichtum in richtigen Maßen, Überraschungen an der richtigen Stelle, Humor und Beiläufiges, die Natur ist immer dabei.

Kulturgeschichte Die Anfänge der Stadt liegen im Dunkel, jedoch läßt sich die Entstehung etwa zur Zeit Heinrich I. annehmen: die Burg Harburg auf einem Bergsporn zur Wegesicherung, Förderung und frühe Verhüttung von Eisenerzen im Schwemmgebiet der Holtemme, Gründung einer Burgmannensiedlung auf dem Klint, dem Hügel im Sumpf. Die Verkehrslage zwischen Goslar und Quedlinburg, zwischen Nordhausen und Halberstadt befördert den Ort als **Kaufmannssiedlung** und Mittelpunkt einer Grafschaft, die Teile des Harzes und des Vorlandes umfaßte. Die Endung -rode deutet auf die Rodungsperiode des 10. Jahrhunderts, die Vorsilbe Wern- schließt, selbst wenn sie sich auf einen Namen Werni, Werno, Warin beziehen sollte, den Bezug zum Wehrhaften, zur Wehrsiedlung, ein – eine frühe Klostergründung, wenn es sie gab, war bestenfalls von regionaler Bedeutung.

Erste urkundliche Erwähnung 1121 eines Grafen Adalbert von Wernigerothe, hundert Jahre später Verlagerung der Burg auf den stadtnäheren Agnesberg, zu dem Zeitpunkt Verleihung des **Stadtrechtes 1229**. Die ständische Ordnung läßt sich heute noch aus dem Lageplan Wernigerodes ablesen: Ritterviertel um St. Sylvestri auf dem Klint, Kaufmannsviertel um die Liebfrauenkirche an der Burgstraße, Hörigenviertel auf der 'Heide' nördlich der Westernstraße, Ackerbürger-Neustadt um die Johanniskirche. Seuchen, Stadtbrände und Kriegsverwüstungen zwangen die Stadt zu ständiger Erneuerung, so ergab sich das heutige vielfältige und zugleich junge Gesicht Wernigerodes.

Eine Wernigeröder Straße

Am steilen Harznordhang

Stadtführung zu den Sehenswürdigkeiten

Vom **Anger** = Parkplatz und Ausgangspunkt die Breite Straße hinauf in die Neustadt – hier und in den Nebenstraßen (rechts Grüne Straße, Pfarrstraße, Johannisstraße / links Schäferstraße, Große Schenkstraße, Große Bergstraße) Bürger-, Handwerker- und Ackerbürgerhäuser mit teils prächtigen Toreinfahrten und reichem Fachwerk

1 **Neustädter Schenke** ehemaliges Rathaus der Neustadt
2 **Krellsche Schmiede** von 1678, heute bemerkenswertes Schmiedemuseum
3 **Faulbaumsches Haus „Zum Bären"** von 1684, Brüstungsfelder mit Andreaskreuz, im II. Weltkrieg schwer beschädigt, ein Stockwerk abgetragen, und **Krummelsches Haus** von 1674 mit 'Spekulatiusfassade' – Brüstungsfelder mit allegorischen Holzschnitzereien gefüllt
4 **Café Wien** ehemals Café Hauer, vor dem Marktplatz, reiches Renaissancefachwerk mit Butzenscheibenfenstern (dies bereits in der Altstadt, die ab Ringstraße / Große Bergstraße betreten wird)
5 **Marktbereich** mit Rathaus, Gothischem Haus, Weißem Hirsch, Kemenate und Marktbrunnen

Rathaus, ehemals als Spelhus – Spielhaus – von der gräflichen Familie errichtet und 1417 der Stadt übereignet, Ende des 15. Jahrhunderts durch die Baumeister Andreas Sprengel, Thomas und Simon Hilleborch zum repräsentativen Fachwerkrathaus umgebaut, das alle Besucher bezaubert. Das tiefgezogene Dach mit dem Uhrenturm, die zwei Erkertürme und die nach vorn verlagerte Treppe, der reiche und hintergründige Figurenschmuck, vor allem im Bereich der Ratswaage am Klint (Maientanzfiguren) geben ihm sein eigenes unverwechselbares Gesicht.

Hotel „Gothisches Haus" mit den angrenzenden Gebäuden erhielt Anfang der 90er Jahre nach einer Totalrekonstruktion ein neues Aussehen, wobei das Bestreben bestand, die alte Fassade zu erhalten und die anschließenden Gebäude zu adaptieren. Auch das **Hotel „Weißer Hirsch"** wurde rekonstruiert, wobei es seinen Jugendstilerker wiedererhielt, und ebenfalls der **Marktbrunnen** („Wohltäterbrunnen" von 1848). Sehenswert desgleichen das Ensemble Markt 1 = „Kemenate", heute vom Kunst- und Kulturverein für Ausstellungen und Veranstaltungen genutzt. Weiter vom Markt durch die Klintgasse zum Klint mit dem

6 **Harzmuseum** zur Geschichte der Region mit Harzbücherei (wiss. Forschungsstätte) und **Diekmole** (Schiefes Haus), einer gräflichen Walkmühle, nach 1632 gebaut, durch Ausspülungen des Untergrundes gesenkt.

Zurück über den Markt und durch die Westernstraße zum

7 **Westerntor** einzig erhaltener mittelalterlicher Torturm der ehedem drei Stadttore, von dort durch die Hinterstraße ins Heideviertel, der Hörigensiedlung mit ihren 'Buden' mit
8 **ältestem Haus** (Nr. 42), einem Ständerbau Ausgang des 15. Jahrhunderts. Dann wieder über Markt und Klint zum
9 **Oberpfarrkirchhof**, den malerischen Diözesangebäuden um die Sylvestrikirche, darunter das
10 **Gadenstedtsche Haus** (Nr. 13), 1582 umgebaut, mit überreichem Rosettenschmuck verziert, ebenfalls noch mit Butzenscheibenfenstern. Im Nebengebäude suchte 1777 Goethe den wertherkranken Plessing auf. Beim Bummel durch die Marktstraße gelangt man an der Einmündung Kochstraße an

Wernigeröder Schloßhof

11 Kleinstes Haus von Wernigerode baugeschichtlich unbedeutend, doch sehr liebenswürdig. Entweder besucht man nun noch über Kochstraße, Büchtingenstraße die Kaufmannsstadt (überwiegend barocke Fachwerkfassaden, bei denen die Schmuckformen sich auf die Ziegelgefache verlagern) mit der Liebfrauenkirche und kehrt durch die Büchtingenstraße zurück, oder man geht sogleich an der

12 Flutrenne zur Schönen Ecke, die besonders durch ihren Schloßblick berühmt ist. Über den Burgberg, vorbei

am ehemaligen Nöschenröder Amtshaus folgt
13 **Wehranlage mit Schalenturm,** zusammen mit dem am Vorwerk gelegenen Turm der letzte Rest der mittelalterlichen Stadtbefestigung
14 **Park** ehemals fürstlicher **Lustgarten** mit Bibliothek und Orangerie
15 **Löwentor** skulpturengeschmücktes, barockes Eingangstor
16 **Schloß** mittelalterliche Burganlage, mehrfach umgebaut, Museum, Ausblick über die Stadt, das Gebirge, den nördlichen Harzrand und das weite Vorland

Tour 34

Auf dem Blankenburg-Rundweg zum Regenstein, Kloster Michaelstein, dem Volkmarskeller und zum Schloß Blankenburg

Anfahrt
Bahn aus Richtung Halberstadt oder Königshütte/Elbingerode
Bus aus Richtung Halberstadt, Wernigerode, Thale, Hasselfelde
PKW über B 6, B 81, B 27
Wanderstrecke Gesamtstrecke etwa 20 km/ 7 Stunden, aber die Wanderung läßt sich an unterschiedlichen Punkten aufnehmen oder unterbrechen und so individuell gestalten
Profil von 212 m Bushaltestelle Regenstein auf 296 m Burgruine Regenstein, 250 m Kloster Michaelstein, 440 m Volkmarskeller, 460 m Eggeröder Brunnen, dann nahezu eben, in Blankenburg auf 305 m (Großes Schloß) zurück
Orientierung → Tourenkarte S. 165
Wegemarkierung gelbes Kreuz bis Michaelstein, gelbes Viereck im Klostergrund bis Eggeröder Brunnen, dann roter Punkt,
Rast Im Freien vielerorts möglich
Einkehr Burgruine Regenstein, Birkentalmühle, Michaelstein, Eggeröder Brunnen, Ziegenkopf Blankenburg

Als Ausgangsort wurde die **Bushaltestelle Regenstein** gewählt. Von hier aus führt die Strecke noch 300 m auf der vielbefahrenen B 6/81 in Richtung Westen und steigt hinter der Bahnunterführung ab auf die Zufahrt-Birkenallee zur **Burgruine Regenstein.** Zwischen schwingenden Ackerbreiten (rechts wüste Dorfstelle Platenberg) erreicht die Straße nach einem dreiviertel Kilometer den Waldrand und nach kurzer schluchtartiger Strecke das äußere Burgtor.
Zurück und hinter dem äußeren Burgtor in westlicher Richtung geht es durch Eichenmisch- und Kiefernwald zur Grabestelle **Regensteinsmühle** (die Rekonstruktion der Mühlenanlage wird vorbereitet), von dort am Zulauf entlang oder durch das **Mühlental** über die B 6 ins **Birkental** am Goldbach, dem aufwärts gefolgt wird. Nach anderthalb Kilometern Wanderung im schattigen Bachtal gelangt man an der Mönchemühle vorbei zum **Mönchemühlenteich** (Rudergewässer) und an dessen östlichem Ufer über zwei weitere Fischteiche zur **Landstraße** Blankenburg–Heimburg (Michaelsteiner Straße), die nach rechts 300 m bis zur Waldmühle genutzt wird, bevor man nach **Michaelstein** abbiegt. Von dort biegt der Weg hinter dem Tor ab und an zahlreichen Fischteichen vorbei durch herrlichen Buchenmischwald in sanftem Anstieg nach $6^1/_2$ km zum **Volkmarskeller**. Nun ist es nicht mehr weit bis zum gegenwärtig als Feriensiedlung gemieteten Eggeröder Brunnen. Nebenstrecken führen von hier westlich Richtung Hartenberg und Trecktalstraße (2,5 km), südlich über das Garkenholz und karge Kalksteinwiesen nach

Am steilen Harznordrand

Burgruine Regenstein

Rübeland (35 km) in östlicher Richtung auf dem ausgedehnten und nahezu ebenen Herzogweg (roter Punkt) über 6 km nach Braunesumpf oder weiter über den Einschnitt der Eisenbahn am Bielsteintunnel nach 7 km zum Ziegenkopf. Von dort führt der Herzogweg auf einer sehr schönen Promenadenstrecke über 4 km zum **Großen Schloß Blankenburg** über der Stadt.

Kulturgeschichte Die **Gegend um Blankenburg** gehört wegen ihrer zugänglichen und geschützten Lage, ihrer markanten Geländepunkte (Kultplätze) und der am Gebirgsrand anstehenden Bodenschätze (Roteisenerz) zu den früh besiedelten Gebieten des Harzes. Frühsteinzeitliche Jäger lassen sich bereits aus der Zeit vor 300 000 Jahren nachweisen.

In germanischer Zeit gab es eine geschlossene ausgedehnte Siedlungskammer der Hermunduren. Im frühen Mittelalter war das Burgendreieck Blankenburg–Heimburg–Regenstein eine feste Position zur Beherrschung und Verwaltung umliegender Gebiete. Das zugeordnete Zisterzienserkloster **Michaelstein** (1147 gegründet) als Tochterkloster Walkenrieds im Südharz hatte umfangreiche Besitzungen im Vorland.

Die rekonstruierte und sehenswerte Klosteranlage wird als weitbekanntes Musikforschungszentrum genutzt, sie kann besichtigt werden. (Konzertsaal, Kreuzgangausstellungen, Musikinstrumentenmuseum, Klostergarten).

Der **Volkmarskeller**, die Einsiedelei der Heiligen Luitburg um 870, war gewiß nicht so abgelegen wie heute, sondern mit dem Königshof Erdfelde im Trecktal Mittelpunkt eines ausgedehnten Bergbaugebietes am Elbingeröder Sattel. Die Stadt **Blankenburg,** 1123 als „oppidum sub castro" – Stadt unter der Burg – erstmalig erwähnt, entwickelte sich in Abhängigkeit von den Adelsgeschlechtern und beeinträchtigt durch Brände, Kriegswirren und Seuchen.

1599 fällt Blankenburg mit dem Aussterben des Grafengeschlechtes als 'erledigtes Lehen' an Braunschweig, wird zu Beginn des 18. Jahrhunderts fürstliche Residenz und Mittelpunkt des Fürstentums Blankenburg, während der Regenstein in preußischen Besitz gerät (Grenzsteine B – P an der Wanderstrecke). Die braunschweigische Tradition ist bis heute erhalten geblieben – Ausdruck des Votums der Bürger 1990 für Niedersachsen. In der Gründerzeit wuchs die Stadt durch angesiedelte Industrie (Eisengießerei, Anschluß an das Eisenbahnnetz und Niederlassung reicher Pensionäre) sprunghaft an – heute ein Moorheilbad und verschiedene Kulturstätten (Kleines Schloß, Großes Schloß, Terrassengarten, Rathaus, mittelalterlicher Stadtkern, Herbergsmuseum, Burgruine Regenstein, Musikforschungsstätte Kloster Michaelstein, Gymnasium, Malschule, Bibliothek u.a.m.). Etwa 20 000 Einwohner. In Blankenburg kann man ein sehr schönes Stück **„Teufelsmauer"** erwandern, das am „Großvater", einem Aussichtspunkt, beginnt und fast bis Timmenrode führt.

Der **Regenstein** – eine teilweise ins 12. bis 14. Jahrhundert zurückgehende, heutige Ruine ist eine bis ins beginnende 17. Jahrhundert als Burg und bis ins 19. Jahrhundert als brandenburgische Festung bestehende Anlage. Von hier aus genießt der Besucher einen herrlichen Rundblick über den nördlichen Harz bis zum Brocken sowie über Harzrand und Vorland von Heimburg über Halberstadt, Quedlinburg, bis Gernrode/Stubenberg.

Erdgeschichte Im Raum Blankenburg ist die Schichtrippenbildung der Nordharzer Aufrichtungszone (s.d.) besonders gut zu erkennen. Eine als **'Blankenburger Faltenzug'** bezeichnete Störungslinie verläuft, Ober- und Unterharz trennend, in südwestlicher Richtung über den gesamten Harz bis in den Raum Herzberg. Davor aufgerichtet Buntsandsteinhöhenzüge (Regensteinzug mit vorgelagertem Sandgebiet des Heers; Heidelberg mit Beginn der Teufelsmauer, Hoppelberg – am Königsstein – Harslebener Berge), Muschelkalkrücken (Ziegenberg beim Heimburg, Blankenstein am Schloßberg, Apenberg bei Cattenstedt) mit zwischengelagerten Senken (Lehm, Keuper), am Harzrand vorzugsweise Grauwacke und Schiefer.

Pflanzenwelt bedingt durch den Wechsel der Bodenstruktur auf engem Raum eine Vielzahl von Pflanzengesellschaften. Waldform: Kiefernmonokultur im Heers unterhalb des Regensteins auf trockenen Sandböden, Traubeneichenmischwälder auf den felsigen Böden, Rotbuchenmischwälder am Harzrand. In den sumpfigen Bachtälern Erle, Esche, Hainbuche, Ulme. An den Gehölzrändern ausgedehnte Schlehenhecken und Heckenrose als Vogelschutzriegel, auf sandigen Standorten noch Birke, Besenheide, Ginster. Auf Kalkböden Adonisröschen, Diptam, Orchideenarten. Zahlreiche Streuobstwiesen (Kirsche, Apfel, Birne, Pflaume) mit starkem Mistelbefall. In den sumpfigen Stellen starke Bärlauchrasen, Waldbingelkraut, Anemonen, Lerchensporn, Efeuunterwuchs. An den Waldhängen auch Tollkirsche und Bilsenkraut.

Tierleben Der Wechsel der Landschaft bringt eine Vielzahl von Biotopen für die unterschiedlichsten Arten hervor: auf den Ackerflächen dudelt die Heidelerche und singt die Goldammer, zwischen den Wohnzeilen pfeift die Haubenlerche, in den Gehölzen schlägt die Nachtigall und die Finken singen.

(Der Bergzug westlich des Goldbaches heißt: der Finkenherd, der östlich vom Großen Schloß: der Vogelherd). In den Felsen des Regensteins horstet der Uhu, an den Klosterteichen fischen Graureiher, auch der Schwarzstorch wurde dort schon beobachtet. Kreischend über der Stadt die

Am steilen Harznordrand

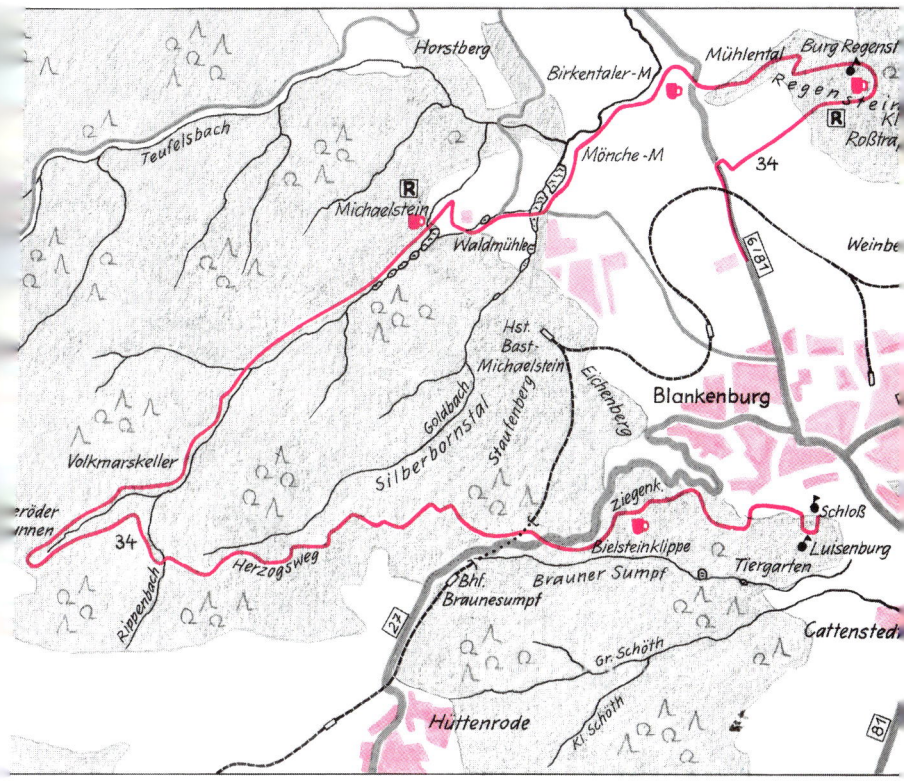

Formationsflüge der Mauersegler. Rotmilan und Mäusebussard gibt es. An Wildarten kommt im Heers das Damwild vor; für Reh- und Schwarzwild gibt es ideale Lebensbedingungen. Das Rotwild zieht von den Bergwäldern auf die Äcker. Füchse, Dachse, Marderarten wohnen in den Wäldern; am Mönchemühlenteich wurden Nutrias ausgesetzt, am Volkmarskeller baute die Bisamratte ihre Kugelburgen.

Neben zahlreichen Schmetterlingsarten, deren häufigste Kleiner Fuchs und Tagpfauenauge sind, ist auf den Ameisenlöwen (Larve der Ameisenjungfer – libellenähnliches Insekt) aufmerksam zu machen, der seine trichterförmigen Fanggruben im lockeren Sand anlegt.

Tour 35

Von Thale durchs Bodetal bis Treseburg und über den Hexentanzplatz zurück nach Thale

Anfahrt

Bahn aus Richtung Halberstadt–Quedlinburg

Bus aus Richtung Blankenburg, Quedlinburg oder Ballenstedt

PKW über B 6 oder B 246

Wanderstrecke Gesamtlänge 18 km / 6 Stunden (ohne Aufenthalte), Thale bis

Treseburg 10 km, über den Hexentanzplatz nach Thale zurück 8 km

Profil Starke Höhenunterschiede von Thale (190 m) bis Treseburg (277 m), dann 130 m Anstieg zum Weißen Hirsch (414 m), von dort mit mäßigen Steigungen bis Hexentanzplatz (451 m)

Orientierung → Tourenkarte S. 167

Wegemarkierung von Thale nach Treseburg blaues Dreieck, von Treseburg über den Hexentanzplatz nach Thale roter Punkt

Rast Bei trockenem Wetter an Aussichtspunkten unterwegs möglich (Klippe oberhalb Bodekessel)

Einkehr Gaststätte Hirschgrund, Gaststätten in Treseburg, Hexentanzplatz

Die Wanderung beginnt in **Thale**, im **Bodetal**, und gehört zu den bekanntesten und attraktivsten Harzwanderungen. Der Weg verläuft entgegen der Fließrichtung der Bode (da der Anstieg günstiger zu gehen ist als der Abstieg) im Grunde des Tales, das der Bach tief in den Ramberggranit geschnitten hat.

In Höhe der **Talstation der Schwebebahn** kann man beide Bodeufer benutzen (dort auch Brücke). Dort zweigen auch Nebenstrecken zur Bülow-Höhe–Roßtrappe (Präsidentenweg) sowie rechtsseitig zum Hexentanzplatz (Hexenstiege) ab. Das Tal verengt sich auf wenigen hundert Metern bis zum „**Waldkater**" (dort auch Jugendherberge), wo der „Katersteg" als Brücke über die Bode führt. Von hier aus ist der Wanderweg am westlichen Boderand zu empfehlen.

Man wandert vorbei am „Goethefelsen", der Gaststätte „Hirschgrund" und der steinernen „Jungfernbrücke". Der Weg passiert weiter das Bülowdenkmal und zwei Holzbrücken. Kurze Zeit später zweigt die „Schurre" ab, ein steiler Zick-Zack-Anstieg auf die Roßtrappe (→ Kulturgeschichte). Der Weg erreicht die „Teufelsbrücke" unmittelbar vor dem „Bodekessel", Hier wechselt die Strecke auf das östliche Ufer und entfernt sich zugleich über den Kesselrücken vom unmittelbaren Uferbereich. Am **Bodekessel** liegt der schroffste und imposanteste Teil des Bodetals hinter dem Wanderer.

Von links münden mehrere schroffe Bachtäler, die jedoch nicht zugänglich sind (Naturschutz!), an der Einmündung des Dambachstales (nach 7 km) befindet sich eine **Schutzhütte**. Das Gelände wird nun, nachdem eine Klippe über einen Brückensteg überwunden ist, sanfter und ausgeglichener; nach 10 km ist nach Überqueren der Luppbode **Treseburg** erreicht (→ Kulturgeschichte).

Den Rückweg kann man entweder mit dem Bus antreten oder zu Fuß. Dann wandert man linkerhand über einen steilen Aufstieg zum Aussichtspunkt „Weißer Hirsch", von dort in sanfteren Schwingungen über Dambachshaus und **Pfeilsdenkmal** (Pfeil-Begründer der Forstakademie Eberswalde), die Fahrstraße nach Friedrichsbrunn berührend, zum Hexentanzplatz (Nebenstrecke zu Aussichtspunkten „Prinzensicht" und „Kaiserblick" oberhalb des Bodekessels).

Von dort aus führt ein Weg in Serpentinen hinunter ins Bodetal, das man an der Jungfernbrücke wieder erreicht. Nun ist es nicht mehr weit bis zum Ausgangspunkt der Wanderung.

Vom Hexentanzplatz aus kann man auch mit der Schwebebahn nach Thale zurückkommen. In schneereichem Winter und bei Tauwetter ist die Wanderung nicht zu empfehlen, während sie bei herbstlicher Laubfärbung besonders eindrucksvoll ist.

Kulturgeschichte Die markanten Geländeerhebungen diesseits und jenseits des Thales **Hexentanzplatz** (Homburg) und **Roßtrappe** (Wiltenburg) gelten als frühgermanische Kultstätten mit Fluchtburgen, dort wurden u.a. Frühlingsfeste gefei-

Am steilen Harznordrand

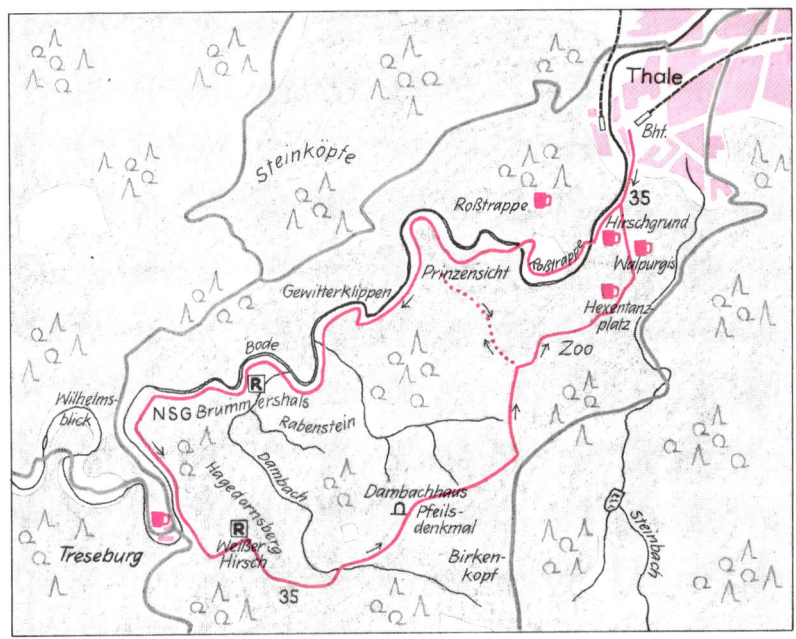

ert (Walpurgisnacht auf dem Hexentanzplatz, Sage von der Roßtrappe). Heute kann man mit der Schwebebahn auf den Hexentanzplatz fahren, wo ein Zoo mit heimischen Wildtieren, Gaststätten sowie das Bergtheater Thale, ein beliebtes und stark besuchtes Amphitheater vor reizvoller Naturkulisse mit Ausblick ins weite Vorland, zu finden sind.

Im 10. Jahrhundert entstand das Kloster Wendhusen (mit romanischem Wohnturm) und 'Dorp im **Thale**'. Eisenhämmer entstanden und die Holzflößerei wurde betrieben. Salzquellen ließen ein Soleheilbad entstehen. Gegen Ende des 19. Jahrhunderts entwickelten sich Eisenindustrie und Tourismus. In **Altenbrak** findet alljährlich ein Sängerwettstreit der besten Jodler des Harzes statt.

Wie Thale begründet sich die Entwicklung **Treseburgs** auf 1458 bezeugte Eisenhütte (von der frühmittelalterlichen Burg gibt es keine sicheren Urkunden (evtl. auf dem Felssporn Hackelbergs Ruh). Nach dem Erliegen der Eisenhämmer gab es nur noch Fremdenverkehr.

Goethe besichtigte und erkundete das **Bodetal,** mehrfache Besuche sind belegt. Im Zuge einer romantischen Naturzuwendung erschloß von Bülow 1818 durch Anlegen eines Wanderweges das Tal dem Fremdenverkehr.

Das Tal steht seit 1937 unter Naturschutz; insbesondere das Klettern ist wegen Absturzgefahr verboten.

Erdgeschichte Im Zuge der varistischen Faltung im Karbon drangen Magmamassen nach oben, blieben stecken und erstarrten zum Brocken- und Ramberggranit. Die Bode hat tief in das harte Gestein ein Tal geschnitten. **Bachklamm-**

Hexentanzplatz

täler von solchen Ausmaßen sind in Mittelgebirgen bis zur Sächsichen Schweiz und zum Schwarzwald nicht wieder anzutreffen.

Pflanzenwelt Die forstwirtschaftlich nicht nutzbaren Fels- und Blockhaldenhänge sind überwiegend von **Laubwald** bewachsen, in dem insbesondere die **Winterlinde** dichte Horste bildet, untermischt mit Ahorn, Hainbuche, Rotbuche und an den Südosthängen Eichen. Erwähnenswert sind die selten gewordenen, uralten **kleinwüchsigen Eiben** der Seitentäler. In den feuchtschattigen Laubwäldern bildet sich eine schattenliebende **Krautflora** mit Springkraut, Silberblatt und mehreren Farnarten, darunter Rippenfarn und Mauerraute. In den Fließstrecken der Bode wedeln lange Quellmoosbärte. Auf den Höhen überwiegend Rotbuchen, eingestreut Fichtenbestände. Auf den trockenen Gesteinschutthalden wachsen Rasen-Steinbrech, Alpenaster, Rauher Alant, Goldhaaraster, Berglauch und Blauer Lattich. Seltene, und deshalb kostbare Pflanzen sind die Pfingstnelke, Straußfarn und Hirschzungenfarn, der nur noch an einer einzigen Stelle zu finden ist.

Tierleben Der Fluß ist mit Bachforellen besetzt, an den feuchten Ufern kommt der Feuersalamander vor. Die Ufer werden von Wasseramseln und Gebirgsstelzen besiedelt, der Eisvogel erscheint als Gast. Der schon einmal ausgestorbene **Wanderfalke** ist wieder heimisch und hat seine Horste in den Felswänden. Weil sich Wanderfalke und Uhu ausschließen, gibt es im Gebiet keine Uhus mehr.
Die Wildkatze hat im Bodetal ein Rückzugsgebiet gefunden. Ab Treseburg fischen die Graureiher, die bei Altenbrak ihre Brutkolonie in den Fichten haben. Rot- und Schwarzwild halten sich mehr in den Höhenwäldern und Seitentälern auf. **Mufflons** sind eingebürgert worden und leben in den felsigen Wänden nordöstlich des Bodetals.

Tour 36

Mit dem Auto zu Klöstern und Burgen rings um den Harz

Der an mittelalterlicher Geschichte interessierte Autofahrer erlebt auf einer Fahrt rings um den Harz Geschichte pur und gewinnt Einblick in ein Befriedungs- und Befestigungssystem rund um den Kronbesitz und Reichsbannforst **Harz**.
Es wird empfohlen, die Reise in Goslar, der glänzenden Kaiserstadt, zu beginnen und in östlicher Richtung am Nordharzrand fortzusetzen.

Zu Klöstern und Burgen

Goslar Die unter Heinrich III. Mitte des 11. Jahrhunderts fertiggestellte **Kaiserpfalz** gilt als größter romanischer Profanbau. Von den zahlreichen Gebäuden einer kastellartigen Anlage stehen noch das Kaiserhaus mit achteckiger **Ulrichkapelle** (Grabmal Heinrichs III.) sowie die **Domvorhalle**.

Beeindruckend ist die ausgewogene Gliederung des steinernen Querhauses, dessen Obergeschoßfenster früher offene Laubarkaden waren. Hier wurden die Sommerreichstage abgehalten, besonders unter Heinrich V. und Friedrich Barbarossa.

Der Dom Simoni und Judae wurde 1819 wegen Baufälligkeit abgerissen, die Pfalz 1868 – 1879 adaptiert aufgebaut und erlebte 1871 den **1. Reichstag** des Deutschen Kaiserreiches unter Wilhelm I. Daneben findet man bedeutende Befestigungsanlagen aus der Zeit um 1500 (Breites Tor, Zwinger, Rosen-, Webertor, Teufelsturm, Wasserloch, Vititorturm und Mauern) sowie Kirchen und Fachwerk.

Bad Harzburg Von den Anlagen der 1068 unter Heinrich IV. erbauten **Harzburg**, die in einem wechselvollen Schicksal der Erneuerung und Vernichtung vom Kaiserhaus zur Räuberfeste herabsank, finden sich noch etliche Fundamente und Mauerreste, doch ist der Blick vom 482 m hohen **Burgberg** auf Stadt und Vorland sehenswert.

Vorbei an der im 18. Jahrhundert zur Ruine gewordenen kleinen Dynastenburg **Stapelburg** geht es nach

Ilsenburg Die unter Heinrich I. erbaute Burg gelangte 1003 in den Besitz der Halberstädter Bischöfe, die dort eine Benediktinerabtei einrichteten. Eine Bergfeste auf dem Ilsestein wurde im 11. Jahrhundert zerstört (Fundamentreste ausgegraben). In der Abtei wurde die am meisten besuchte Klosterschule für den sächsischen Adel eingerichtet.

Türgriff im Kloster Drübeck

Das Schloß erfuhr im 19. Jahrhundert Umbauten, vom Kloster stehen noch die romanische **Klosterkirche** sowie Speise- und **Versammlungssaal** in byzantinischem Stil, die auf der **Unesco-Schutzliste** eingetragen sind.

Drübeck Die Gründung des Damenstiftes soll auf das Jahr 877 zurückgehen. Sehenswert ist die schlichte, zweitürmige **Klosterkirche** mit Balkenflachdecke und Stützenwechsel – lange Zeit Gotteshaus eines angesehenen Benediktinerinnenklosters. Beachtlich die **siebenstämmige 270jährige Linde** im Innenhof.

Wernigerode Das stolbergisch-wernigerödische **Fürstenschloß** auf dem Agnesberg ist nach dem gravierenden Umbau des mittelalterlichen und barocken Burgteils durch Baumeister Carl Frühling unter Fürst Otto zum Anziehungspunkt der „Bunten Stadt am Harz" geworden.

In der Bodenreform enteignet, wurde es Museum und kultureller Mittelpunkt mit Ausstellungen und Schloßserenaden.

Ferner gibt es das berühmte **Rathaus** (15. Jahrhundert), Kirchen, Kapellen, Stadtbefestigungen anzusehen (→ Tour 36).

Blankenburg (Harz) Vorbei an Warttürmen auf Muschelkalkrücken (Horstberg, Austberg) und dem kegeligen Burgberg mit Fundamentresten der **Heimburg** entdeckt man bei der Anfahrt auf der B 6 den markanten Sandsteinfelsvorsprung der **Burgruine Regenstein** (→ Tour 34). Die Gaugrafenburg ist in engem Zusammenhang mit der 1123 erwähnten Burg Blankenburg zu sehen. Die Regensteiner beherrschten einst ein großes Gebiet im Harzvorland. Nach dem Aussterben der Linie ging Blankenburg an das Welfenhaus Braunschweig zurück (1599); der Regenstein kam nach dem Dreißigjährigen Krieg in kurbrandenburgischen und preußischen Besitz, wurde Festung und nach dem Siebenjährigen Krieg geschleift. Von den einstigen Aufbauten steht nur mehr der Stumpf des Bergfrieds, dagegen sind die in den Stein gearbeiteten Gemächer (u. U. vorgeschichtlichen Ursprungs) noch tadellos erkennbar. Von der Burg hat man gute Aussicht auf Nordrand und Vorland des Harzes. Das Schloß wurde nach Verwüstung und Schloßbrand 1546 barock wieder aufgebaut und Anfang des 18. Jahrhunderts braunschweigische Residenz (1708 Fürstentum). In dieser Zeit wurde auch das Kleine Schloß (Museum) als Wittumspalais errichtet und ein zauberhafter Terrassengarten angelegt.

Zu Blankenburg gehört das im Stadtteil Oesig gelegene **Kloster Michaelstein**, eine Tochtergründung des Zisterzienserklosters Walkenried (→ Tour 34). Heute beherbergt es eine europaweit anerkannte Aufführungs- und Forschungsstätte zur Musik des 18. Jahrhunderts (Telemann-Kammerorchester) mit Instrumentenmuseum und Klostergarten. Die Gebäude sind hervorragend instandgesetzt.

In **Thale** ist ein romanischer **Wohnturm** (Ortsteil Wenthusen) bemerkenswert. In dem 3 km entfernten Ort Neinstedt zweigt man rechts ab nach

Stecklenberg Dort findet man die Ruinen der **Lauenburg** und der **Stecklenburg** (14. Jahrhundert). Die Lauenburg war Sitz der Stadtvögte von Quedlinburg, die jüngere Stecklenburg Herrensitz derer von Hoym und von Thale. Die im Laubwald verborgenen Ruinen erinnern an Stimmungen bei Caspar David Friedrich. – Von da führt nur noch ein kurzes Wegstück nach

Gernrode Dort ist die durch Markgraf Gero 961 gegründete **Stiftskirche St. Cyriakus** des Benediktinerinnenstiftes als ein Prototyp romanischen Sakralbaues weitberühmt. Zwar wurde der mächtige Westwerkschild mit den beiden Rundtürmen im 19. Jahrhundert erneuert und ergänzt, doch die Innenräume mit dem 'Heiligen Grab' (um 1100) zeigen nahezu unverändert die Spuren mittelalterlicher Handwerks-

Braunschweigischer Löwe am Schloß Blankenburg

Zu Klöstern und Burgen

Rathaus Quedlinburg

kunst und haben eine viel ursprünglichere Ausstrahlung als die 'Reichsruhmeshalle' des Quedlinburger Domes.

In ironischem Gegensatz dazu steht die auf historischem Grund von dem Gründerarchitekten Bernhard Sehring während des I. Weltkrieges aus allerhand Spolien zusammengebastelte **Roseburg** vor Ballenstedt, als Gartenzwerg-Disneyland mit wilhelminischem Touch schon wieder erstaunlich. Bäume, Blumen und Hecken des Parkes sind echt.

Weithin präsentiert sich das Westwerk mit den zinnenartigen drei Zwerchgiebeln der in das barocke Schloßensemble einbezogenen **Stiftskirche Ballenstedt,** der in ein Benediktinerkloster umgewandelten Stammburg (neben Askania) der Anhaltiner. Die im 18. Jahrhundert errichtete Dreiflügelanlage des **Schlosses** war nur zum Teil der Öffentlichkeit zugänglich.

Quedlinburg Der Ort liegt nördlich von Thale und Ballenstedt und ist einen Besuch wert.

Die Stadt gehörte einst zum sächsischen Königshof. 922 wird die Stadt erstmals urkundlich genannt, auf dem **Schloßberg** steht die Burg, eine Vorburg auf dem **Münzberg**.

Der umfangreiche **Kirchenschatz**, von dem seit 1945 große Teile als verschollen galten, ist in den USA jetzt im Privatbesitz einer Familie wieder aufgetaucht und eine Rückführung der wertvollen Kunstschätze soll 1992 erfolgen. Dom, Schloß und Schloßmuseum können besichtigt werden. Sehr schöne Alt- und Neustadt, die seit 1330 vereinigt sind. Große Teile der aus dem 14. Jahrhundert stammenden **Stadtbefestigung** sind gut erhalten. Am Rathaus steht ein Roland.

Von den Burgen des Selketales finden sich auf dem Hausberg bei der Selkemühle nur noch Stümpfe und Fundamentreste der **Burg Anhalt,** bei der erstmalig auch Backstein verwandt wurde, aber die **Burg Falkenstein** (→ Tour 19) hat noch ganz und gar den Charakter der kleinen mittelalterlichen Feste mit sieben Toren. In der Verbindung von Mauer und wuchtigem Gebälk, von Burg und Landschaft hat sie eine einzigartige, anheimelnde Ausstrahlung. Hier soll Eike von Repgow am 'Sachsenspiegel' geschrieben haben, hier hat Bismarck sich verlobt.

Ein Abstecher zum Schloß **Harzgerode** ist möglich – auf einer bereits unter Otto II. erwähnten Anlage wurde das Schloß derer von Anhalt-Harzgerode 1549–1552 errichtet (Renaissancebau), Vögten des nach Nienburg umgesiedelten Klosters Thankmarsfelde. Ein stimmungsvoller Innenhof mit bedeckten Wehrgängen und wuchtigem Rundturm ist erwähnenswert. Weiter am Harzrand gelangt man nach **Ermsleben** zur im frühen

Burg Arnstein

Mittelalter in ein Benidiktinerkloster umgewandelten **Konradsburg**, von der besonders die **Krypta der Klosterkirche** mit ihren reichverzierten Säulen einen Besuch lohnt.

Nicht weit von dort befindet sich die **Burgruine Arnstein,** eine um 1135 errichtete Herrenburg, die nach dem Dreißigjährigen Krieg in den Besitz der Freiherrn von Knigge überging und im 18. Jahrhundert verfiel. So könnte die Burg der Jungfer Maleen (Märchen der Gebrüder Grimm) aussehen.

Mit der erstmals 1229 genannten **Burg Mansfeld,** bis 1780 Sitz der Grafen von Mansfeld, oberhalb der Wipper ist der östlichste Punkt der Route erreicht. Die **Festung**swerke machen einen gewaltigen Eindruck, allerdings ist ein Teil seit Jahrhunderten Ruine, im Süden erfolgte um 1860 ein neugotischer Schloßumbau.

Schloß Rammelburg (1259 urkundlich erwähnt) liegt nur wenige Kilometer wipperaufwärts – ursprünglich Lehen der Herren von Arnstein, dann in Mansfeld-Besitz übergehend (wie Burg Arnstein auch) – wurde im 16. Jahrhundert zu einem Schloß umgebaut (Renaissance) und beherbergt heute ein Heil- und Rehabilitationszentrum.

Die **Grillenburg** nahebei als Wohnturm-Kastell-Anlage um 1200 ist früh wüst geworden, ebenso die **Morungsburg** westlich davon, aus deren einem Burgmannengeschlecht der Minnesänger Heinrich von Morungen hervorging. Auch von ihr sind noch Ringmauerreste erhalten.

Die **Questenburg** stammt aus der gleichen Bauperiode und wechselte häufig die Besitzer; zum Schluß gehörte sie den Stolberger Grafen. Die **Ruine** ist besonders im Zusammenhang mit Dorf, **Queste** und Rolandsfigur sehenswert.

Durch das Thyratal aufwärts gelangt man in die Fachwerkstadt Stolberg, überragt vom **Schloß Stolberg**, einem mehrfach umgebauten (Renaissance, Barock, Klassizismus – Schinkelzimmer) Herrensitz mit intakten, genutzten Gebäuden, die in ihrer klaren Schlichtheit einen wirkungsvollen Kontrast zu dem reich gegliederten Straßenbild bieten.

Am Alten Stolberg lag die **Grasburg,** westlich davon die **Ebersburg** mit Resten von Mantelmauer und Wohnturm.

Ebenfalls romantische Mauerreste findet der Wanderer auf der im Dreißigjährigen Krieg zerstörten **Burg Hohnstein** (12. Jahrhundert, seit 1627 Ruine) bei Neustadt (→ Tour 24) – Türme, Durchgänge, Mauern, Treppen – besonders schön im Maigrün der Waldmeisterwälder.

Nicht eigentlich Harzburgen, doch dem Sicherungssystem zugehörig und des-

Zu Klöstern und Burgen

halb hier wenigstens erwähnt sind **Pfalz Tilleda** und **Rothenburg** und **Reichsburg Kyffhausen** im Kyffhäusergebirge sowie **Burg Lohra** in der Hainleite, zugehörig Zisterzienserinnenkloster **Münchenlohra**.

Nordhausen als frühe Kaiserpfalz und spätere freie Reichsstadt wurde im April 1945 schwer zerbombt. An der Stelle der ersten Ansiedlung steht noch heute die **Finkenburg**, ein kastellartiger Fachwerkständerbau um 1400 (zur 1000- Jahrfeier 1927 rekonstruiert). **Dom** und **Blasiikirche** deuten noch auf die ehemals drei Klöster und drei Klosterhöfe hin. Teile der Stadtbefestigung sind sichtbar.

Nur noch dem Fachmann sind die Reste der **Ilgersburg** bei Ilfeld erkennbar, verwickelt in Hohnsteinschen Besitz wie die **Burg Bistop** auf dem Kleinen Staufenberg bei Zorge, die nur errichtet wurde, um **Burg Clettenberg** zu befehden und einzunehmen.

Anders als diese Herrenburgen geht die bereits 860 erwähnte **Burg Sachsenstein** auf eine Anlage zum Schutze des Reichsbesitzes zurück, die schon 1074 zerstört – wahrscheinlich nicht einmal ganz fertig gebaut – wurde.

Nonnenkloster Walkenried (→ Tour 22) war das 3. deutsche Kloster des Zisterzienserordens Anfang des 12. Jahrhunderts. Von der Klosteranlage mit einer der größten Kirchen des norddeutschen Raumes stehen nach der Plünderung im Bauernkrieg noch der Kreuzgang.

Burg Lutterberg auf dem Hausberg bei Bad Lauterberg wurde 1415 zerstört; die Anlage wird als Burgrestaurant vermarktet.

Ruine Scharzfels, angelegt vom Erzstift Magdeburg zum Schutz der Abtei Pöhlde, wurde noch vor hundert Jahren als „kühn auf und in Felsen gebaute Burg" gepriesen, sie wurde als Festung genutzt und im Siebenjährigen Krieg von

Schluß Mansfeld

Zu Klöstern und Burgen

den Franzosen zerstört. Älteren Ursprungs sind **Steinkirche** und **Einhornhöhle** (→ Tour 21), vermutlich prähistorische Kult- und Siedlungsstätten.

Der dem Harz südlich vorgelagerte Rotenburg trug bei dem **Dorf Pöhlde** einen bedeutenden **Königshof** (bekannt als „Weihnachtspfalz"); das darauf entwickelte Benediktinerkloster wurde 1525 zerstört.

Schloß Herzberg (d. i. Hirschberg) ging schon bald nach der Begründung als Reichsburg in welfischen Besitz über. Ausgebaut 1525 zu einem entzückenden **Fachwerkschloß**, wurde es Residenz und Stammschloß des englisch-hannoverschen Königshauses. Besonders beeindruckend der **Innenhof mit reichen Holzschnitzereien** am Turm. Es beherbergt ein **Zinnfiguren- und Harzgeschichtsmuseum.**

Auch von der **Burg Osterode** an einer der Eingangsstraßen zum Harz sind nur noch Reste der frühmittelalterlichen Anlage vorhanden.

Von Grund oder Gittelde erreichbar ist linksseitig der B 243 die **Ruine Stauffenberg,** in der Heinrich der Jüngere von Braunschweig die totgesagte Geliebte Eva von Trott verborgen gehalten haben soll. Von dort erreicht man bald Seesen mit der ehemaligen **Wasserburg Sehusa** (heute Amtsgericht) und einem herzoglichen Jagdschloß. Berühmt ist das Sehusa-Historienfest im September.

Klosterruine Walkenried

Schmalspurbahnen im Harz

Schmalspurbahnen im Harz

Noch im vergangenen Jahrhundert waren die Verkehrsverhältnisse im Harz schlecht. Postkutschenrouten reichten nicht aus, Personen schnell und zu tragbarem Preis zu befördern. Rund um den Harz fuhren die ersten Eisenbahnen, und bald tauchten erste Pläne auf, auch das Gebirge durch die Eisenbahn zu erschließen.

Die **Selketalbahn**, Gernrode-Harzgeröder Eisenbahn (GHE), wurde in Teilabschnitten erbaut und 1887/88 eröffnet. Sie erschloß in ihrer vollen Ausdehnung den nordöstlichen Harz von Gernrode und Harzgerode bis Stiege–Hasselfelde.

Der Bau der wichtigsten und heute bekanntesten Strecke, der Nordhausen-Wernigeröder Eisenbahn (NWE), heute **Harzquerbahn**, begann 1896. 1899 konnte, zugleich mit der Südharz-Eisenbahn, die Gesamtstrecke von Wernigerode bis Nordhausen und die Brockenbahn befahren werden.

Nachdem in den letzten Jahrzehnten durch den Kraftverkehr auf den Straßen die Bedeutung der Nebenbahnen merklich nachließ, vermittelt der wachsende Fremdenverkehr ein neues Interesse für die Harzbahnen.

Zuerst spricht das nostalgische Erlebnis einer Fahrt mit der dampfbetriebenen Eisenbahn die Besucher an. Man genießt die Harzlandschaft während der Fahrt ohne Einschränkungen. Die Bahn bietet sich aber besonders an bei der Erwanderung des Gebirges. Man kann mit Bahn, PKW, Bus bestimmte Bahnhöfe als Ausgangspunkt bequem erreichen, von dort aus die unterschiedlichen Landschaften oder besonderen Ziele anlaufen, auf Rundwanderungen zum Ausgangsbahnhof oder zu einer anderen Station zurückkehren.

Tour	Wanderung	Bahnhof
10	Elend Schierke Eckerloch Brocken	Elend
11	Hohne Glashüttenweg Brocken	Drei-Annen-Hohne
12	Benneckenstein Zorge Hohegeiß	Benneckenstein
13	Beneckenstein Sorge, Tanne Giepenbachtal und zurück	Benneckenstein
14	Königshütte Trogfurter Sperre Rübeland	Königshütte
15	Stiege Allrode Treseburg	Stiege
16	Harzgeroder Bergbauwanderung	Harzgerode
17	Alexisbad Viktorshöhe Mägdesprung	Alexisbad
19	Benneckenstein (Sophienhof) Netzkater-Poppenberg Ilfeld	Benneckenstein bzw. Eisfelder Talmühle
20	Ilfeld Neustadt Ruine Hohnstein Nordhäuser Talsperre	Ilfeld

Die attraktive Schmalspurbahn

25	Straßberg	Straßberg
32	Steinerne Renne
Ottofels
Plessenburg
Fahrt zum Brocken
(Hin- und Rückfahrt) ab Juli 1992 | Steinerne
Renne

Wernigerode |

Neuerdings führen alle Züge von Nordhausen, Gernrode und Wernigerode Kurswagen zum Brocken, die in Drei-Annen-Hohne an die direkten Brockenzüge angekoppelt werden.

Tour 37

Die Harzquerbahn zwischen Wernigerode und Nordhausen

Als NWE = Nordhausen-Wernigeröder Eisenbahn eröffnete 1899 die Schmalspurbahn mit 1 m Spurbreite eine neue Zeit für den Harz. In Wernigerode befand sich die Eisenbahnverwaltung, von hier aus strömten die „Fremden" mit der Bahn ins Gebirge, wurde es für den Fremdenverkehr erschlossen. Am Ende des 19. Jahrhunderts wurde damit aus einer Handelsstadt ein Tor zum Harz. Mit der Eisenbahn begann die Zeit des Reisens. In Wernigerode siedelten sich viele Pensionäre an, Hotels und Pensionen entstanden. Nach den Einschränkungen des Krieges und der nachfolgenden DDR-Zeit begann eine neue Zeit für Tourismus und Fremdenverkehr.

Beschreibung der einzelnen Stationen
Wernigerode Kreisstadt mit 35 000 Einwohnern liegt 240–290 m ü.d.M. am Nordostrand des Harzes.
Das Stadtzentrum ist ein geschlossenes Ensembles von Fachwerkbauten in recht gutem Zustand. Am bekanntesten ist das Wernigeröder Rathaus. Aber auch das Gadenstedtsche Haus, das Heideviertel, eine Reihe Häuser der Breiten Straße und andere sind sehenswert. Der Westerntorturm und ein Stück der Stadtmauer mit einem Schalenturm sind Reste der mittelalterlichen Befestigungen. auf dem Agnesberg erhebt sich 120 m über der Stadt das Schloß der Grafen, später Fürsten von Stolberg-Wernigerode. Einkaufszentrum, Hotels

Roter Fingerhut

Schmalspurbahnen im Harz

An der „Lange"

Schmalspurbahnen im Harz

und Gaststätten, Hallenbad, Freibäder, Sportstätten u. a. Einrichtungen des Fremdenverkehrs sind genauso vorhanden wie umweltfreundliche Industrie.
(→ Tour 36)

Vom **Hauptbahnhof** aus fährt der Zug zuerst zum Bahnhof **Westerntor,** der vom Stadtzentrum aus günstig zu erreichen ist. Vor dem Westerntor überquert er eine verkehrsreiche Kreuzung und fährt durch den langgestreckten Ortsteil Hasserode, am Haltepunkt **Kirchstraße** kurz haltend, bis vor der Einfahrt ins Gebirge die Station **Hasserode** erreicht ist, Ausgangspunkt für Gäste, die im Osten Wernigerodes wohnen. Die weiteren Stationen sind

Steinerne Renne 311 m, Haltepunkt, Wanderungen zu den gleichnamigen Wasserfällen, die von der Holtemme gebildet werden, zum Ottofels oder zu Fuß nach Wernigerode zurück.
(→ Tour 32)

Drei-Annen-Hohne 542 m. Hier zweigt die Brockenbahn ab. Fahrplanmäßige Züge nach Schierke. Beginn von Wanderungen in das Gebiet des Höhenzuges der „Hohne", 900 m. Naturschutzgebiet, naturnahe Bergfichtenwälder, Hochmoore, herrliche Ausblicke. Über Ottofeld-Steinerne Renne nach Wernigerode. Im Winter ausgezeichnetes Skigebiet mit Langlaufloipen, Abfahrtsstrecke, Skilift. (→ Tour 11)

Elend 505 m, kleiner, ruhiger Erholungsort mit der kleinsten Kirche des Harzes. Durch das reizvolle, urwüchsige Elendstal nach Schierke. Wanderwege nach Tanne, über Mandelholz ins Wormketal oder an der Vorsperre der Kalten Bode entlang nach Königshütte, zum Barenberg oberhalb Schierke und den Schnarchenklippen.
(→ Tour 10)

Sorge 480 m, im Tal der Warmen Bode. Früher Kreuzungspunkt mit der Südharzbahn, die nach dem Kriege abgebaut wurde. Ruhiger Erholungsort, weites Wandergebiet auf der Harzhochfläche. (→ Tour 13)

Benneckenstein 535 m, in der Mitte der Strecke der Harzquerbahn gelegenes Städtchen mit 3000 Einwohnern. Günstiger, zentraler Ausgangspunkt für Wanderungen und Fahrten in den gesamten Harz. Informationen in der Kurverwaltung, private Zimmervermittlung im Gasthaus „Zwei Löwen". „Haus des Gastes", Freibad, Erlebnis-Hallenbad im Bau. Wanderweg über die Lange nach Rübeland, nach den Bodetalsperren, zum Südharz, nach dem Westharz, Naturlehrpfad nach Tanne, Ski-Langlaufloipen, Sprungschanze, Übungshänge, Sporteinrichtungen.
(→ Tour 12, 13, 19)

Haltepunkt **Tiefenbachmühle** 410 m, Bedarfshaltestelle. Fahrgäste, die aussteigen wollen, müssen dem Schaffner Bescheid sagen, Zusteiger sich durch Winken bemerkbar machen. Wanderungen nach Stiege, Sophienhof und in die reichen Mischwälder der Umgebung.

Eisfelder Talmühle 352 m, Abzweigung der Selketalbahn über Stiege nach Hasselfelde bzw. nach Gernrode–Harzgerode. Wanderweg nach Sophienhof, Birkenmoor, Christianenhaus. (→ Tour 19)

Netzkater 292 m, ehemals Chauseehaus. Vier Täler münden hier, Wanderwege nach Rothesütte, Sophienhof, Hufhaus, Poppenberg, Ilfeld. Steinkohlenbesucherbergwerk Rabensteiner Stollen. (→ Tour 19)

Ilfeld 260 m, 3400 Einwohner, am Harzrand gelegen. Wanderungen nach Neustadt, Burgruine Hohnstein, weitere über Netzkater. Informationen erteilt die Kurverwaltung. (→ Tour 19, 20)

Die Stationen **Niedersachswerfen** und **Krimderode** liegen bereits außerhalb des Harzes.

Nordhausen-Altentor, am Stadtrand von Nordhausen

Nordhausen-Nord Endstation der Harzquerbahn. Beginn der Strecke aus dem südlichen Raum.

Nordhausen 47 000 Einwohner, Nördlichste Kreisstadt von Thüringen, alte Reichsstadt. Das historische Stadtzentrum wurde am Kriegsende durch Bomben zerstört. Vielfältige Industrie, bekannt ist der Nordhäuser Korn. Verkehrknotenpunkt von Straßen und Eisenbahnen, die sowohl von Norden nach Süden, als auch von Westen nach Osten verlaufen.

Tour 38

Die Brockenbahn

Nach 1945 wurde ein Teil der einst von Drei-Annen-Hohne zum Brocken führenden Strecke geschlossen.
Ab Mai 1992 ist jedoch die gesamte Streckenlänge wieder mit der Schmalspurbahn befahrbar.

Beschreibung der einzelnen Stationen
Drei-Annen-Hohne Von hier kann man die Fahrt starten. (→ Tour 38)
Schierke Bahnhof 688 m, bekannter Erholungsort am Fuße des Brockens. Nationalpark Harz mit urwüchsigen Wäldern und Mooren, herrliche Wanderwege in den Hochlagen des Harzes, Hotels und Gaststätten, Wintersportort mit Langlaufloipen, Abfahrtsstrecke und Lift am Erdbeerkopf, Eisstadion, Ausgangspunkt zur Brockenwanderung.
(→ Tour 10)
Brocken Das 1142 m hohe Brockenplateau ist Ziel vieler Wanderer. Von dem höchsten Punkt des Harzes hat man eine schöne Sicht. Der Brockengarten ist ebenfalls einen Besuch wert.
(→ Tour 7, 8, 10, 11)

Tour 39

Mit der Selketalbahn in den Ostharz

Die Selketalbahn wurde als älteste Schmalspurbahn des Harzes 1887 als Gernrode-Harzgeröder Eisenbahn in Betrieb genommen. Die Strecke führte von Gernrode, mit einer Stichbahn nach Harzgerode, bis nach Straßberg. Im Jahre 1905 erfolgte der Anschluß an die Nordhausen-Wernigeröder Eisenbahn (Harzquerbahn) über Stiege, mit Abzweigung nach Hasselfelde, an die Station Eisfelder Talmühle. Nach dem Kriege wurden 1946 die 12,8 km zwischen Straßberg und Stiege als Reparationsleistung abgebaut. Diese Strecke konnte 1984 wieder geschlossen werden.

Beschreibung der einzelnen Stationen
Die folgende Stationsbeschreibung beginnt beim Anschluß an die Harzquerbahn in
Eisfelder Talmühle → Tour 19, 39
Birkenmoor 530 m, Haltepunkt, nach Forsthaus Birkenmoor benannt, Ausgangspunkt für Wanderungen in die Wälder zwischen Stiege-Breitenstein-Netzkater, nach der Nordhäuser Talsperre.
Stiege 485 m, 1400 Einwohner, Jugendherberge und Campingplatz, Große Teiche und Freibad, Rudern, Wanderwege nach Allrode, Günstersberge, Hasselfelde, Wälder des Südharzes.
(→ Tour 15)
Abzweigung nach Hasselfelde
Hasselfelde 460 m, Stadt mit 3000 Einwohnern, liegt an der Kreuzung von B 81 und B 242, ehemalige alte Königsburg, Wanderungen nach Trautenstein, zu Rappbode- und Hasselvorsperre, zur Großen Rappbodetalsperre, über Altenbrak oder Treseburg ins Bodetal.

Schmalspurbahnen im Harz

Das Bodetal

Schmalspurbahnen im Harz

Albrechtshaus 470 m, Haltepunkt, ehemalige Heilstätte, jetzt Rehabilitationsklinik.

Friedrichshöhe 454 m, Bahnhof für den südlich gelegenen gleichnamigen Ort, sowie für Breitenstein (5 km)

Güntersberge 450 m, Stadt mit 1200 Einwohnern, kleinste Stadt in Sachsen-Anhalt, Wanderungen nach Breitenstein, Allrode, Friedrichsbrunn, Großer Teich mit Bademöglichkeit.

Straßberg 1100 Einwohner, in der Nähe der Treue Nachbarteich mit Campingplatz, Frankenteich und Kiliansteiche, Wanderung zum Auerberg mit dem Josephskreuz, nach Siptenfelde. (→ Tour 25)

Silberhütte 335 m, Ortsteil von Harzgerode, ruhiger Erholungsort, Teufelsteich und Harzgerode, Birnbaumteich mit Campingplatz. (→ Tour 16)

Alexisbad 320 m, 330 Einwohner, reiner Kur- und Erholungsort ohne Industrie, und Landwirtschaft, vielfältige Wandermöglichkeiten. (→ Tour 17)

Abzweigung nach Harzgerode

Harzgerode 390 m, Stadt mit 5600 Einwohnern, ehemalige anhaltinische Residenz, Schloß, ehemaliger Edelhof, Marienkirche, mehrere Teiche, Wanderung zum Falkenstein (Burg), Burg Anhalt. (→ Tour 16)

Drahtzug Haltepunkt. In der Nähe befinden sich die Selkefälle. (→ Tour 18)

Mägdesprung 295 m, ehemaliges Eisenhüttenwerk, Kunstguß, Eingang zum abbiegenden Selketal, zur Burg Falkenstein. (→ Tour 18)

Sternhaus-Ramberg 413 m, Haltepunkt, Ausgangspunkt zum Bremer Teich, Jugendherberge und Campingplatz, zur Viktorshöhe und zum Ramberg.

Sternhaus-Haferfeld 318 m, Haltepunkt, Heiligenteich, Wanderweg nach Gernrode, zum Großen Siebersteinteich.

Osterteich Haltepunkt, Freibad Osterteich, Rundweg um Gernrode.

Gernrode 200 m, Stadt mit 4600 Einwohnern, Ausflugsziele sind Bad Suderode, Rodeburg, Wälder der Umgebung. Bedeutende romanische Stiftskirche

Haltepunkte: Diese Haltestellen werden nur bei Bedarf genutzt. Ein- und Aussteiger müssen sich beim Zugpersonal bemerkbar machen.

Stiftskirche Gernrode

Wandern mit Neumanns Landschaftsführern:

Landschaften haben viele Gesichter:
- Berge und Täler, Flüsse und Seen
- Zeugnisse einer oft wechselvollen Erdgeschichte
- ein charakteristisches Pflanzenkleid
- interessantes Tierleben und natürlich auch
- Burgen, Schlösser, Kirchen und Städte

Erleben soll man durch Erwandern!
– auf den eigenen Füßen
– im Faltboot
– mit dem Fahrrad, wenn längere Strecken zu überwinden sind
– mit dem PKW, wenn besondere Sehenswürdigkeiten wie Kirchen oder Burgen für eine Fußtour zu weit auseinander liegen.

Vorrang hat das Wandern auf den eigenen Füßen. Es ist trotzdem mehr als nur Laufen, denn man sollte dabei
beobachten und spähen,
mehr sehen wollen als nur die Bäume am Wegesrand,
den Vogelstimmen lauschen,
hier und dort ein Erinnerungsfoto machen,
die Arbeitswelt und das Stadtgespräch ausklammern und stattdessen an jeder Wegebiegung und vor jedem Austritt aus dem deckenden Wald nach Jägerart verharren, um zu sehen, ob Tiere ausgetreten, Vögel eingefallen oder anderes Leben zu beobachten ist, das wir mit forschem Weiterlaufen nur zur Flucht veranlassen würden.

Die Wandergeschwindigkeit der Touren und die Zeitangaben sind deshalb mit nur 3 Stundenkilometern angesetzt. Da bleibt Zeit zum Beobachten, da kann Stein oder Blüte bestimmt werden, da braucht niemand zu drängeln, um Anschlüsse oder Treffpunkte pünktlich zu erreichen. Wird die Zeit trotzdem knapp, dann schafft ein rüstiger Fußgänger 6 Stundenkilometer und verkürzt damit alle Zeitangaben unserer Landschaftsführer auf die Hälfte. Übrigens stimmen Fußgänger und die Paddler im Faltboot in der Wandergeschwindigkeit genau überein. Gemächliches Paddeln bringt 3 km, flottes Paddeln 6 km Vortrieb je Stunde.

Ein Fernglas leistet beim Beobachten gute Dienste. Es sollte nicht zu gering, aber auch nicht zu stark vergrößern. Am häufigsten werden die 8fachen Gläser benutzt. Sie sind klein, handlich und belasten das Exkursionsgepäck kaum.
Vogelkundler benutzen gern stärkere Gläser mit 10- oder sogar 12facher Vergrößerung. Aber spätestens hier beginnt sich das Zittern der Hände störend bemerkbar zu machen.

7 Jahreszeiten entspringen altem Wissen der Gärtner, Bauern und Biologen, denen die Einteilung des Jahres nach der astronomischen Stellung der Sonne viel zu schematisch war und ist. Seit Karl Foerster die sieben Zeiten des Gartenjahres propagierte, folgt ihnen auch das Neumann Verlagsprogramm.

Wandern in Naturschutzgebieten, Reservaten und Naturparks?
Es sind die letzten Zellen intakter Natur unserer Heimat. Wir erwarten, daß jedermann die Gesetze achtet: auf den Wegen bleibt, die überall bedrängte Natur schont, das Wild nicht beunruhigt, das Leben nicht stört. Selbst die kleine Welt am Wegesrand ist es wert, beachtet und respektiert zu werden. Wenn auch sie verschwindet, braucht die Menschheit keine Wander- oder Landschaftsführer mehr!

Das Wanderjahr und seine schönsten Wandertouren:

VORFRÜHLING: Vom Stäuben der Haseln bis zum Ergrünen der Laubbäume
Beobachtungsschwerpunkte: Vorfrühlingsblüher im Laubwald, am Grunde der Hecken und am Wiesenrand. Laichende Amphibien, Rückkehr der Zugvögel

Blütenteppich im Laubwald → Tour 26, 27
Laichen von Frosch- und Schwanzlurchen
→ 13, 14, 19, 27

FRÜHLING: Vom Ergrünen der Laubwälder bis zum Erblühen der Wildrosen
Schwerpunkte: Obstbaumblüte, Maiwuchs, Blüte der Wiesenkräuter, Vogelgesang, Werben und Balzen der Tiere

Blütenteppich wie Vorfrühling und 25, 35, 36
Vogelgesang → 12, 14, 19, 25
Maiwuchs/Fichtenblüte → 4, 8, 9, 12, 17, 32
Auf dem Brocken: Ringdrossel singt und Brockenanemonen blühen

FRÜHSOMMER: Vom Erblühen der Wildrosen bis zur Getreideernte
Schwerpunkte: reifende Getreidefluren, Ackerunkräuter, Blütenreigen im Ödland mit Insektenleben. Mittsommer, Johanniskäfer, Feldgrillenzeit, Holunderblüte

Blüte der Bergwiesen → 6, 12, 13, 21
Waldwanderungen → 7, 8, 13, 18, 28, 35
Natur des Karstgebietes → 25, 26, 27, 28
Erste Pilze (Hallimasch) → 13, 17, 18, 19, 31

HOCHSOMMER: Vom Beginn der Getreideernte bis zur Vollreife der Vogelbeeren, Blütezeit des Rainfarns, Heupferdzeit
Schwerpunkte: Getreideernte, Blütenreigen im Ödland, zweiter Aufwuchs der Wiesenkräuter und erneute Mahd

Wanderungen im Wald und kühlen Tälern
→ 7, 9, 15, 18, 28, 35, 36
Pilzeit → 6, 12, 13
Sommerwiesen → 6, 13, 17, 19
Brocken-Enziane blühen → 7, 8, 10, 11

FRÜHHERBST: Von der Vollreife der Vogelbeeren bis zum Beginn der Laubfärbung. Erntezeit bei Menschen und Tieren
Schwerpunkte: Zugzeit der Vögel und Wanderfalter, Altweibersommer, Hirschbrunft, erste Wintergäste, Dahlienblüte

Reifende Früchte → 12, 14, 18, 20, 34
Pilze sammeln → 12, 15, 17, 18, 20
Hirschbrunft → 4, 9, 11, 13, 17, 32
Kiebitze auf Wiesen → 6, 12, 19

HERBST: Von der beginnenden Laubfärbung bis zum vollständigen Laubfall
Schwerpunkte: Laubfärbung, Einbringen des letzten Erntegutes, Karpfenfischen, Mastzeit bei den Tieren, Wintergäste kommen

Laubfärbung → 12, 14, 18, 20, 34
Zugvögel → 13, 17, 31
Wintergäste → 12, 14, 17, 28
Pilze wie Frühherbst

SPÄTHERBST und WINTER: Vom erfolgten Laubfall bis zum Stäuben der Haseln.
Schwerpunkte: Wintergäste an den verschiedensten Nahrungsquellen, Überwinterer unter dem Dach der Menschen, Vielfalt des „Tannengrüns"

Wintergäste auf Gewässern
→ 2, 14, 15, 17, 23
Rauhreif und Eiszapfen → 7, 13
Standvögel → 4, 5, 10, 15, 18, 19
Skiwanderungen → 2, 4, 8, 11, 12, 13, 14, 17, 21, 28

Register

Abbegraben 60
Achtermann 62, 63
Acker-Bruchbergzug 45
Ackerbruchberg-Quarzit 153
Ahrensklint 70
Albrechtshaus 185
Alexisbad 94, 95, 185
Allrode 88
Alpenmilchlattich 48
Alpenspitzmaus 57
Anemonen 21
Apollo-Falter 25
Arnika 21
Arnstein 172
Auerberg 121, 124, 126
Auerberg-Porphyr 102
Auerhahn 24, 46, 57, 67
Auwälder 18

Bachforelle 26
Bachstelze 26
Bad Harzburg 57, 58, 169
Bad Suderode 140
Bärenbachtal 77
Ballenstedt 171
Bannforst 13, 53
Bauerngraben 129, 130
Baumpieper 57
Beierstein 118
Bekassine 76
Benneckenstein 76, 77, 80, 82, 105, 181
Bergakademie Clausthal 31
Bergbau 19, 29
Bergbauhalden 35, 40
Bergbaumuseum 134
Bergeidechse 25, 48
Bergfarn 48
Bergfreiheiten 29
Berggeschrey 13, 31
Bergkümmel 50
Bergmolch 26
Bergrat-Müller-Teich 94
Bergulme 18
Bergwerksmuseum Zellerfeld 35, 36, 37
Bergwiesen 30, 34, 37, 49, 50, 66, 106

Bingelkraut 154
Birkenmoor 182
Birkhuhn 57
Blankenburg 140, 162, 170
Blankenburger Faltenzug 164
Bleiglanz 40
Bodetal 166
Borkenkäfer 25, 30
Braunkehlchen 76
Brocken 53
Brockenanemone 22, 66
Brockenbahn 65, 182
Brockengarten 22, 56, 62
Brockenmuseum 61
Brockenpflanzen 22
Buchfink 76
Burg Falkenstein 99
Burg Hohnstein 172

Clausthal-Zellerfeld 35, 36

Dachs 22
Dicke Tannen 78
Diorit 54
Drahtschmiele 33, 66
Drahtzug 185
Drei-Annen-Hohne 70, 181
Dreitälerblick 106
Drübeck 169
Düna 118

Ebereschen 66
Eckergneis 15, 59
Eckerloch 63
Eckertalsperre 57, 58
Edelmarder 22
Eike von Repgow 73, 99
Einhornhöhle 113
Eisenhut 20, 103
Eisfelder Talmühle 181, 182
Eiszeitablagerung 50
Elend 63, 181
Elendsburg 53
Elendstal 20, 64
Ellrich 115
Erdkröte 37
Erle 18

Ermsleben 172
Erzbergbau 29, 50
Erzgänge 33
Esche 18
Espen 18

Fadenmolch 134
Falkenstein 171
Federgras 142
Feuerlilie 50
Feuersalamander 26
Feuersteinhöhe 64
Fichtenwald 19, 21, 33, 48
Fingerhut 21, 33, 66
Finkenwettstreit 82
Fledermäuse 23, 119
Flußkrebs 34, 37
Forellen 34
Friedrichshöhe 185
Fuchs 22
Fuchs-Kreuzkraut 33, 66

Gabbro 54
Gabbrozone 59
Gangarten 33
Gartenschläfer 22
Gebirgsstelze 26
Geburtshelferkröte 37
Gelbbauchunke 105
Gernrode 140, 170, 185
Gipskarst 117, 118
Glashüttenweg 70
Glattnatter 25
Goetheweg 60
Goslar 143 ff., 169
Granestausee 148
Granetal 38
Granetalsperre 38, 148
Granit 17, 18, 54, 65
Grasfrosch 37
Graureiher 24
Grauwacke 17
Grauwackeninsel 48
Grillenburg 172
Großleinungen 132
Grube Samson 47
Güntersberge 185

188

Habichtskraut 66
Händelwurz 21
Hahnenfuß 20, 50
Hainbuche 18
Hainholz 117
Hallimasch 33
Hanskühnenburg 44
Harzgerode 91, 171, 185
Harzkuh 20
Harznordrandstörung 153
Harzquerbahn 178
Harzwald 34
Hase 22
Haselhuhn 67
Hasselfelde 182
Hasseltal 135
Heidelbeeren 33
Heidelerche 57
Heimatmuseum Andreasberg 47
Heimkehle 124
Heinrichsburg 109
Herzberg 175
Hexentanzplatz 166
Hexentreppe 63
Himmelreich 115
Hirschkäfer 25
Hochmoor 56, 65
Hochstaudenfluren 37
Hohe Klippen 46
Höhlenbären 115
Hohegeiß 77
Hohnklippen 70
Hohnstein 108
Holzkohle 19
Hüttenmuseum Ilsenburg 153
Hüttenwesen 19, 74
Huflattich 20

Ilfeld 108, 181
Ilsenburg 139, 151, 169
Ilsenstein 152
Ilsetal 151
Insektenfresser 25
Inversionswetterlagen 11

Jakobsbruch 70

Jettenhöhle 118

Kälberkropf 20, 33
Kästeklippe 148
Kaiserweg 58
Kalkstein 17
Kammquarzit 45
Karstbildungen 114, 116, 118
Kieselschiefer 17, 59
Kloster Michaelstein 162
Kloster Walkenried 173
Klusfelsen 147
Knabenkraut 21
Köhlerei 29, 30
Königshütte 84
Königskrug 62
Kolkrabe 24, 48, 96
Krähenbeere 56
Kreuzotter 25
Kreuzschnabel 24, 76
Kunstgraben 36, 77
Kupferkies 40
Kupferschiefer 116, 122, 130

Lärchensporn 21
Laubmischwald 20
Leberblümchen 21, 121, 154
Lengefeld 134
Lungenkraut 21

Mägdesprung 95, 98, 185
Magerrasen 104
Mansfeld 172
Mansfelder Schichten 122
Maronen 33
Marthahöhle 118
Martin Luther 13
Meilerplätze 33
Mergelstein 110
Michaelstein 162
Milchlattich 20, 66
Milzkraut 20
Mischwaldgürtel 33
Mönchetal 113
Moor 45
Moosbeere 56
Mooskammer 132

Morungen 132, 136
Mufflon 22, 67, 96

Nationalpark Hochharz 19, 53, 55
Naturschutz 20, 27
Netzkater 181
Neustadt 109
Nordhäuser Talsperre 109
Nordhausen 173, 181

Oderbrück 60
Oderteich 46, 47
Oker-Grane-Stollen 38
Okergranit 18, 141
Okerstausee 40
Okertal 148
Osterode 175
Osterteich 185

Paternosterklippe 152
Pestwurz, Weiße 20
Petersberg 148
Pirol 110
Plessenburg 151, 153, 155
Poppenberg 106
Pulverbachtal 92

Quarzkristalle 40
Quedlinburg 171
Questenberg 129
Questenburg 130, 172

Rammelsberg 141
Rappbode 81, 105
Rauhfußkauz 24, 48
Rauschbeere 56
Rebhuhn 76
Reformation 13
Regenstein 162, 164
Rehberg 46
Rehberger Graben 46, 47
Rehwild 22
Reitgras 66
Ringdrossel 57
Ringelnatter 25
Rosmarinheide 56

189

Roßla 129
Roßtrappe 166
Rotdrosseln 23
Rotliegendes 102
Rotwild 22
Rübeland 84

Sachsenspiegel 73, 99
Sangerhausen 134
Scharbockskraut 20
Scharzfeld 112
Scharzfels 173
Schaumkraut 33
Schierke 63, 64, 182
Schlungsklippe 70
Schmalspurbahnen 176
Schnarcherklippen 64
Schulenberg 40
Schwalbenschwanz 25
Schwarzspecht 76
Schwarzstorch 24, 76
Schwarzwild 22
Schwermetallvegetation 34
Seidelbast 20
Selkefall 92
Selketal 92, 93
Selketalbahn 177, 182
Siebenschläfer 22
Siebenstern 66
Siebertal 110
Silberhütte 92, 185
Singdrosseln 23
Singvögel 23
Sonnenberg 111
Sonnentau 56
Sophienhof 105
Sorge 80, 181
Spechte 23
Spiegeltal 35
Springfrosch 134
Stauteiche 30
Stecklenberg 170
Steinberg 147, 148
Steinerne Renne 155, 181
Steinkirche 112
Steinkohle 102
Steinschmätzer 57

Sternhaus-Haferfeld
Sternhaus-Ramberg
Stiege 88, 182
Stieglitzecke 43
Stieleiche 18
Stolberg 124, 125
Straßberg 185
Sumpfrohrsänger 76

Teichmuschel 34, 37
Tellerhaus 35
Teufelskralle 50
Teufelsmauer 8, 15, 142
Teufelstal 91
Thale 140, 165, 170
Thomas Müntzer 13
Tiefenbachmühle 181
Tiefenbachtal 106
Tollkirsche 154
Tonschiefer 17
Torfhaus 60
Traubeneiche 18
Treseburg 89, 90, 167
Trockenrasen 126
Trogfurter Sperre 84
Tropfsteinhöhlen 86
Trudenstein 70
Türkenbundlilie 21

Uftrungen 124
Uhu 24

Verkarstung 102, 103
Viehweide 34
Vogel-Nestwurz 20

Wacholderdrosseln 23
Waldeidechse 25
Waldgrenze 66
Waldhimbeere 66
Waldkauz 24
Waldkiefer 154
Waldmast 23
Waldmeister 123
Waldohreule 24
Waldsterben 44, 45
Waldstorchschnabel 21

Waldweide 20, 33, 34
Waldweidenröschen 21, 66
Walkenried 115
Wallhausen 134
Wanderfalke 24
Waschbär 23, 67, 156
Wasseramsel 26, 156
Wasserwirtschaft 30
Wegeburgen 30
Wernigerode 139, 155, 157 ff., 169, 178
Wickerode 129
Wiesenknöterich 21
Wiesenschwertlilie 21
Wildkatze 22
Wildschweine 22
Wippertalsperre 136
Wippra 134
Wissenbacher Schiefer 39
Wolfsbachtal 77
Wolfsmilch 115
Wollgras 66
Wormkegraben 70
Wormketal 70
Wurmberg 63
Wurmfarn 48

Zauneidechse 25
Zechstein 102, 136
Zellerfelder Hauptgang 37
Zellerfelder Kunstgraben 35
Zinkblende 40
Zorge 77
Zwergsträucher 20

Bildquellen

Fotos:

Willi Baake
  S. 23, 24, 25
Horst Eckardt
  S. 7, 18, 19, 52, 55, 59, 61, 64, 71, 72, 75, 79, 82, 85, 90, 95, 100, 110, 120, 125, 131, 138, 154, 157, 168, 170, 176, 179, 180, 182

Albrecht Gerlach
  S. 2, 11, 21, 28, 31, 32, 34, 38, 41, 44, 46, 51, 101, 103, 111, 116, 140, 144, 146, 174

Achim Groß
  S. 92, 121, 149, 151, 173

Bildarchiv Thomas
  S. 13, 87, 105, 108, 123, 128, 158, 160, 169, 171, 184

Bernd Wolff
  S. 27, 163, 172

Karten, Pläne und Graphik
Lutz-E. Müller, Leipzig